情㊛,
십자가의 심장

Heart of the Cross: A Postcolonial Christology
by Wonhee Anne Joh © 2006 Wonhee Anne Joh
Westminster John Knox Press, 100 Witherspoon Street,
Louisville, Kentucky 40202-1396

Previously published by Westminster John Knox Press, 2006.
Translated and used by the permission of the author Wonhee Anne Joh.
All rights reserved.
Korean translation copyrights © 2025 by Dong Yeon Press

이 책의 한국어판 저작권은 저작권자와의 독점 계약으로 도서출판 동연에 있습니다.
저작권법에 따라 한국 내에서 보호를 받는 저작물이므로 무단 전재 및 복제를 금합니다.

情정, 십자가의 심장
― 포스트식민주의 그리스도론

2025년 9월 30일 처음 펴냄

지은이 | 원희 앤 조
옮긴이 | 최유진
펴낸이 | 김영호
펴낸곳 | 도서출판 동연
등 록 | 제1-1383호(1992년 6월 12일)
주 소 | 서울시 마포구 월드컵로 163-3
전 화 | 02-335-2630
팩 스 | 02-335-2640
이메일 | yh4321@gmail.com
S N S | instagram.com/dongyeon_press

Copyright © 동연, 2025

이 책은 저작권법에 따라 보호받는 저작물이므로, 무단 전재와 복제를 금합니다.
잘못된 책은 바꾸어 드립니다. 책값은 뒤표지에 있습니다.

ISBN 978-89-6447-622-2 93230

원희 앤 조 지음
최유진 옮김

情정, 십자가의 심장

HEART OF THE CROSS
: A POSTCO LONIAL CHRI STOLOGY

포스트식민주의 그리스도론

동연

한국어판 서문

저는 가족이 미국으로 이주하던 시기에 제 한국적 정체성을 분명히 인식할 정도로 충분히 나이가 든 상태였습니다. 미국에서 보낸 초기 사춘기 경험들은 제 삶의 관점과 존재 방식을 형성하는 데 깊은 영향을 주었고, 그것은 종종 대학, 대학원, 박사 과정을 거치는 동안 끝내 해소되지 않고 제 여정을 따라다니는 질문들로 남았습니다.

이 질문들 가운데 많은 부분은 개인적–집단적 트라우마, 구조적 파국이 지속되는 역사, 책임을 지지 않는 구조적 배제의 관행 그리고 우리가 일상에서 서로 함께 살아가며 묵인하는 폭력의 형태들이었습니다. 사람들은 흔히 이러한 상흔과 상처와 파괴를 현재의 물질적 현실에서 분리해 추상화하고 합리화하려고 했습니다. 그러나 현재 속에 살아 있는 다양한 형태의 트라우마는 결코 단일 사건에 머무르지 않고, 훨씬 더 복잡하게 존재하고, 퍼져 있으며, 은폐되거나 일상의 모세혈관 속에 정상화되어 스며들곤 합니다.

『정(情), 십자가의 심장』(Heart of the Cross)은 역사적–개인적–집단적 폭력의 양상들과 씨름하던 저의 분투였는데, 이 폭력의 양상들은 고통이 발생하는 과정에서 인간의 행위성을 과소평가했던 십자가 신학과 얽혀 있습니다. 출간된 지 어느덧 20년 가까운 시간이 흘렀고, 제 연구는 다른 질문들을 탐구하는 쪽으로 확장되기도 했지만, 여전히 이 책에 담긴 근본적인 신학적 질문들을 중심으로 맴돌고 있습니다. 그것은 우리가 집단적–역사적으로 어떻게 함께 살아가는 것과 죽어가는 것을 이해할 것인가를 지탱하는 깊은 관계성에 관한 질문들입니다. 취약성을 과거-현재-미래를 함께 꿰매어 잇는 힘의 원천으로 인식할 때 비로소 드러나는 깊은 관계성 말입니다. 정(情)은 취약성과 갈망의 다양한 모호성을 품어낼 만큼 충분히 넓은 한국적 개념이자 실천으로, 이 다양한 취약성과 갈망의 모호성들은 깊은 관계성에 숨을 불어넣고 그것을 살아 움직이게 합니다. 저에게 정은 사랑이라는 개념보다 더 포용적이고 더 급진적입니다. 왜냐하면 사랑은 자주 선택 개념에 의해 굴절되고, 단일한 개인의 필요에 의해 제약되기 때문입니다. 정(情)은 한국인에게 고유한 개념이지만, 다른 많은 문화권에도 정과 유사한 개념들이 존재합니다. 저는 그들도 서구에 의해 과잉 결정되지 않은 자신들만의 토착적 개념들을 통해 신학적 사유에 참여하기를 희망합니다. 부정의의 구조는 한 번의 혁명적 타격으로 무너지지 않습니다. 오히려 정을 돌봄의 형식으로 차곡차곡 쌓아가는 느린 과정이 서로와 공동체와 그리고 지구와 맺는 관계 속에서의 힘을 만들어 내며, 이 힘은 다른 세상을 꿈꾸고 구현할 수 있습니다. 우리가 간절히 꿈꾸고 희망하는 세상 말입니다. 결국 갈릴리 예수를 따르는 그리스도인들에게, 예수의 길은 무엇보다도 모든 이를 위해 정(情)의 실천을 살아내라는 부름입니다.

　이 책은 앞서 말한 여러 폭력과 고통의 양상들이 그리고 그것을 넘어서는 심화된 현실들이 나타나기 전에 집필된 것입니다. 우리를 끝없이 산산이 부수는 이 세계 속에서, 정(情)은 여전히 중요하고, 절실히 필요합니다. 저는 이번 한국어 번역이 신학적 성찰을 탈식민화하고, 우리로 하여금 두려움 없이 더 정의로운 삶과 공존의 방식을 희망하는 신학으로 나아가게 하는 계기가 되기를 바랍니다.

너그럽게 번역을 맡아 주시고, 한국적 개념에 가장 익숙한 독자들에게 저의 생각을 전할 수 있도록 해주신 최유진 박사님께 깊이 감사드리며 기쁘게 생각합니다. 페미니스트 조직신학자로서의 훈련과 학제적 전문성을 겸비한 최 박사님의 수고가 있었기에 이 책의 번역이 가능했습니다. 실제로 최 박사님의 번역 덕분에 저 자신도 한국에서 이 책을 새롭게 만나는 경험을 하게 되었습니다. 한국 디아스포라 신학의 성찰이 고향으로 되돌아왔다는 사실은 제게 깊은 감사와 희망을 불러일으키며, 이 책을 읽게 될 분들 사이에서 더욱 풍성한 대화가 이어지기를 기대합니다.

존경과 감사의 마음을 담아,
2025년 8월
미국 일리노이주 에반스톤에서
원희 앤 조(Wonhee Anne Joh)

옮긴이의 글

번역하기 까다로운 책이었습니다. 번역기의 성능이 이토록 좋아지는데 이 책을 번역·출간해야 할 이유를 오랫동안 찾았던 것 같습니다. 아무리 물어도 그냥 마음이 이끌어 저지른 일 같습니다. 저자와의 각별한 우정이 그 시작이었습니다.

2003년 또는 2004년 겨울, 저는 프린스턴신학대학원 기숙사 지하층을 지나가다가 우연히 '情'이라는 글자를 보게 되었습니다. 저자의 강연 포스터였습니다. 오랜만에 보는 한자라 반갑기도 했지만 불편했습니다. 정은 여성의 희생을 정당화하고 여성 해방을 지체시키는 정서인데 정이라니…. 정 뒤에 있는 얽히고설켜 있는 상처투성이의 배경을 삭제하고, 상품화하는 것 아닌가? 그러나 그 후 저자의 글을 읽고, 정에 대한 학위 논문을 쓰고, 저자와 함께 정을 나누면서 그분이 하고 싶은 말을 마음 깊이 이해하게 되었습니다.

저자의 '정' 개념을 잘 이해하기 위해서는 우리가 익히 알고 있는 그 '정' 개념이 이미 우리의 손을 벗어나 있다는 것을 인정해야 합니다. 식민, 전쟁, 독재의 역사 속에서 부정의한 정치·경제 구조가 청산되지 않은 채, 약자로서의 압제를 경험한 한국인들에게 해방이란, 억압을 해체하는 것이고, 정은 우리를 수동적이고 무력하게 만드는 것으로, 우리의 억압을 강화하는 것일 수 있습니다. 특히 유교 가부장제 속에 차별받는 한국 여성들에게는 더 그렇습니다. 그러나 상대적으로 여유 있는 승리자의 처지에 서 있고, 상대적으로 (적어도 자국민에게, 또 자국민들에게도 차별적으로) 정의로운 구조를 가진 제1세계 미국에서 약자들을 위한 신학을 하는 저자에게는 이러한 가슴 아픈 분열을 가로질러 용서와 화해로 나가고 싶은 열망이 있습니다. 물론 트럼프 2기 치하 현재의 미국은 너무 우경화되어서 또 다른 분석을 해야겠지만 말이지요.

저자에게 중요한 질문은 "억압받는 사람들이 (강요로 이루어진 것이 아닌) 자발적인 용서와 화해 없이 자신을 훼손하지 않고 살 수 있는가?", "해방과 투쟁의 선봉에 서서 남을 미워하는 것으로 자신의 구원을 이룰 수 있는가?"입니다. 정의를 위해 적에 대항해 투쟁을 지속한 사람은 어느 순간부터 메마르고 지쳐 있는 자신을 발견합니다. 이것은 가부장적이고 위계적인 한국 사회와 한국교회에서 여성해방을 위해 일했던 저의 질문이기도 합니다. 니체의 표현대로라면 우리는 괴물과 싸우기 위해 괴물이 되어 버릴 수 있는 위험을 인지해야 하는 것입니다.

이런 맥락에서 저자에게 정은 수동적이거나 주체성을 상실하는 행위가 아닙니다. 오히려 정은 행위성을 발휘할 수 없는 상황에 놓인 사람들이 행위의 주체가 될 수 있도록 돕습니다. 추방되고 버려지고 주체성을 상실한 사람들은 오히려 배제된 그 한복판에서 정을 실천할 수 있습니다. 왜냐하면 막다른 골목으로 몰려 주변화에 처한 사람들은 타자를 완전히 점령하지 않고, 오히려 타자에게 정을 베풀며 그들의 환심을 사는 전략으로만 생존할 수 있기 때문입니다. 약자들은 매일 정을 실천함으로써 강자를 이기고 자신들의 행위성을 확보합니다. 정은 자신과 타자의 존엄과 가치를 모두 고려하고, 모든 불의에 대한 근절보다는 오히려 끊임없는 불의와 고통 속에 사는 사람들 사이의 네트워크를 형성하는 데 도움을 줍니다.

'12.3 비상계엄' 이후 광장에 나온 2030 여성 중 한 명은 이런 글을 남깁니다. "분노를 연료"로 달리면 "금방 소진"되지만 자신이 가진 값진 마음인 "사랑"으로 광장에 나왔다고…. "빛나는 마음"으로, 사랑으로 응원봉을 들었다고…. 이것이 정의 힘입니다. 약자들을 연대하게 해서 마침내 분노의 시스템을 사랑으로 해체합니다.

이런 정의 관점을 가진 저자는 십자가는 더 이상 약자의 희생을 정당화하는 전통적인 구속 교리에서 이해해서는 안 된다고 주장합니다. 십자가 안에 우리를 구속하는 힘은 십자가에 달리신 그리스도 안에 추방된 타자가 함께 달려 있다는 것에 있다는 것입니다. 몰트만이 이해한 것처럼 십자가는 삼위일체 내부에서 성부 하나님이 성자 하나님을 구출해 내는 깔끔한 정리가 아니라 십자가에서 성자가 여전히 피를 철철 흘리는 것, '통제할 수 없고, 가둘 수 없는 힘'이라는 험한 것이 계시되었다는 것입니다. 그리고 이런 정을 실현한 아들 안에서 현재 추방된 사람들이 위로를 받고 그분이 실천한 정을 실천할 수 있는 힘을 부여받는다는 것입니다. 이 이야기를 하고 싶어서 저자는 이재훈이 멜라니 클라인을 통해서 얻어낸 한과 정 이해, 이정용의 사이 공간, 호미 바바의 흉내내기, 줄리아 크리스테바의 아브젝트/아브젝시옹 개념을 사용합니다.

한국의 독자에게 이 책은 한국 신학의 좋은 자원인 '정'을 세계 신학계에 소개할 수 있는 참고도서가 될 것입니다. 또한 포스트식민주의와 포스트구조주의의 개념들을 신학에 전유한 구체적인 예를 소개받을 수 있습니다.

한강의 『채식주의자』를 번역한 데보라 스미스는 "번역은 사랑하는 것에 닿고 싶은 마음이고, 더 이해해 보려는 시도이며, 심연까지 내려가는" 행위라고 했습니다. 저도 스미스처럼 번역하는 내내 저자에게 닿고 싶었던 것 같습니다. 그럼에도 번역상의 오류는 저의 부족함 탓입니다. 이 번역서가 이민의 나날 속 저자의 기억에 따뜻한 위로가 되었으면 좋겠습니다. 바쁘신 중에도 독자들을 위한 좋은 길잡이가 되어줄 추천사를 흔쾌히 써주신 박일준 교수님께도 깊이 감사드립니다. 어려운 출판 환경 속에서도 꾸준히 학술서를 출판해 주시는 김영호 대표님께 진심 어린 감사를 전합니다.

2025년 7월, 빛고을에서
최유진

나의 부모님께
그리고 죠슈아와 알렉스에게

감사의 말

신학 여정을 언제 어디서 시작했는지 정확히 파악하는 것은 항상 어렵습니다. 제가 걸어온 여정을 설명하는 것은 어렵게 느껴지는데, 이 길이 복잡하게 얽혀 있고 비선형적인 여정이었기 때문입니다. 하지만 저는 제 생각이 무에서 창조되지 않았다는 것을 알고 있습니다! 이 책에 담긴 제 신학적 성찰은 수년에 걸쳐 수많은 대화와 다양한 상황을 통해 도움받은 결과입니다. 어떤 것은 명확하게 기억할 수 있고 어떤 것은 기억이 흐릿해졌습니다. 그럼에도 저는 멘토, 친구, 동료, 가족 등 다양한 구성원의 복잡한 층위가 모두 저의 신학적 성찰에 이바지했다는 것을 알고 있습니다. 그래서 마음을 가다듬고 다음 분들께 감사의 말씀을 전합니다.

이 프로젝트를 여러 가지 방법으로 가능하게 만들어 주신 것에 대하여 마음속으로만 담아두었지만, 적합한 말로 표현하는 것이 어려워 망설였던 말을 저의 멘토이자 자매이며, 친구이며, 선생님인 캐서린 켈러(Catherine Keller)에게 깊은 존경과 흠모와 감사를 표하고 싶습니다. 당신으로부터 많은 것을 배울 수 있었던 것은 언제나 제 영광이자 특권이었습니다.

제가 '공식적인' 신학 여정을 시작하게 된 원동력이 된 페미니스트 그리스도론 분야에서 획기적인 업적을 남긴 아시아계 미국인 페미니스트 신학자 리타 나카시마 브록(Rita Nakashima Brock)에게 존경과 감사를 표하고 싶습니다. 감사합니다.

다른 여러 학자의 멘토링과 지원, 격려가 없었다면 여기까지 올 수 없었을 것입니다. 그들은 한 번쯤은 제 작업의 다양한 버전을 듣거나 읽었으며 비평적인 읽기 결과를 선물로 제공했습니다. 그들은 저의 비판적 신(神)정치학적 성찰과 상상력의 한계를 상당한 수준으로 도전하고 확장해 주었습니다. 그들은 또한 저에게 영육을 위한 음식과 음악과 시를 자주 제공했습니다. 특히 곽퓨이란(Kwok Pui-lan), 마츠오카 후미타카(Fumitaka Matsuoka), 앤드류 성 박(Andrew Sung Park), 아리스토텔레스 파파니콜라우(Aristotle Papanikolaou), 양승애(Seung-Ai Yang), 레티 러셀(Letty Russell), 오토 마두로(Otto Maduro), 서광선(David Kwang-sun Suh), 김정하(Jung Ha Kim), 박수연(Su Yon Pak), 헨리 리츠(Henry Rietz), 프랭크 야마다(Frank Yamada), 캐시 탈바키아(Kathy Talva-cchia), 배현주(Hyun Ju Bae), 제인 이와무라(Jane Iwamura), 마리온 그라우(Marion Grau), 메이라 리베라(Mayra Rivera), 김진희(Jean Hee Kim), 시그리두르 고트마르도티르(Sigridur Gottmarsdottir), 그레이스 김(Grace Kim), 김나미(Nami Kim), 트리시 셰프칠드(Trish Sheffield), 마이클 나아우스너(Michael Nausner)에게 감사의 말을 전하고 싶습니다. 저는 이들의 열정적이고 예리한 통찰력으로부터 엄청난 도움을 받았지만, 무엇보다도 그들의 우정과 동료애가 제 작업을 지속하고 발전시키는 데 큰 힘이 되었습니다. 저는 신학적 성찰이 항상 소통의 과정일 수밖에 없다는 것을 다시금 깨닫게 되었습니다. 감사합니다.

저는 또한 서로 다른 시기에 저와 함께 달고 쓴 골짜기를 함께 걸어준 나의 자매들에게도 감사의 인사를 전하고 싶습니다. 고비마다 저를 붙잡아준 뉴욕의 한인 여성들, 콘스턴스 박(Constance Pak), 김은주(Eun Joo Kim), 김마리(Mari Kim), 전한나(Hannah Chon), 지니 장(Jeanne

Jang), 니콜 임(Nichole Yim)에게 마음속 깊은 곳에서 우러나오는 감사를 전합니다. 정이 가진 힘에 대한 산 증인이 되어 주셔서 감사합니다. 우리의 끈끈한 유대감은 나를 여러 번 붙잡아 주고 일으켜 세워 주었습니다.

웨체스터한인장로교회(KPCOW) 여성들에게 특별히 감사드립니다. 싹이 돋고 있는 그들의 혼종적 페미니스트 감수성과 신앙 전통에 대한 비판적이고 충실한 실천가로서의 헌신은 엄청난 힘의 원천이었습니다. 서로를 향하고 세상을 향해 있는 그들의 정이 인상적으로 느껴집니다.

뉴욕 펠리세이즈에 있는 톨맨주립공원(Tallman State Park in Palisades)에 감사의 기운을 전합니다. 이곳은 제 인생과 글쓰기가 가장 혼란스럽고도 흥미진진했던 시기에 제가 머물 수 있었던 안식처였습니다. 신학적 상상력을 마음껏 펼치면서 달릴 수 있는 특권을 누렸던 수 마일에 이르는 길을 통해 생명과 치유하는 에너지를 얻었습니다, 감사합니다. 허드슨강과 산책로를 따라 달리면서 자연의 계절과 함께 제 인생의 계절을 볼 수 있었습니다.

편집자인 존 버퀴스트(Jon Berquist)에게 진심으로 감사를 표합니다. 그의 통찰력과 제안은 이 책을 개선하는 데 큰 도움이 되었습니다. 존과 줄리 토니니(Julie Tonini), 다른 많은 편집 및 제작진이 이 과정을 매우 친절하게 안내해 주었습니다. 그들은 이 원고를 지금의 작품으로 만드는 데서 놀랍고 훌륭한 일을 해냈습니다. 더 좋은 원고를 제공했더라면 하는 아쉬움이 남을 뿐입니다. 이 프로젝트를 믿고 전체 과정을 인도해 주셔서 감사합니다.

라떼를 후루룩 마시는 뉴요커를 환영해 준 필립스신학교(Phillips

Theological Seminary)의 돈 피트먼(Don Pittman) 학장과 교수진, 행정직원, 사무직원, 특히 학생들에게 감사의 인사를 전하고 싶습니다. 창의적이고 강력한 존재감을 발휘하여 저의 첫 페미니스트 신학 강좌를 풍성하게 만들어준 수강생들에게 깊은 고마움과 감사를 표합니다. 서로를 위해 자신을 쏟아붓고, 서로의 차이를 존중하고 지지하는 방법을 찾고, 연대와 저항에 헌신한 것에 감사의 말을 전하고 싶습니다. 여러분의 이러한 노력이 좀 더 나은 선생이 되는 길을 가는 한 사람을 탄생시켰습니다. 한 사람 한 사람이 보여준 인내심, 유머, 도전, 성실함, 사랑은 학자와 교사로서 새로운 여정을 시작할 수 있게 힘을 북돋아 주었습니다. 베다니 알브레히트(Bethany Albrecht), 에밀리 보웬(Emily Bowen), 재칼린 카터(Jacalyn Carter), 카렌 클레웰(Karen Clewell), 탄야 에드워즈(Tanja Edwards), 빅토리아 피셸(Victoria Fishel), 브렌다 플레첼(Brenda Fletchall), 앤지 게이지(Angie Gage), 데브라 가핑켈(Debra Garfinkel), 노에 고도이(Noe Godoy), 루티 제이콥스(Ruthi Jacobs), 트레이시 레몬스(Tracy Lemons), 배리 러빙(Barry Loving), 매튜 모건(Matthew Morgan), 네이튼 스미스(Nathan Smith), 샤린 코스비-윌리스(Sharyn Cosby Willis), 스콧 테일러(Scott Taylor)에게 깊은 감사를 표합니다.

정이 가진 힘의 증인인 가족들, 어머니 영(Young), 아버지 찰스 철규(Charles Chul Kyu), 형제자매 성구(Sunggoo), 성빈(Sungbin), 원기(Wongee), 벤(Ben), 척(Chuck), 헬렌(Helen)에게 깊은 감사와 사랑을 전합니다. 그리고 사랑, 희망, 힘으로 가득 찬 우리의 놀라운 아이들, 척키(Chuckie), 크리스티나(Christina), 조슈아(Joshua), 알렉스(Alex), 엘리자베스(Elizabeth), 사만다(Samantha) 그리고 이제는 해나 래(Hannah Rae)에게도 전합니다. 저는 아이들에게서 공감, 사랑, 헌신, 연약함, 강인함의 복합성을 배웠습니다. 모든 사람과 인생에 대한 그들의 불굴의 끈질긴 희망은 제가 계속해서 '자리를 떠나지 않을 수' 있는 힘을 줍니다.

저는 이것이 다른 많은 사람들과 함께 더 많은 성찰의 시작이 되기를 바랍니다. 생태적, 경제적, 생물학적 파괴가 만연하고, 전쟁과 공포, 죽음, 통제 불능의 제국주의적 충동과 망상이 뒤덮고 있는 시대에 우리는 서로 없이는 살 수 없으며, 우리를 하나로 묶어주고 현재와 미래로 이끌어줄 정을 외면할 여유 또한 없다는 것을 인식해야 한다는 것이 저의 바람입니다. 틈새의 상처를 안고 살아가면서도 정이 충만한 가운데 희망을 품고 살아가는 사람들이 떠오릅니다. 그런 의미에서 이것은 전 세계 아이들을 위한 것입니다.

차례

한국어판 서문	5
옮긴이의 글	8
감사의 말	13

서론	**21**
포스트식민주의 서문	21
뿌리 찾기	25
'거주 외국인'(Resident Alien): 변위(들)(Displacement[s])	28
복잡한 경로(Route)/깊은 뿌리(Roots)	31
이 책의 주장	34
이 책의 개요	39

1장_ 제자리에서 벗어난 정체성(Identity Out of Place)	**45**
제자리에서 벗어난(Out of Place)	47
시험대에 오른 본질주의	54
집의 정치	61
페미니스트적·포스트식민주의적 정체성 — 정(情)을 향하여	68

2장_ 한(恨)과 정(情)	**79**
한(恨)과 정(情)에 대한 정신분석	81
정(情) 이야기	95
번역된 번역가	100
공동경비구역 JSA: 비무장지대(DMZ), 삶과 투쟁의 현장	102
사이구(Sa-I-Gu): LA 폭동, 삶과 투쟁의 현장	118

3장_ 포스트식민주의 이론과 한국계 미국 신학 131
    소외(외국인Alien/국가nation) 134
    '영향력'으로서의 정체성 136
    혼종성(Hybridity) 140
    흉내내기(Mimicry) 143
    틈새적 제3의 공간(Interstitial Third Space) 156
    '포스트식민주의' 논쟁 163

4장_ 십자가에 달리신 하나님: 정(情)의 길 171
    폭력적인 함의와 급진적 연대 173
    위르겐 몰트만의 십자가에 달리신 하나님과 삼위일체 그리스도론 180
    정(情)의 해방적 실천(Praxis) 191

5장_ 정(情) 그리스도론 209
    가부장적 신 뒤흔들기 212
    한(恨)/죄와 정(情)/구원 228
    정(情)의 힘과 한(恨)의 공포 235
    줄리아 크리스테바의 아브젝시옹과 사랑 237

결론_ 십자가의 심장 253

    찾아보기 273
    주Note 277

서론

철학은 기원의 문제를 끝낸 줄로 생각했다. 이제 더 이상 시작하거나 끝내는 것이 문제가 아니었다. 문제는 "그 사이에서" 무슨 일이 일어나는가에 대한 것이다.

- 질 들뢰즈, 『차이와 반복』(*Difference and Repetition*)

포스트식민주의[1] 서문

이 책의 주된 신학적 성찰은 특정한 포스트식민주의적 맥락에서 십자가에 집중하고 있다. 이 책은 포스트식민 이론적 관점에서 한국계 미국인들의 한(恨)의 경험을 고찰하며, 이에 따라 신학적으로 구성적인 성찰을 시도하고 아시아계/한국계 미국인의 정(情)의 신정적 미학(theopolitical aesthetic)을 상상해 보도록 초청한다.[2]

이 책은 혼종성, 모방, 협상과 같은 포스트식민주의 개념적 도구를 사용하여 그리스도론, 관계성, 자아와 타자의 구성에 대한 전통적인 성찰과의 대화에 한국적 개념을 도입하는 것을 목표로 한다. 따라서 이 책은 독자들을 십자가의 의미에 대한 새로운 이해로 초대한다. 나는 고전적 속죄 이론에 나타나는 국가가 승인한 폭력과 무고한 고통에 대한 페미니스트적 비판을 염두에 두면서, 십자가의 힘이 이것과 동시에 한국의 정 개념과 연결될 수 있는 급진적 형태의 사랑의 가능성을 가리킨다고 제안한다. 정은 일상생활과 모든 관계의 형태에 스며들어 있다. 개념적으로 정은 연민, 애정, 연대, 관계성, 취약성, 용서 등의 개념을 아우르지만 이에 국한되지 않는다. 정을 한자로 표기한다면 주로 마음, 취약성, 무언가가 '솟아남'(arising)을 뜻하는 글자로 구성되어 있다. 많은 한국인이 공통적으로 이해하고 있는 정은 사랑보다 훨씬 더 강력하고 지속적이며 변혁적인 힘을 가지고 있다. 한국인의 일상과 현실에 정이 널리 퍼져 있음에도 불구하고, 한국인 스스로도 이 개념을 분석적으로 개념화하지 않았다. 정은 관계를 '끈끈하게' 만들면서도 모든 관계가 갖고 있는 복잡한 성격을 지니고 있다.

이 책은 그리스도론을 재구성하는 방법으로 한국의 정(올바른 관계)과 한(고통)의 개념을 줄리아 크리스테바의 아브젝트(abject)[3] 개념과 관련지어 살펴볼 것이다. 크리스테바의 아브젝트 개념은 억압의 정신 역학을 분석하는 데 도움이 되며, 이것은 이후 장에서 더 자세히 논의될 것이다. 크리스테바는 아브젝트를 다음과 같이 정의한다.

> 대상에 대해서처럼, 우리는 아브젝트로부터 스스로를 보호할 수도 분리될 수도 없다… 아브젝트가 되는 것은… 동일성이나 체계와 질서를 교란시키는 것에 더 가깝다. 그것 자체가 지정된 한계나 장소나 규칙들을 인정하지 않는 데다가 어중간하고 모호한 혼합물인 까닭이다.[4]

아브젝시옹을 다음과 같이 느슨하게 정의해 볼 수 있는데, 특정한 개인이나 집단의 정체성을 형성하기 위해 그들의 경계를 위협하는 것을 배제하거나 추방하는 정신의 작용을 말한다. 크리스테바가 아브젝시옹의 두 가지 개별적인 정신의 과정과 관련하여 제안한 낯선 이/외국인 개념은 다음과 같은 나의 주장에 힘을 실어준다. 즉, 미국의 오래된 백인 우월주의 정치사를 더 잘 이해할 수 있으려면 타자, 외국인, 이방인, 아브젝트로 간주되는 사람들을 지속적으로 포용하고 배제하는 국가 정체성을 검토해야 한다는 것이 나의 주장이다.

아브젝시옹을 허용함으로써 외국인을 타자로 규정하는 이 과정 때문에 인종차별과 같은 폭력이 제도적 차원에서 유지되고 있고, 국내 정책을 통해 강화된다. 이 주장은 현재 진행하고 있는 내 연구에서 보다 더 자세히 전개되고 있다.5 아브젝시옹은 부적절하고 불결하며 '무질서한 것'으로, 주체가 상징 세계에 적절히 수용되기 위해 추방되어야 하는 것이다. 아브젝트는 "상징이 요구하는 대로 적절한 것과 부적절한 것, 깨끗한 것과 더러운 것, 질서와 무질서 사이의 명확한 경계나 경계선 또는 구분이 불가능하다는 것을 증명한다."6 내 프로젝트의 중요한 신학적 논제는 십자가가 한의 공포와 정의 힘을 상징적으로 구현하는 역할을 한다는 것이다.

이 책은 한국계 미국인 신학자 안셀름 민(Anselm Min)이 명명한 세 가지 신학적 과제를 수행한다. 첫 번째 과제는 아시아와 미국 양쪽에서 삶을 긍정하는 전통을 조사하고 발굴하고 되찾는 것이다. 이 과제를 통해 우리는 아시아에서의 아시아인의 경험이 북미에서의 아시아계 미국인의 경험과 매우 다르다는 것을 인지할 수 있다. 또한 혼종적으로 변모해 왔던, 강력하고 창조적이면서도 고통스러운 정체성의 위치를 인정할 수 있다. 두 번째 과제는 아시아계 미국인의 생생한 경험으로 신학을 하는 것인데, 이것은 구성신학(constructive theology)적 성찰의 출발점이다.7 안셀름 민은 모호성, 구분, 다양성, 낯선 사람에 대한 사랑이라는 네 가지 차원을 염두에 두어야 한다고 지적한다. 세 번째 과제는 아시아계 미국인 정치신학에 대한 그의 요청인데, 나는 그것을 마음에 새긴다. 이 나라의 시민으로서 우리는 국내 및 국제 무대에서 우리 정부가 하는 일에 대해 책임과 의무가 있다는 안셀름 민의 지적은 옳다. 요컨대 예언자적 비판이 절실히 필요하다는 것이다. 그는 식민주의, 노예제, 제국주의라는 역사의 굴레에 매여있는 나라의 시민으로서 아시아계 미국인들은 반드시 그에 대해 응답해야 한다고 말한다. 우리 신학이 예언자적 신(神)정치적 상상력을 키우고 그 상상력을 바탕으로 발언하는 것은 필수적이다. 우리는 현재 극도로 제어가 안 되는 애국주의 문제를 인정하지 않는 제국의 일부이기 때문에 더욱 그러하다.8

포스트구조주의와 포스트식민주의 이론은 무엇보다도, 모든 지식이 상황화되고, 역사화되고, 제한적이며, 파편화되고, 항상 변화하고 있다고 주장했다. 우리의 인식 과정은 항상 부분적이며, 가장 중요한 것은 우리의 상황성에 대한 이해와 연결되어 있다. 모든 앎의 방식이 상황화되고, 역사화되고, 파편화되고, 지속적이고도 빠른 변화를 겪는다면 아시아계 미국인 이민자의 경험은 틈새 공간에서 비롯된 생생한 경험에서 생겨난 앎의 방식을 구체화한다. 완전한 아시아인도 미국인도 아닌 아시아계 미국인의 경험과 정체성의 이질성은 이 이질성을 이해할 수 없지만, 식민지화되고 획일화된 '아시아계' 자아로 동질화하려는 모든 시도를 거부하게 한다.

'상황화된 지식'(situated knowledge)을 고려해 볼 때 신학은 필연적으로 자전적일 수밖에 없다. 우리가 우리의 상황에 대해 깊이 생각하지 않을 수도 있지만, 우리의 신학은 비록 그것이 '협소한 인식'(cramped episteme)이라 할지라도 우리의 제한적이고 특수하며 파편화된 인식론과 항상 불가피하게 얽혀있다. 우리가 '모든 곳에서 바라보는 관점'(views from everywhere)을 주장하는 인식론에 대해 비판적일 수 있지만, 동시에 우리의 앎은 항상 '어딘가에서 바라보는 관점'(views from somewhere)이라는 점을 염두에 두어야 한다. 이 '어딘가'가 중심이든, 경계이든, 틈새이든, 이 점을 끊임없이 상기할 필요가 있다.

따라서 이 프로젝트의 시작에 있어 불가피하게 개입될 자서전적 요소들을 인정하는 것이 중요하다.9

뿌리 찾기

신학이 상황적이라면 신학은 분명 본질적으로 자전적이어야 한다!
_ 이정용, 『주변부에서의 여정』(*Journey at the Margin*)

북미에서 성장하는 동안 나는 쫓겨났다는 느낌이나 제자리에 있지 않다는 느낌을 왜 받게 되었는지 궁금해했다. 북미에 오기 전 삶에 대한 내 기억은 색깔, 향기, 꿈같은 이미지들로 향수를 불러일으키는 동시에 때론 서로 충돌하는 것 같았다. 또한 이러한 기억의 일부분은 너무도 선명해서 내 피부에 새겨진 것 같았다. 제자리에 있지 않다는 이러한 느낌은 돌이켜보면 내 가족의 비극적이면서도 희망으로 가득 찬 북미 이민 경험의 기억과 역사를 구성하고 있는 복잡한 뿌리(roots)와 경로(routes)10와 밀접한 관련이 있는 것 같다. 과거에 대한 우리 기억, 현재의 우리 상황, 미래에 대한 우리 희망이 얽혀있는 복합성 모두, 우리가 마음으로 살아가는 방식이라는 중심성으로 인해 유지되어 왔고, 계속 유지될 것이다. 우리는 계속해서 여행하고, 살아가고, 때로는 지혜롭게, 때로는 지혜롭지 못한 방식으로도 저항한다. 관계 안의 복잡한 층위 안에서 길을 찾으며, 미래에 대한 강력하고도 치열한 희망을 갖는다. 그리고 이러한 지속적인 여정은 마음과 함께, 마음에 의해, 마음을 통해 이루어진다. 나는 이것을 나의 부모님 두 분의 삶에서만큼 깊고 밀접하게 목격한 적이 없다. 그들의 삶은 한의 경험에 의해 깊이 형성되었다. 두 분의 생생한 한 경험은 계급, 정치, 성별, 인종, 이민과 많은 관련이 있었다. 그러나 이러한 깊은 한 의식에도 불구하고 부모님은 강력한 정의 현존 속에 살았고, 정은 부모님께 꺾이지 않고 온전함을 추구하는 희망을 지속적으로 제공했다. 나머지 가족들은 정을 인식론적으로 구현하는 것을 삶의 방식으로 받아들였다. 그들을 통해 나는 모든 지혜 중에서 가장 현명한 지혜를 물려받았는데, 그 지혜란 마음이 무너질 때도 마음을 빼앗기지 않고 살아가며 구원을 찾고, 구원을 선물하며, 구원에 참여하고, 구원을 나누는 인간의 능력을 결코 포기하지 않는 것이다. 무엇보다도 나는 한국계 미국인 이민자로 살아온 내 경험을 통해 고통과 트라우마에도 불구하고 우리의 깊은 집단적 상호 연결성과 정(이 책의 궁극적인 관심사)이라는 관계 안에서의 힘을 북돋아 주는 것이 공동체의 치유와 지속을 촉진하고 삶을 긍정하는 깊이 있는 힘을 만들어 낸다는 것을 배웠다.

부모님이 여행했던 다양한 경로를 되짚어 보면, 나는 한국의 광주에서 남쪽으로 떨어져 있는 해남 옥천이라는 마을에 이르게 된다. 그곳은 여러모로 예수님 당시의 갈릴리와 비슷한 곳이다. 반란군이 유배된 곳이자 반란군이 생겨난 곳이기도 하다. 한국 사회의 지배

세력에 의해 주변부로 내몰린 많은 한국인들의 지리적, 정신적 고향이 된 장소였다. 내 아버지의 가족은 한국에서 일본 식민주의에 대항하는 저항 운동에 깊이 관여했다. 아버지는 아홉 살 때 일본 식민주의자들의 손에 맏형이 붙잡혀 고문당하고 공개 처형되는 것을 목격했다. 지하 해방운동에 가담했던 형의 죄목은 일제에 대한 반역죄였다. 잔인하고 고통 경험 안에 깊숙이 스며들어 있는 가족사의 이 부분은 풀리지 않는 한이 되었다.

북미로 이민을 간 후에도 아버지는 한국의 민주화 운동에 정서적으로나 정치적으로 항상 적극적으로 참여하셨다. 아버지의 정치적 헌신 덕분에 나와 내 형제자매는 한국인의 집단적 한 의식과 억압에 맞선 저항의 열정을 예민하게 인식하며 자랐고, 놀랍게도 그 바탕에는 항상 집단 전체의 삶에 대한 희망과 번영에 대한 뿌리 깊은 의식이 자리하고 있었다. 어느 날 학교에서 집으로 돌아와 아버지가 광주 학생 시위에 대한 정부의 잔인한 진압에 대해 숨기지 않고 말씀하시며 울면서 한탄하는 모습을 처음으로 목격했던 기억이 난다. 얼마 후 아버지를 도와 전두환 군사 정권에 항의하는 포스터와 팻말을 제작했던 기억이 난다. 당시 나는 어른들과 함께 시카고 시내에서 플래카드를 들고 행진하고 외치며, 엄숙한 태도의 어른들이 군복을 찢어 불을 지르는 모습을 흥미롭게 지켜보았다. 지금도 아버지는 이민자 커뮤니티에서 한국의 평화와 통일을 위한 의식 고취와 기금 마련을 위해 노력하며 한국의 민주화 운동에 깊이 관여하고 계신다. 나는 포스트모던적 북미 페미니스트 의식을 가지고 있지만, 나의 경로가 우회적일지라도 뿌리는 깊다는 것을 인식하게 되었다.

'거주 외국인'(Resident Alien): 변위(들)(Displacement[s])

"네가 태어난 곳으로 돌아가!"라는 말은 내가 3학년 때 한국 이민자로 가장 반복적으로 들었던 고통스러운 구호로 기억한다. 나는 최근 자신을 '사랑의 그리스도교인'이라고 자처하는 사람들로부터도 이런 요구를 들었다. 이러한 그리스도교인은 나와 같은 사람에 대한 이런 요구를 열광적인 애국심이라고 정당화하는 사람들이다. 9월 11일 뉴욕에서 테러가 발생한 직후 거리에서 공격을 당했을 때 이 외침은 다시 한번 내 얼굴에 날아들었다.[11] 이 구호는 내가 자라는 동안 때때로 "어디서 왔니?", "중국인이니, 일본인이니?"라는 선의의 질문이기도 했다. 놀랄 일은 아니지만, 나의 아이들이 나와 비슷한 경험을 했다고 할 때면, 여전히 당황스러울 때가 있다. 다양성에 대한 모든 문화적, 제도적 논의와 많은 사람들이 인종차별은 과거의 일이라고 자축하는 가운데, 30년 전 내가 겪었던 것과 똑같은 외국인 혐오증이 초등학교 운동장과 뉴욕과 같은 다양한 장소의 거리에서 여전히 한 자 한 자 똑같이 메아리치고 있다는 것은 아이러니한 일이다. 우리 스스로를 속이지 않도록 분명히 하자. 인종차별은 여전히 살아 있으며, 오히려 과거보다 더 교묘하고 악의적으로 작동하고 있다. 왜냐하면 이제 그것은 제도와 문화적 정신 그리고 민주적 과정 속에 깊숙이 자리 잡았기 때문이다. 그리고 이는 다양성이라는 정교한 외피로 포장되어, 그 실체를 명확히 지목하기조차 더 어려워지고 있다.

최근 나는 '테러와의 전쟁'에 대한 비판 때문에 충분히 미국적이지 않다는 말을 들었다. 그 말은 내가 충분히 백인이 아니라는 뜻이었다.

백인이라는 것과 미국인이라는 것은 여전히 하나이고 같은 것으로 이해되고 있다. 내 기원에 대한 질문은 내가 이 상황에서 완전히 녹아들 수 없는 낯선 사람이라는 근본적인 함의를 내포하고 있기 때문에, 나의 존엄성을 그대로 유지하면서 그러한 비판에 대해 적절하면서도 만족스러운 대답을 찾기 위해 항상 허우적거리며 나아가게 한다. 자신의 출신에 대한 질문은 자신의 이질성/타자성을 나타내는 지표로 작용한다. 사실상 그것은 도전, 노출, 추방의 과정으로 기능한다. 에드워드 사이드(Edward Seid)가 자신의 회고록에서 언급했듯이, 그 자신도 "(대부분 서로 충돌하는) 여러 정체성에 대한 불안정한 감각과 함께, 우리가 모두 아랍인이거나 모두 유럽인이거나 모두 미국인… 이었으면 좋았을 것이라는 절망적인 느낌에 대한 예민한 기억을 평생 간직하고 있었다"고 말한다.12 겉보기에는 선해 보이나 나의 '뿌리'와 '기원'에 대한 질문이 가진 끝 모를 잔혹함은, 마치 내가 한 발은 북미 해안에, 다른 한 발은 한국 해안에 단단히 디디지 않고 매달린 채, 바닥이 보이지 않는 태평양 심해에 매달린 것처럼 내 몸/자아의 가장 깊은 곳을 괴롭혔다.13 그러한 질문은 언제나 특정 집단에 대한 소속감에 대한 심문이자 도전이다. 보통 나는 대답이 너무 복잡해서 할 말을 잃거나, 말문이 막힌다. 재치 있고 간결하며 정교한 반박을 할 수 없다. 나는 나 자신의 복잡함이 당황스럽고 압도적이어서 침묵할 때가 많다.

또한 심리적, 정신적 침묵뿐만 아니라 목소리도 잃어버렸다. 다양한 형태의 출발, 도착, 소속되지 않음으로 인한 변위 의식(this sense of displacement)은 지리적인 방향감각 상실뿐만 아니라 언어/음성/현실과도 연결된다. 나는 한국어와 영어 중 어느 언어도 제대로 구사하지 못해 좌절할 때가 많았다. 두 언어에 대한 나의 제한된 이해는 두 사이트 모두에서 원어민이 아닌 나의 지위를 계속 나타낸다. 어쩔 수 없이 다중 언어를 구사해야 하는 사람들은 결국 침묵을 강요당하고, 부적절함과 무능함을 느끼게 되는 경우가 많다. 트라우마 중 하나는 우리 대부분이 더 이상 '모국어'를 사용하지 않는다는 것이다. "감응(resonance)과 이성으로 살아가면서… 우리는 몸이 기억하는 밤의 기억, 어린 시절의 씁쓸하고 달콤한 잠에서 단절된다." 우리는 정신에서 '떠나지 않고 시들어 버리는' 과거의 언어를 '비밀 금고'처럼 우리 자신 안에 품고 있다.14 몸이 가장 내밀한 기억의 영토/현장이라고 주장한다면, 미하일 바흐친(Mikhail Bakhtin)의 말은 큰 위로와 격려의 원천이 된다. 왜냐하면 그는 그러한 '혼종적인' 사람들이 이중 목소리뿐만 아니라 이중 악센트, 더 중요한 것은 이중 언어를 사용한다는 것을 주장하기 때문이다. 우리의 기억은 세계를 인식하는 새로운 방식을 표현할 수 있는 잠재적 창의성을 지닌 두 개의 사회언어학적 시대가 함께 모여 '발화의 영역에서 싸우는' 모습을 구현한다.15 뒤부아(Du Bois)의 '이중 의식' 개념을 사용하자면, 두 문화 사이의 틈새 공간에 사는 사람들은 언어를 넘어 사고하는 법을 배워야 하고, '단일 언어사용이라는 이념'과 공모하기보다는 탈언어적인 인식론을 발전시켜야 한다.16 월터 D. 미뇰로(Walter D. Mignolo)가 우리에게 상기시키듯이, '이중 언어 사용'은 제국주의의 도구로 단일 언어를 사용하는 것에 대한 필요한 해방적 대응이다.

내가 낯선 땅에서 온 이방인이라는 사실을 끊임없이 상기시키면서 나는 '내가 온 곳'이라 불리는 품으로 나를 이끌었다. 크리스테바는 '외국인'에게 종종 제기되는 바로 이 질문에 대해 글을 쓴다.17 그녀는

"어리석은 바보들은 언제나 그 질문을 하지 않을 수 없다"고 비꼬았다. 이러한 표면적인 친절은 외국인을 화나게 하는 '끈적끈적한 졸렬함'을 숨기고 있다.18 '내 자리'라는 문제는 지배적인 사회뿐만 아니라 내가 언제든 돌아갈 수 있다고 여겨지는 바로 그 출신지로부터도 도전받고 영원히 의문시된다. 어느 편에서든 나는 끊임없이 인정과 동시에 부정을 마주하게 된다. 경계의 양쪽이 내 정체성에 도전한다는 인식은 나를 짓눌렀지만 동시에 새로운 깨달음도 주었다. 무지의 압도적인 무게는 강력하게 작용하여 당신을 이방인의 '자리로 다시' 밀어 넣는다. "원래 있던 곳으로 돌아가라"는 이 도전은 언제나 이론적 대응을 불가능해 보이게 만드는 데 효과적으로 작용한다. 따라서 혼종적이고 분열된 정체성—마치 만화경처럼 정체성의 다양한 조각들—을 살아가는 이들은 묻지 않을 수 없다. "우리는 미쳤다거나 가짜라고 여겨지지 않으면서, 외국인의 혐오나 외국인을 향한 혐오로 죽지 않고, 스스로를 위한 서사(saga)가 될 수 있는가?"라고 말이다.19

복잡한 경로(Route)/깊은 뿌리(Roots)

여러 상황의 경계에서 살아가다 보면 자신의 정체성이 유동적이고 움직이고 있으며, 종종 한 가지나 다른 형태의 협상에 참여한다는 사실을 인식해야 하는 도전을 받게 된다. 이러한 협상은 종종 서로 상충될 수 있는 위치에서 이루어지기도 하며, 심지어는 양쪽의 입장에 동시에 서 있는 경우도 있다. 협상은 다른 입장보다 우위에 서 있거나 반대하는 입장에서 해결하는 것이 아니라 종종 "양립할 수 없는 것처럼 보이지만 동일하게 필요한 두 가지 요구사항을 수반하는 것이다…. 협상할 때 협상할 수 없는 것에 관여하여 협상하는 것이다."20 경계에 사는 사람들에게 삶이란 종종 여러 지형에 존재하는 다양하게 협상할 일로 가득 차 있다.

처음 한국에 돌아왔을 때 나는 북미에서 살면서 쌓인 모든 고통과 분노를 품고 두 팔 벌려 달려갔다. 그 후로도 한국으로 여행을 많이 했다. 한국이 내 모든 상처를 치유하거나 분노를 없애주지는 않았지만, 내면의 상처를 덜어주는 편안함을 가져다주었다. 한국에 돌아올 때마다 고향에 온 것 같은 편안함과 소속감을 느낀다. 거기에 있을 때는 북미가 그립고, 이곳에 있을 때는 한국이 그립다. 다른 세계 사이의 틈새 공간에 살고 있는 사람들은 종종 불안한 감정을 경험하는데, 그 이유는 "새로운 환경과 완전히 하나가 되지도, 옛 환경과 완전히 분리되지도 않고, 반쯤은 관여하고 반쯤은 분리되어 있으며, 한편으로는 향수와 감상에 젖어 있고, 다른 한편으로는 능숙한 모방자 또는 은밀한 추방자가 되어 있기" 때문이다.21 모든 분열된 자아의 증상을 보여주는 모종의 존재인 '모국'을 인정해야 한다.

하지만 한국에 자주 돌아오다 보니 처음 도착했을 때의 소속감만으로는 더 이상 같은 소속감을 느끼기 어렵다는 것을 깨달았다. 내 정체성은 북미에 있는 집에 훨씬 더 가깝고, 사이드의 표현을 빌리자면 떠나온 '기원'은 '회복할 수 없는 곳'이다.22 이러한 인식의 복잡성은 내 이질감(이주의식)을 더욱 악화시킬 위험이 있다. 흥미롭게도 이러한 인식은 이 나라에서 이민자의 '장소성'(placed-ness)과 시민권의 정치적 함의에 대해 더 많은 성찰을 하게 해주었다.23 우리의 이 맥락 속에서의 소속감은, 북미에서의 국민 정체성에 참여하고 그것을 구성하는 데 있어 우리의 역할이 무엇인지를 다시 성찰하도록 강요한다. 우리는 단지 식민화를 당한 존재일 뿐 아니라, 불가피하게도 여전히 전 세계적으로 억압적 제국주의를 행사하는 제국의 일부가 되었다는 사실을 인식하는 것이다.24

만연한 이주 의식(이질감)과 '제자리를 벗어났다'는 느낌은 항상 내 삶의 주변부에 있었고, 일상생활의 중심에 예기치 않게 침입해 오곤 했다. 이러한 예기치 않은 침입은 종종 의심스럽지 않은 사람과 상황으로부터 왔으며, 이런 침입을 통해 나는 우리의 역사, 기원, 정체성이 얼마나 모호하고 위태롭게 끊임없이 기록되고, 구성되고, 주장되고, 심지어 부정되는지 훨씬 더 예민하게 인식하게 되었다.

한국계 미국인 페미니스트인 나에게 '고향', '타국', '뿌리', '경로', '한국', '한국계 미국인', '페미니스트' 사이의 긴장은 과거에는 역설적이고 논쟁적인 조각들로 작용했는데, 이 조각들은 명확하게 분류하고 어느 정도 질서 있게 조합해야 하는 것들이었다. 에드워드 사이드는 회고록에서 이 모든 조각을 용감하게 하나의 선명한 그림으로 만들려는 작업이 결코 만족스러운 결실을 가져오지 못했다고 회고한다.25 포스트식민주의 이론은 정체성 정치의 이분법적 경향에 의문을 제기하며,26 정체성을 복잡하고 끊임없이 변화하는 구조로 이해하는 관점을 지지한다.27 포스트식민주의 이론은 혼종적 정체성에 대한 지배적인 경멸적 시각에 도전한다. 이 책에서 진행하는 프로젝트는 포스트식민 이론을 적극적으로 활용하여 '순수성'과 '진정성'이 부족하다는 이유로 혼종적 정체성을 지속적으로 소외시켜 온 억압적 연결고리에 도전하고자 한다. 포스트식민 이론은 이러한 다중적 위치와 만화경적 정체성의 딜레마를 다루려고 한다. 무엇보다도 포스트식민 이론은 "점점 더 디아스포라화 되는 현대 세계의 파노라마 속에서 장소와 소속감, 해석과 실천의 공동체, 집에 대한 의미를 찾기 위한 씨름을 보여준다."28

이 책의 주장

이 책은 포스트식민주의 페미니스트의 관점에서 그리스도론에 대한 신학적 성찰을 살펴본다. 포스트식민주의 신학은 자유주의 전통을 대체하는 것이 아니라 보완하는 역할을 한다. 해체주의적 의미에서의 대리보충성(supplementarity)29 개념은 모든 해방 담론이 정의(justice)가 아닌 최종 판단을 내리려는 유혹에 빠지지 않도록, 그 담론 내부에서 확실성과 이분법에 도전하는 역할을 한다.30

민중신학은 이미 한에 대해 광범위하게 탐구해 왔다. 가장 널리 받아들여지는 정의는 여전히 사회학자 한완상이 처음 제시한 설명 중 하나이다. 그는 "한은 불의로 고통받는 것에 대한 해결되지 않은 분노이며, 자신이 완전히 버려졌다는 압도적인 느낌으로 인한 무력감이며, 내장과 창자에서 극심한 고통과 슬픔을 느끼는 것"이라고 썼다.31 그러나 이에 비하면 정은 깊이 있게 탐구되지 않았다.

한은 북미 신학계에서 익숙한 개념이지만, 새로운 분석과 지속적인 개념화가 필요한 개념으로 정을 제안하고자 한다. 정은 한(韓)민족의 역사에 널리 퍼져 있는 민족적 통념(ethos)을 명명한 것이다. 정은 한국인이 지닌 관계성의 필수적인 부분을 표현하는 동시에 명확한 범주적 번역에 저항하는 개념이기도 하다. 독자들은 한과 정이라는 개념이 서구어로 쉽게 번역되는 것에 저항한다는 사실을 알아야 한다. 따라서 우리는 이 두 개념의 복잡성으로 인해 우리에게 익숙한 범주와 경험의 경계를 확장하도록 초대받는다.

정은 그 다양하고 변화하는 차원의 깊이를 놓치지 않고는 간결하게 정의할 수 없다. 또한 정은32 관계 속에서 보이지 않는 연민의 흔적을 담고 있으며, 의식적이든 무의식적이든 우리 자신의 자아를 타자의 거울에 비친 모습에서 인식할 때 가장 잘 드러난다.33 정은 삶의 본질인 연민, 사랑, 취약성, 이질성의 수용과 깊이 연관된, 자아와 타자의 복잡한 관계성을 한국적인 방식으로 구상하는 방식이다. 그것은 싫어하거나 심지어 미워하는 것과 같은 거친 감정을 부드럽게 할 뿐만 아니라 억압자와 피억압자로서의 이분법적 대립 구도를 넘어 관계를 풍부하고 복잡하게 만드는 방법을 제시한다. 나는 정은 구원하는 관계성 안에 구현되는 힘이라고 주장할 것이다.34 심지어 구원은 정의 힘과 현존을 인식하는 관계성 안에서 발생한다고도 주장할 것이다. 정은 우리를 삶으로 이끌어주는 힘이 되기 때문이다.

내가 아는 한, 정은 아직 신학적으로 정의되지 않았다. 이 책은 정이라는 개념의 미묘하지만 필연적으로 모호한 윤곽을 탐구하고, 상상하고, 표현하도록 초대하는 책이다. 모든 번역에서 번역의 흔적이 새로운 버전으로 진화하는 동안에도 무언가는 사라진다.35

나는 정에 대한 본질화되고 여성화된 개념을 피하면서 정에 대한 정치화된 전유를 주장할 것이다. 이러한 페미니즘적 정의 전유는 남성적/가부장적 정에 대한 인식과는 근본적으로 다르다. 정은 한국인들이 서로의 관계성을 이해하는 강력한 수단으로 인정받고 있음에도 불구하고, 종종 여성화, 길들여짐, 영화(spiritualized), 사소화, 심리화되어 '이성적'으로 사고하는 남성에게는 걸맞지 않은 관계성의 '끈적끈적한' 요소로 여겨지곤 한다. 정이 본질화된 방식으로 오해되면 고통받는 개인이나 집단의 무력감을 영속화하는 데 효과적으로 작용한다. 정은 존재론적으로 말하자면, '본유적'으로 관계적인 경향을 지니고 있는 '여성'만이 실천하는 어떤 것임을 강조함으로써 그렇게 한다. 따라서 정은 종종 '여성'이 하는 일, 즉 길들여지는 일로 이해된다. 나는 정을 본질화해서는 안 된다고 주장하지만, 삶의 방식이자 정의를 추구하는 방식으로서 정을 정치화하는 것은 상호주체성과 관계성의 가치를 강조하는 공동체에서 종종 인정받을 수 있다는 점도 인정한다.[36]

앞서 언급했듯이, 이 책은 정에 대한 한국계 미국인 페미니스트 신학을 표현하기 위한 방법으로, 크리스테바의 아브젝시옹(abjection)과 사랑 개념과 관련하여 한국 개념 한과 정을 병치하는 데 초점을 맞출 것이다. 나는 그리스도의 속죄 고난/한이라는 전통 교리를 비판적 페미니스트 그리스도론 담론과 대화시킴으로써, 십자가에 달리신 그리스도의 한을 이해하면서도 예수의 삶과 죽음에 구현된 정/사랑의 힘을 인식하는 한국계 미국인 페미니스트 그리스도론의 목소리를 내고자 한다.[37] 나는 전통적 속죄 그리스도론에 대한 페미니스트의 비판을 염두에 두면서 십자가가 아브젝시옹과 사랑, 한과 정을 동시에 의미하기 때문에 이중 제스처(double gesture)[38]를 수행한다고 주장할 것이다. 나는 페미니스트 관점의 아브젝트와의 관계성에서 기호계(the semiotic)[39]와 사랑의 관계에 대한 크리스테바의 개념을 차용하여, 기호계/사랑/정과 아브젝트가 동시에 십자가에 온전히 존재한다고 주장할 것이다. 또한 나는 정이라는 개념이 이러한 기호계의 힘을 불러일으킨다는 점을 제안할 것이다. 간단히 말해, 크리스테바가 이해하는 기호계는 상징계와 구별되는 독특한 영역이다. 그녀에게 기호계는 "모든 통일성, 이분법적 대립 구조, 위계적 조직 형식에 선행한다… 그것은 엄마와 아이의 구별되지 않는 몸이 공유하는 공생의 공간이다."40

기호계는 주체가 아니라 장소(locus)이다, 주체성과 정체성이 형성되기 이전의 공간이자 무대이기 때문이다. 크리스테바의 작품에서 기호계는 명백히 모성적이고 여성적인 반면 상징계는 부성적, 즉 아버지의 법이다. 아브젝트란 결국 통일된 자아와 상징으로 식별되고 전환되는 과정에서 추방되고, 축출되고, 배제되는 모든 것이다. 왜냐하면 아브젝트는 기호계가 상징계로 이행하는 과정의 안정성을 위협하기 때문이다. 아브젝트, 즉 억압된 아브젝트 또는 축출된 아브젝트는 항상 상징적 자아(상징계 체계에 있는 자아)의 가장자리나 깊숙한 곳에 자리 잡고 있기 때문에, 상징계 체계 안에 있는 주체는 결코 안정적이지 않다. 기호계와 상징계의 관계에 대해서는 다음 장에서 더 자세히 논의하겠다.

따라서 그리스도론에 관한 아시아계 미국인 페미니스트 학자는 포스트식민주의 이론과 대화하게 될 것이다. 나의 신학적 응답은 한국계 미국인 학자이자 페미니스트 사회학자인 김정하가 '십자가의 상징의… 양날'이라고 부르는 것과 씨름할 것이다.41 흉내내기(mimicry)로 이해되는 십자가는 가부장적 권력과 복종 개념에 경의(homage)를 표하는 동시에 그러한 개념을 '위협'(menace)하는 역할을 한다.42 결과적으로 흉내내기는 십자가가 제국의 처형과 억압의 도구에서 강력한 전복과 혁명의 기호계적 존재로 변화하는 데 중요한 역할을 한다. 나는 십자가가 양날의 검과 같은 의미를 지닌다고 주장한다. 또는 데리다의 개념을 사용하자면, 기호(sign)로서의 십자가는 한국계 미국인 페미니스트 관점에서 '이중 제스처'(double gestures)를 수행한다.

위르겐 몰트만(Jürgen Moltmann)의 그리스도론을 페미니스트 관점으로 읽으면 십자가에 대한 그의 그림이 완전히 해방적이지 않다는 것을 알 수 있다. 십자가 사건을 억압에 대한 하나님의 저항의 표현으로 이해하며 강조하는 것은 매력적이지만, 여전히 그 자신이 자신의 그리스도론과 분리하려는 고전적 대속 그리스도론을 반영하고 있다. 나는 그의 해방적 정치 신학 자체가 아니라 그의 십자가 신학 속에 여전히 남아 있다고 판단되는 가부장적 권력 역학의 흔적에 문제를 제기하고자 한다. 전통적인 그리스도론의 공식은 권력과 사랑의 개념을 왜곡할 뿐만 아니라 고통과 억압의 구조에 저항할 수 있는 정치적 힘을 십자가로부터 박탈한다. 혼종성(hybridity), 흉내내기(mimicry), 틈새 공간(interstitial space), 파열(rupture)에 관한 포스트식민주의 이론은 한국계 미국인 그리스도교 페미니스트의 '타원형적 사이'(elliptical in-between)라는 관점에서 그리스도론의 의미의 가장자리를 탐구하는 데 중요한 역할을 하게 될 것이다.[43]

김정하는 "그리스도교의 성스러운 영역에서 설파되는 성차별은 교회에 다니는 한인 여성들로 하여금 이타적이고 고통을 감내하는 이미지를 이상적인 그리스도인 모델로 받아들이게 만드는 건강하지 않은 분위기를 조성한다… 교회 여성들에게 고난을 요구하는 목소리는 '고난받는 종'으로서의 그리스도의 이미지를 반영하곤 한다"고 지적한다. 그녀는 또한 "그러나 만족을 이룬 고난받는 종(the satisfied suffering servant)에 있는 내재적 모순이 정당화되는데 이는 예수의 삶과 죽음의 의미를 가학피학증적으로 이해하는 것과 유사하다"고

덧붙여 썼다.44 마찬가지로 도로테 죌레는 전통적인 그리스도론을 비판하면서 몰트만이 하나님을 '가난한 자, 농민, 노예의 하나님'으로 묘사했지만, 몰트만의 그리스도론은 전통적인 가부장적 신학적 패러다임에서 완전히 벗어나지 못했기 때문에 그의 본래 의도가 약화되었다고 주장한다. 죌레는 이러한 신학이 궁극적으로 '가학적'이라고 주장하면서 간결하면서도 대단히 솔직한 페미니스트적 비평을 제공한다.45 한국계 미국인 페미니스트의 관점에서 보자면, 십자가에 대한 가부장적 이해는 가부장적 권력 역학의 언어를 강화한다.

이 책의 개요

이러한 학제 간 범위는 창조성을 발휘할 수 있는 자유를 주지만, 나는 구성주의 페미니스트 신학, 아시아/아시아계 미국 신학, 포스트구조주의 페미니스트 정신분석 이론, 포스트식민주의 연구 분야의 주요 중진 학자들로 한정하여 나의 성찰을 진행하고자 한다.

1장에서는 장소의 정치를 통해 정체성 정치(identity politics)와 반본질주의의 문제를 둘러싼 현재의 논의를 분석하는 것으로 시작한다. 포스트식민주의 이론은 정체성이 통합되거나 단일하기보다는 파편화되고 균열되어 있다고 지적한다. 정체성은 서로 다르고 때로는 교차하며 대립하는 입장과 관행 위에서 형성된다. 이 장에서는 다수의 아시아계 미국인들이 장소의 정치성과 마주하면서 이질적인 정체성을 구성할 때 협상해야 하는 페미니스트적 포스트식민 정체성 정치의 복잡성을 탐구하고, 이러한 과정이 우리의 신학적 성찰과 어떻게 관련되고 변화를 일으킬 수 있는지를 살펴본다. 이 장은 정과 한에 대한 소개로 마무리된다.

2장은 이재훈의 한에 대한 심리신학적 분석을 바탕으로 한을 고찰하는 데서 출발한다. 이재훈의 연구는 집단의 의식뿐만 아니라 개인의 의식에 미치는 영향에 대한 심층 심리 분석을 제공한다는 점에서 한(恨)에 대한 고찰에 중요한 의미를 갖는다. 이 장은 한이 표현되는 다양한 방식을 탐구하고, 나아가 한국계 미국인 이민자들이 겪은 한(恨) 유발 트라우마 요인들의 새로운 차원을 추가로 조명한다. 이러한 맥락에서 정의 개념이 소개될 것이다. 정은 관계성에 대한 한국적 이해의 핵심으로 이해된다. 정은 타자와 대립되는 자아의 구성을 강조하는 것과 달리, 우리가 항상 또 다른 자아로서 타자와 관계 맺고 있음을 보도록 이끈다. 정은 언어적으로도 취약성, 마음, 생명으로 구성되어 있기 때문에 우리는 마음의 변화를 통해 생명을 주는 관계성을 키우는 것으로서 정을 상상해야 한다. 이를 위해 이 장에서는 최근 한국에서 제작된 영화 〈공동경비구역〉과 다큐멘터리 영화 〈사이구〉(Sa-I-Gu)를 분석할 것이다. 〈공동경비구역〉은 38선 비무장지대를 배경으로 하고, 〈사이구〉는 1992년 4월 29일 로스앤젤레스 폭동 피해자들의 인터뷰를 기록한 작품이다. 이 두 편의 전위 영화는 포스트식민주의적 내용을 담고 있으며, 한국인의 삶에 스며있는 정의 여러 차원을 탐구한다.

3장에서는 혼종성, 주변성, 흉내내기 같은 포스트식민주의 개념을 신학적 구성을 위한 비판적 해석학적 렌즈로 부각시키면서, 포스트식민주의 이론을 한국계 미국인 시각으로 읽어낸 나의 해석을 고찰할 것이다. 이 장은 정이라는 관계적 개념이 차이를 오히려 장려하고 귀하게 여긴다는 논지를 통해, 차이를 지워야 한다는 전통적 이해를 어떻게 재구성할 수 있을지 제안한다.

4장에서는 페미니스트 신학적 관점에서 한, 정, 아브젝트, 사랑의 개념으로 위르겐 몰트만의 그리스도론과 대화할 것이다. 페미니스트 신학자들과 해방신학자들의 비판은 전통적인 속죄 신학에 대한 교정 역할을 해왔다. 많은 페미니스트 신학자와 해방신학자들은 이러한 전통적인 그리스도론, 특히 희생을 강조하는 십자가의 고난이 무력감과 자기 부정, 심지어 국가가 승인한 폭력을 영속화하는 데 일조했다고 주장해 왔다. 나는 이러한 속죄론에 대해서도 비판적이지만, 십자가를 이해하는 다른 방법이 있을 수 있음을 여기서 주장하고자 한다. 고통이 구속을 가져오는 것은 아니지만, 우리는 세상과 십자가의 고통을 인정해야 한다. 다시 말하지만 십자가에는 폭력의 공포와 포용적인 사랑의 급진적 형태가 동시에 존재하며, 나는 이를 예수의 십자가와 연결시킬 것이다. 한과 정 그리고 아브젝트니스성(abjectness)에 대한 우리의 고찰을 바탕으로, 나는 몰트만과 비판적 대화를 펼쳐 그의 해방적 정치 신학에 여전히 남아 있는 가부장적 권력의 흔적을 문제 삼고자 한다.

5장에서는 페미니스트 비평에 비추어 전통적인 그리스도론을 계속 살펴본다. 그러나 이 장에서는 줄리아 크리스테바를 논의에 끌어들임으로써 심리적 차원을 추가할 것이다. 그녀가 제시한 아브젝트, 기호계/상징계, 사랑에 대한 논의는 앞선 한(恨)과 정(情) 탐구에 풍부한 통찰을 제공한다. 이 장에서는 자아와 타자 사이에 차이가 존재하기 위해서는 급진적인 사랑의 형태가 필요하며, 나는 이것을 정과 연결한다는 점을 밝힌다. 그렇다면 십자가 사건은 아브젝시옹과 고통의 공포뿐만 아니라 억압된 것의 귀환이기도 하다. 이것은 고통뿐만 아니라 포용적인 사랑의 급진적 형태를 구현하는 계시적인 사건이다. 여기서 우리는 포스트식민주의 그리스도론으로 방향을 전환할 것이다. 현재 진행 중인 예언적 그리스도론적 실천에서 명백히 드러나는 정의 힘을 주장함으로써, 나는 '십자가'에 구현된 전복적이고 열려 있는 포스트식민주의적 '이중 의식'(double consciousness)을 통해 고통, 속죄, 십자가의 개념을 재구성하고자 한다. 즉, 모호하지만 강력한 한과 정 개념의 신학적 함의를 포스트식민주의 이론 및 크리스테바의 혐오와 사랑 개념과의 대화에서 비판적으로 검토함으로써 정에 대한 독특한 포스트식민주의 그리스도론을 제시할 것이다.

이 책의 결론은 포스트식민주의 정 신학의 다양한 양상을 둘러싼 대화로 사람들을 초대하는 것이다. 이 장에서는 다음과 같은 질문에 대해 우리가 응답할 수 있는 다양한 방법을 묻고 탐구한다. 그것은 과거에 십자가가 전통적으로 해석되어 온 억압적인 방식을 염두에 두면서 십자가의 능력에 대해 말할 수 있는지 여부이다. 전통적 해석이 폭력과 고난을 정당화해 왔다는 사실을 감안할 때, 우리는 과연 십자가를 어떤 구원적인 방식으로 말할 수 있을까? 억압의 구조로부터의 해방 실천이 중요함을 인정하면서도, 정의 신학은 그 해방이 정의 실천―즉, 일상의 관계 속에서 날마다 자아의 타자성과 마주하는 관계적 삶의 방식―과 함께 이루어져야 한다고 주장한다. 포스트식민적 사랑의 한 형태로서 정(情)의 실천은 십자가의 역사적 한(恨)을 부정하지 않으면서 동시에 십자가를 흉내 내어 뒤집어엎는 전복적 정을 검토하는 대안적 포스트식민주의 그리스도론으로 초대할 수 있지 않을까? 정(情)은 십자가의 사랑을 자기 부정이나 희생이 아니라 경계를 넘어서고, 해방적인 급진적 포괄적 사랑으로 재상상하게 해준다. 포스트식민주의적 관점에서 볼 때, 십자가는 공포/거부의 힘에 경의를 표하는 동시에 흉내내기를 통해 사랑의 경계를 넘어서는 변혁적인 힘을 제시한다.

이러한 문제에 대한 많은 연구가 나오고 있지만, 포스트식민주의 연구와 페미니스트 신학적 성찰을 통합한 한인들의 연구는 아직 찾아보기 힘들었다. 이 책은 한국계 미국인 포스트식민주의 페미니스트 신학 자체라기 보다는, 이제 막 등장했거나 아직 표현되지 않은 많은 목소리 중 하나에 불과하다. 이 책의 성찰이 특히 아시아계 미국인 안팎에서 활발하게 진행 중인 신학적 대화의 지평을 넓히는 데 기여할 수 있기를 바란다. 이 책은 놀랍도록 신비로우면서도 해방적인 사랑의 급진적 형태를 재발견하기 위해 마음으로 그리고 마음을 통해서 사유하도록 초대하는 책이다.

1장

제자리에서 벗어난 정체성
(Identity Out of Place)

정체성 정치(identity politics)라는 개념에 대한 불편함이 점점 커지고 있다. 이 개념은 이제 너무나 논쟁적이 되어 이를 대신해 '차이의 정치'(the politics of difference)와 같은 다른 용어를 사용하는 경우가 많아졌다. 우리는 이러한 용어의 전환이 어디서 그리고 왜 발생했는지 질문해 볼 수 있다. 나는 이러한 변화가 부분적으로는, 정체성과 차이가 밀접하게 연결되어 있다는 인식에서 비롯되었다고 본다. 그 결과 정체성은 더 이상 단일하거나 단순한 것으로 이해되지 않고, 오히려 복합적이고 다중적인 것으로 간주된다. 이러한 변화는 또한 본질주의적(essentialist) 관점과 구성주의적(constructivist) 관점 사이의 논쟁이 심화되고 있는 것과도 관련이 있다. 이 장에서는 이러한 역학을 탐구하며, '집', '차이', '정체성' 개념들이 포스트식민 주체가 디아스포라적 주체성을 동시에 해체하고 구성하는 데 어떻게 기여하는지를 살펴본다.

제자리에서 벗어난(Out of Place)

대리보충(supplement)은 그 자체를 더하는데, 이것은 잉여, 또 다른 충만함을 더욱 풍요롭게 하는 충만함이며, 존재의 가장 충만한 정도(fullest memasure)이다.

_ 자크 데리다(Jacques Derrida), 『협상』(Negotiations)

> 사실에 단단히 뿌리를 내리고 그로부터 자양분을 공급받아야만 참되게 그리고 오래 살 수 있다… 우리가 실제로는 한 몸의 지체라는 사실을 깨닫는다면 모든 자살 충동을 끝낼 수 있다.
> _ 함석헌, 『고통의 여왕』(The Queen of Suffering)

가야트리 스피박(Gayatri Spivak)은 냉소적으로 이렇게 말한다. "뿌리를 찾겠다는 생각을 할 수 있는 사람이라면… 차라리 순무(rutabagas)나 재배하고 있어야 한다!"[1] 스피박에 따르면 뿌리는 고정된 것이 아니라 우리가 구현하고 가지고 다니는 것이다. 하지만 스피박은 뿌리에 대한 경멸에도 불구하고 인도를 오가는 여행에서 순무를 재배하지 않더라도 뿌리를 찾고 싶은 열망을 인정하고 드러낸다! 한국의 활동가이자 철학자, 신학자인 함석헌이 앞의 인용구에서 언급한 것처럼 나는 순수주의자들의 뿌리에 대한 주장을 경계하는 만큼, 뿌리가 생명을 불어넣어 준다는 사실도 깊이 염두에 두고 있다. 많은 주변화된 사람들에게 나타나는 이 역설은 독특하다. 경계에 존재하기 때문에 오히려 객체/주체, 서구/동양, 여성/남성, 생명체/무생명체, 지구/우주, 영/육, 뿌리/경로, 주변/중심이라는 전통적 사유의 변증법에 창의적인 융합을 가져올 수 있는 가능성이 열리기 때문이다.

우리는 지배 문화 속에 진정으로 받아들여지지 않는 타자임을 자각하게 될 때, 종종 자신의 기원이라 여겨지는 '순수한' 문화로 되돌아가 그것을 회복하고자 하는 충동을 느끼게 된다. 그러나 이러한 충동은 종종 양날의 검과 같다. 사람들은 이 충동을 통해 일시적인 안정감과 '본래의 장소'로의 '복귀'라는 소속감을 갖게 되지만, 그와 동시에 그 본래의 장소를 쉽게 본질화하고 이국화하려는 함정에도 빠지게 된다. 이러한 본질주의는 지배적인 '타자화' 과정으로부터 벗어나야 하는 필요성에 정면으로 반하기 때문에 위험한 것이다.[2] 그럼에도 불구하고 본질주의는 종종 정치적으로 필요하며, 문화적 긍정과 정치적 권한 부여의 한 방법으로 잠정적이고 전략적으로 수용될 수 있다. 예를 들어 가야트리 스피박의 '전략적 본질주의'(strategic essentialism)를 들 수 있다. 본질주의란 인종이나 젠더와 같은 특정 특성을 개인이나 집단의 정체성의 본질적인 부분으로 간주하고 이해하는 것을 말한다. 이렇게 본질주의를 사용하는 것에 대해서 해체주의가 문제를 제기한다. 그러나 우리가 이질성을 주장할 수도 있고, 인종차별주의나 성차별주의자들의 잘못된 본질을 해체하는 것을 주장할 수도 있지만, 억압받는 집단들은 해방적인 저항의 정치 운동을 위해 종종 전략적으로 본질주의를 사용해 왔다. 정의를 추구하는 과정에서 '전략적 본질주의'는 때때로 필요하다. 두 개의 위험한 경계에 걸쳐 있으면 "집과 같은 곳은 없다"와 "어떤 장소도 집은 아니다"라는 흔들리는 경계 사이에서 불안정한 상태에 놓이게 된다.

> 장소와 시간 바깥에 있는 장소이자 시간으로서의 집에 대한 이러한 이해는, 그것의 반대, 즉 추방, 외부, 다른 곳과 난잡하게 뒤섞여 있는 것처럼 보인다. 따라서 장소와 시간을 벗어난 집에 대한 이해는 소속/비소속, 충성/불충성 같은 이분법을 뒤집고 이데올로기적 짐을 벗어버리고자 하는 비판적 실천에 매료된다… 그리고 어쩌면, 오늘날 비평이 수행되는 맥락 속에서 "집"이 소속의 신화이자 동시에 비평이 결코 머무르기를 피할 수

없는 상태의 이름이라는 점에서, 우리는 비평이 처한 딜레마(double bind)의 일면을 엿볼 수 있을지도 모른다.[3]

전통적으로 정적인 의미로 이해되던 집이라는 개념이 근본적으로 재조명되고 있다. 이제 '집'은 변화하는 역동적인 개념으로 재구성되는 동시에 장소성이라는 정치적 함의를 포괄하게 된다. 이러한 디아스포라적 정체성은 '이중 의식'으로 가득 차 있다. 시간이 흐르면서, 이와 같은 이중 의식의 우여곡절은 끊임없는 자기 의심과 자기 소외의 위기를 초래한다. 자신의 역사와 정체성을 끊임없이 재협상하고 재전유(reappropriation)하는 이 피할 수 없는 과정 속에서, '순수성'에 대한 믿음을 고수하는 이들은 혼종성(hybridity)의 수용을 지배적 억압 구조에 의해 포섭(co-optation)되는 행위로 간주한다. 다른 한편으로, 우리 역시 스스로를 의심하기 때문에 끊임없이 자신을 검열한다. 따라서 정체성의 정치는 지배적 담론을 해체하고 변혁하는 일에 관여하는 동시에 자신의 역사를 긍정적이고 능동적으로 창조할 때 가장 효과적일 수 있다. 역사, 기원, 정체성은 대부분의 경우 속박적인 경계를 구성해 내지만, 그와 동시에 공유된 소속감 역시 제공하기 때문이다.[4]

'제자리에서 벗어난(out of place) 존재의 불확실성에 더해, 굴절되고 다층화된 정체성의 모호함은 이러한 주체성을 필연적으로 복잡하게 만든다. 따라서 디아스포라적 주체성은 필연적으로 이중적일 수밖에 없다. 왜냐하면 그것은 이전의 '다른 장소'가 요구하는 당위성을 현재의 거주지 문화 정치와 능동적이고 비판적인 관계 속에서 인식하고 있기 때문이다. 따라서 이민자 경험은 여러 흔적, 여러 기원, 다양한 이야기로 구성되며, 이는 쉽게 상품화되고, 동질화되는 경향에 저항한다. 다시 말해, 크리스테바의 말을 빌리자면, "기원은 좋은 의미에서 든 나쁜 의미에서든 분명 [이민자를] 유령같이 따라다니며 괴롭히지만, 오늘날 그가 희망을 걸고, 투쟁을 벌이고, 그의 삶이 유지되는 곳은 실제로 다른 곳에 있다. 기원과는 다른 장소, 어쩌면 뿌리조차 없는 곳 말이다."5 이러한 맥락에서 정체성의 역설적인 역동성이란, 한 사람의 존재는 언제나 힘을 빼앗기고(disempowerment), 결정되어 있지 않으며(indetermination), 위치가 불확실한(displacement) 상태 속에서 끊임없이 이동하고 긴장하는 과정에 있다는 것이다. 그리고 이는 자신이 부적절한 존재라는 지속적인 자각으로 인해 더욱 심화된다.

'제자리에 있는'(in place) 존재로서의 정체성을 포함하여, 고정되고 일관된 정체성을 확보하려는 노력은 결국 정체성이란 고정된 것도 아니며 단순화될 수도 없는 것임을 깨닫게 만든다. 이중적이고 다중적인 상황과 경계의 현실 속에서 살아간다는 개념은 개인적인 정체성 안의 복잡한 층위를 반영할 뿐만 아니라 항상 그리고 이미 변화하는 현실을 가리키기도 한다. '순수주의'(purism)라는 진보적 수사는 최근 들어 다양한 뿌리와 다양한 경로를 살아가는 이들과 아이들이 등장하면서 더욱 눈에 띄게 도전을 받고 있다. 다양한 인종 간 결합으로 태어난 아이들은 '순수한' 뿌리에 대한 우리의 관념을 심각하게 도전하고 그것을 더욱 복잡하게 만든다.6

이러한 변화무쌍한 위치 이동의 복잡성을 인정하게 되면 우리는 자연스럽게 '뿌리' 혹은 '경로'가 우리의 정체성에 어떻게 영향을 미치고, 형성되며, 재전유되고, 반복적으로 협상되는가에 대한 문제로 사고의 영역을 넓히게 된다. 끊임없이 변화하는 현실의 가장자리에 자리 잡고 있는 존재는 문화적 뿌리의 지속성에 예민하게 반응하는 동시에 모든 뿌리가 우리 경로의 일부가 되는 불가피한 혼종화 과정 또한 인식하게 된다.7 R. 라다크리슈난(R. Radhakrishnan)은 "오늘날의 모든 정치는… 지배적인 보편주의와 분리주의적 그리고/또는 상대주의적 영역들 사이에서 위태롭게 매달려 있는 상태로 존재한다"고 주장한다.8 그녀는 다음과 같이 덧붙인다.

> 여러 역사에 의해 과도하게 결정된 탈식민적 위치는 다양한 인접성이 얽힌 교차로처럼 느껴진다. 정체성은 종종 어떤 형태의 이탈(displacement)을 필요로 한다… 디아스포라 주체는 어디에도 속하지 않음과 동시에 모든 곳에 속하면서 디아스포라 주체는 이질적인 "다른 곳(elsewhere)"을 자신의 실제 인식론적 고향으로 선포하려고 시도할 수 있다.9

정체성의 정치와 차이의 정치는 만연한 이분법적 함의에 의해 자아 내부와 외부의 모호한 지점을 인식하는 것으로 변질되었다. 심지어 국적의 개념조차 복잡해졌다. 포스트식민주의 이론은 이민자들이 종종 느끼고 경험하는 시민권의 양면성에 도전한다. 예를 들어 북미에서 태어났거나 이민자 부모를 따라 어렸을 때 미국에 온 많은 한인들은 종종 제자리에서 벗어남(displacement)을 경험한다. 또한 정치적 망명자와 여러 가지 이유로 자발적으로 한국을 떠나는 사람들 사이에는 차이가 있다. 전자는 억압적인 정권에 의해 조국을 떠날 수밖에 없었던 애국적인 영웅으로 받아들여지는 반면, 후자는 경제 위기 상황에서 개인의 삶을 개선하기 위해 조국을 버린 사람들로 묘사되는 경우가 많다.

이민자들이 한국을 이기적으로 버린 것처럼 묘사하는 것은 이들이 처음 한국에서 그리고 북미의 광야에서 겪은 고난을 인정하지 않는 것이다.[10] 한국에 사는 한국인들이 다른 나라로 이주한 한국 이민자에 대한 거부감을 여기서 내가 언급하는 이유는 한국계 미국인들의 정치의식 형성과 관련이 있다고 생각하기 때문이다.[11] 내 개인적 모호함의 이유 중 일부는 북미와 한국 어느 곳에도 속하지 않는 것에 뿌리를 두고 있다. 스튜어트 홀(Stuart Hall)은 정체성의 개념이 역전(reversal)과 출현(emergence) 사이의 간격에서 '지워지는 가운데' 작동한다고 말한다.[12] 따라서 정체성은 본질주의적 방식이 아니라 전략적이고 입장주의적인(positional) 방식으로 이해된다. 마찬가지로, 내가 여기서 추구하는 포스트식민 정체성에 도움이 되는 또 다른 개념은 포스트식민주의 이론의 많은 부분에 중요한 영향을 미친 자크 데리다(Jacques Derrida)의 작품에서 특히 발견되는 '흔적'(trace)이라는 개념이다. 우리 기원(origin)의 흔적은 방황과 상실감이 만연한 경계, 그 간극의 공간에서 살아가는 데 필요한 **대리보충** 역할을 하지만, 더 중요한 것은 그 흔적의 아련한 기억이 그 사이에서 삶을 번성하고 지속하도록 **움직이는**데 필요한 비전을 효과적으로 작동시키는 역할을 한다는 점이다. 그러므로 정체성은 생동감 넘치는 대리보충으로서의 '흔적'에 세심하게 조율되어 재구성되고 재전유되는 동안에도 지속적으로 지워진다.[13]

시험대에 오른 본질주의

최근 몇 년 동안, 여성들의 차이에 대한 페미니스트 담론은 보편적 여성 개념에 대한 비판에서 시작되어 본질주의적 사고와 연관된 모든 페미니스트 담론을 의심하고 끊임없이 감시해야 한다는 모순에 봉착했다. 또한 이 담론은 동일한 역학 관계를 문화적 차이 개념으로 슬그머니 옮겨놓았다.14 이러한 변화에서 문제가 되는 것은 겉보기에 타고난 것처럼 보이는 문화적 차이에 대한 식민주의적 가정을 실체화하는 것이다. 따라서 여성을 보편적 본질주의 개념은 '서구적' 또는 '비서구적'인 것으로 규정하는 문화 특수적 본질주의 개념으로 대체되었다.15 다시 말해, 이는 "지나치게 일의적인 진리와 의미 생산을 추구할 수 있다고 생각하는… 이론적 기계" 작용을 중단하려는 시도이다.16

여러 집단과 커뮤니티가 이 억압 구조에 이론적으로 대응하면서, 또한 이 구조에 저항하는 것에 어려움을 겪으면서 섹슈얼리티, 인종, 젠더 등 본질주의에 관한 논쟁이 등장하고 있다.17 이론과 실천의 충돌은 이러한 논쟁에서 뚜렷하게 드러난다. 차이/정체성의 정치와 페미니즘 같은 전반적인 투쟁의 정치의 만남은 여성과 페미니스트들을 약화시키는 교착 상태를 만들 수도 있고, 페미니즘의 새로운 공간을 열어 주는 근본적으로 혼종적인 이해를 가져올 수도 있다.18 페미니즘이 직면한 도전에 대해서는 엘렌 티 아머(Ellen T. Armour)가 다음과 같이 비판적으로 언급하고 있다.

여성 억압을 공격하려는 시도에서, 우리가 억압의 책임을 묻는 제도와 개인들뿐 아니라 우리 자신에게까지 작동하는 담론 속의 체계적 폭력에 주목하지 않는다면, 그 시도는 결국 체제를 그대로 유지시키거나 새로운 방식으로 되살리는 길로 나아갈 위험이 있다.[19]

페미니즘 이론과 신학, 실천의 관계는 업무 분장을 전제할 수 없고, 언어와 현실의 분리를 전제할 수 없다.

수잔 보르도(Susan Bordo)는 여러 가지 트렌드를 설명하지만, 여기서 나는 한 가지 핵심을 짚어보고자 한다. 그녀는 해체주의를 페미니스트적으로 전유하는 것을 중요하게 생각한다. 해석의 다원성, 불확정성, 문화적 의미와 의미 생산의 이질성에 대해서 포스트모던적으로 인식할 때 '차이'…를 적절히 표현하기 위한 '새로운 서사적 접근 방식'이 요구되고 있다. 특히 성차 이론은 '고정된 이분법적 현실 구조'로 인해 공격받고 있으며 "지속적인 텍스트적 놀이의 서사적 이상으로 대체되고 있다"고 지적한다.[20] 그러나 그녀는 이 생각에 대해서 다음과 같이 주장하고 있다.

> 이 생각은 현실을 충분히 대표할 수 있다는 근대 인식론적 허위에 대한 비판에서 비롯된 것이지만, 그것은 여전히 육체적 존재가 지닌 위치성과 한계로부터 자유로운 인식론적 관점에 도달하려는 자기만의 환상에 의해 작동하고 있다고 주장한다. 나는 이 환상을 "모든 곳을 볼 수 있다고 믿는 꿈(dream of everywhere)"이라고 부른다.[21]

차이라는 이름으로 운동의 힘을 말살하는 능력에 대한 보르도의 우려는 그녀가 말하는 여전히 지배하고 있고, 공적 영역에서 활동하고 있는 '지식/권력 기관'이라고 부르는 것에 대해 '누워서 침 뱉는' 사례로 보인다. 이러한 분열과 정복 전술을 부추기며 환영하는 제도들은 "문화적 저항과 변혁의 운동으로서의 페미니즘이 지닌 비전적이고 비판적인 에너지를 길들이고 억제하는" 역할을 한다.22 그러나 버니스 레이건(Bernice Regan)이 관찰했듯이 페미니즘이 대응책으로 필요로 하는 것은 정치적 힘을 모으고 중재하고 동원하기 위해 차이의 정치를 구현하고 이에 주의를 기울이는 연합 작업에 참여하는 것이다. 따라서 장소의 정치와 연합 정치(coalition politics)라는 두 가지 이슈는 페미니스트의 핵심 이슈가 되어야 한다.23

보르도는 모든 관점이 어느 정도는 전체주의적이라는 점을 지적하며 '관점이 없는 곳이 있을 수 있음'의 위험성을 주장한다. 어떤 인식론적 근거도 무결하지는 않다는 것이다. 그녀는 어떤 이론도—"이질성, 지역성, 복잡성에 대한 정의의 관점에서 그 적절성을 측정하는 이론조차도— 위험에 처할 수 있기" 때문이라고 언급한다.24 보르도는 본질주의와 관련하여 최근의 페미니즘이 '전체주의적 경향에 빠질 위험'보다는 오히려 본질주의로 비난받을지 모른다는 점에서 점점 더 커져가는 '마비시키는 불안'에 빠질 위험이 크다고 주장한다. 여기에 더해, '어디에도 속하지 않으면서 모든 곳에 있는 듯 보이는 꿈'을 옹호하는 위험도 있다.25 이러한 본질주의를 비판하는 비난은 해당 이론이 근본적으로 보수적이거나, 그리고/또는 인종차별적이라는 의미를 담고 있다. 우리가 긴장을 유지할 점은 본질주의적 움직임이 전체화의 가능성이 있다고 의심하는 것과 그 움직임이 위험한 지대(성차별적, 인종차별적, 동성애혐오적, 제국주의적 관념을 합리화하는 함정)에 발을 들여놓게 될 수도 있지만, 정치적 시급성을 위해 본질주의적 움직임이 필요하다는 인식이다. 이러한 미끄러운 경사26의 한 가지 가능한 예시는, 페미니스트 관계론에 대한 페미니즘 내부의 논쟁과 전유에서 찾아볼 수 있다.

신학자 캐서린 켈러(Catherine Keller)는 페미니스트 포스트모더니즘 내에서 페미니스트 관계주의와 분리하려는 경향과 심지어 페미니스트 관계주의를 담론적으로 공격하려는 경향이 발전하고 있다고 주장한다.27 페미니스트 관계주의는 자아를 항상 타자와의 관계 속에서 이해하는 것이 중요하다는 점을 강조하는 이론이다. 페미니스트 관계주의 자체는 본질주의를 품고 있다는 비난을 받기도 한다. 켈러가 지적하듯, 자신을 페미니스트라고 밝히는 많은 학자들에게 "관계주의란 가짜 '여성적' 본질을 상정하는 것처럼 보인다." 켈러는 나아가 이러한 반관계주의적 움직임, 즉 다양성을 위한다는 명목하에 획일화하는 움직임에 의문을 제기해야 한다고 주장한다. 개인 대 사회정치적, 페미니스트 대 여성적, 본질주의 대 반본질주의의 이분법적 대립 모두 미끄러운 경사 논쟁에 휘말릴 위험이 있다는 것이다.28 켈러는 반본질주의 페미니스트들이 스스로 '인식론적 본질주의'를 범하고 있다고 주장한다.29 그렇다면 우리에게 필요한 것은 우리가 이론화하는 바로 그 공간을 끊임없이 해체하는 것이다. 이 이중적 제스처는 우리가 "복잡한 맥락의 틀 속에서 수행하는 본질의 배치, 경험에 대한 호소, 정체성에 대한 주장을 역사화"하고… 검증할 것을 요구한다.30 우리가 "우발적인 정체성을 소유하는 것이 아니라 정체성이 우발적"이라는 것이다.31 정체성의 우발성이나 본질주의의 고착화가 초래할 수 있는 위험은 실용적인 관점을 통해 접근할 수 있다. 이 실용적인 관점으로 우리는 경직된 원칙보다는 '실제적 효과'를 가져올 수 있고, 특정 맥락에서 어떤 보편성이 효과를 발휘하거나 실패하는지를 판단할 때 계산된 전략적 결정을 할 수도 있다.32

여기서 나는 많이 인용되는 가야트리 스피박의 '전략적 본질주의'라는 개념을 언급하고 싶다. 이 개념은 식민지 구조의 억압적인 전술에 맞서기 위해 전략적으로 배치된 본질적 정체성을 사용한다. 보르도와 마찬가지로 스피박은 포스트구조주의 이론을 서벌턴 연구(서벌턴 sub-altern이란 경제적으로 철저히 배제된 존재로 간주되는 사람들을 말한다)에 적용하면서도 어떤 제도에 의해 규정된 것이 아니라 자신만의 관점으로 본질주의를 사용한다. 그녀는 이러한 전략적 본질주의의 필요성을 다음과 같이 설명한다. "해체주의자로서… 사실 나는 내 손이 깨끗하다고 할 수 없고, 내가 특별하다고 말할 수 없다. 사실 나는 때때로 본질주의자라고 말해야 한다." 스피박은 보편주의와 본질주의를 전면적으로 수용하지 않고도, 전략적으로 사용할 수 있다고 말한다. 그녀는 우리가 인정하든 인정하지 않든 이미 이러한 개념들에 일정 부분 매여있다고 지적한다. 그녀는 다음과 같이 말한다.

> 우리가 페미니스트 실천, 즉 이론보다 실천을 우위에 두는 것에 대해 말할 때조차, 우리는 단순히 일반화할 뿐만 아니라 보편화하고 있는 것이다. 본질화가 시작되면 보편화는… 돌이킬 수 없이 진행된다… 그러므로 우리 자신의 실천을 경계심을 갖고 살피고, 그것을 가능한 한 전략적으로 활용해야 한다. 완전히 역효과만 불러오는 전면적인 거부의 제스처는 피해야 한다… 왜냐하면 당신도 때때로는 본질주의자가 되기 때문이다.33

본질주의/반본질주의에 대한 논쟁은 건설적이지만, 우리 대부분이 어느 순간에는 전략적 본질주의에 의존한다는 점을 주목할 필요가 있다. 본질주의는 페미니스트 정치 의제에서 까다로운 개념이 되었다. 전략적 본질주의는 "있어도 문제, 없어도 문제"인 경우라고 할 수 있다. 그렇다면 페미니스트 학자들은 더 이상 우리 이론에 본질주의의 흔적이 있는지 없는지에 대한 논쟁에 집중해서는 안 된다. 오히려 페미니스트들은 이제 우리가 피할 수 없어 보이는 본질주의의 도발적인 흔적들 사이에서 어떻게 하면 대화를 잘할 수 있는지에 집중해야 한다. 이를 위해 티나 챈터(Tina Chanter)는 '본질주의'라는 말은 다음과 같은 의미를 가지고 있다고 지적한다.

> "본질주의"라는 말은 다양하게 상호 연결된 결함을 따라 스스로를 확립했고, 다양한 페미니스트 지형을 구조화했던 균열을 구체화하게 되었다. 이 지형은 실천과 이론이 서로 충돌하는 바위 같은 땅이며, 정신분석학이 정치 분석의 먹이가 되는 위험한 지형이며, 성적 차이가 생물학적 환원주의로 미끄러지기 쉬운 미끄러운 경사면이며, 여성적 특수성에 대한 주장이 보편적 주장의 어두운 웅덩이로 가라앉아 페미니즘을 스스로 만든 수렁에 빠뜨릴 위험이 있는 늪지대이다. 이러한 어려운 영역을 협상하는 페미니스트에게는 점점 더 정교한 발품이 요구된다.[34]

안타깝게도 본질주의와 구성주의 사이의 이러한 논쟁은 페미니스트 담론에서 적대적인 관계가 되어 페미니스트 신학의 영역으로까지 확산되고 있다.[35] 이 논쟁은 주로 이미 존재하는 성차별적, 인종차별적, 제국주의적 구성을 구체화하지 않고 여성들이 페미니스트로서 말할 수 있는 것이 무엇이냐는 데 초점을 맞추고 있다. 본질주의에 대한 이러한 논쟁은 포스트모더니즘 및 포스트식민주의 이론과도 관련이 있다. 정체성 정치의 범주에서 (몇 가지 논쟁의 장소를 예로 들자면) 젠더, 섹슈얼리티, 인종, 종교, 문화에 대한 논의는 종종 본질주의의 흔적이 있는지 끊임없이 감시받는다. 순수성/정통성에 대한 이러한 비판적 열정은 전체화되고 지배적인 수사의 흔적을 찾기 위한 필연적이고도 철저한 자기 검증에서 비롯된 것으로 이해해야 한다.

줄리아 크리스테바(Julia Kristeva)의 정신분석학에 관한 작업이 내 그리스도론 논의에서 다뤄질 예정인데, 그녀는 본질주의로 비판받아 왔다. 크리스테바는 여전히 입장을 굽히지 않고 있다. 사실 크리스테바에게 페미니즘은 그 자체로 문제가 있는 것이며, 의도치 않게 가부장제의 연장선상에 있는 것이다. 그녀에 따르면 페미니즘은 '상징적' 또는 '아버지의 법'의 연장이다. 『우리 안의 타자들』(*Strangers to Ourselves*)에서 크리스테바는 집단 정체성이라는 이름으로 하는 투쟁을 인정한다. 그녀는 페미니즘 운동이 '여성'이라는 집단 정체성을 사용함으로써 많은 진전을 이루었음을 인정한다. 동시에 그녀는 이 전략에 내재된 위험성을 지적한다. 그런 다음 "해방의 정치가 종종 배제의 정치로 변질되는 것이 문제"라고 지적한다.36 이러한 아브젝시옹 과정이 크리스테바를 자아 안으로 그리고 자아를 통해 나아가게 하는 것이다. 페미니스트들이 그녀의 작업에 대해 비판적인 만큼 그녀 자신도 페미니즘에 대해 비판적이다. 그녀는 페미니스트는 '여성'을 위해 싸우는 것이 아니라 '여성'에 맞서 싸워야 한다고 결론짓는다. 그녀는 '우리'라는 신기루가 필요하기는 하지만 문제가 있다고 주장한다. 왜냐하면 개인이 이 '우리'에 참여하는 동안에도 각 개인은 자기 자신의 피해자가 되기 때문이다.37

크리스테바에 따르면, 우리가 다뤄야 할 것은 개인의 정체성 자체의 차이이다. 이는 "차이를 총체화하거나 소멸시키거나 화해시키려는 시도 없이 차이를 다루는 첫 번째 단계"이다.38 크리스테바는 개인의 정체성을 더 깊이 탐구함으로써 타자로서의 주체를 이해하고자 한다. 이것은 반드시 주체와 타자가 낯섦을 공유한다는 의미가 아니라 주체가 자신에게 타자이기 때문에 주체가 타자와 관계 맺을 때 타자로서 관계 맺을 수 있다는 것을 의미한다. 따라서 크리스테바의 논제에서 중요한 것은 내부에 타자성(alterity)이 있다는 것이다.39

집의 정치

포스트식민주의 이론에 따르면 정체성은 통일되거나 단일한 것이 아니라 파편화되고 분열된 것이다. 정체성은 서로 다르고, 교차되어 있고, 상반된 입장들과 실천들을 가로질러서 구성된다. 따라서 혼종성에 대한 포스트식민주의 이론은 기원이나 뿌리의 중요성을 주장하는 것이 아니라 우리의 다양한 경로의 중요성을 주장하고자 한다.

많은 사람에게 집은 항상 여러 문턱이 있기 때문에 완전히 들어가지 못하고 항상 여러 현실의 경계에서 살아간다. 집은 다양한 역학 관계에 따라 달라질 뿐만 아니라 항상 임시적이기 때문에 우리는 새로운 삶의 터전뿐만 아니라 '고향'에서도 낯선 존재가 된다. 그 결과 익숙하지만 서로 다른 세계 속에서 반복적으로 이질감을 느끼게 된다. 이러한 불안한 느낌 때문에 우리는 정착에 대한 문제를 면밀히 검토하게 되는데, 이는 다양한 이유로 정착하지 못하는 사람들이 "익숙하지

않은 고립의 불안을 더 쉽게 견딜 수 있도록" 하기 위함이다.40

우리는 우리의 기원으로 돌아갈 수 있지만, 기원은 영원히 변화되고, 변화하고 있는 동시에 우리도 변화하고 있다. 그러나 하이픈을 붙인 사람들은 최악의 경우, 문화적 부랑자(cultural scavenger)나 유산을 버리는 사람으로, 좋게 말하면 진보적인 유럽계 미국인 자유주의자들이 '전체주의화' 이론에 너무 안주하고, 너무 익숙해지지 않도록 감시하는 사람으로 간주되는 경우가 많다. 이러한 파편화의 경험, 실제로 어떤 절단의 경험을 통해 나는 '집'과 '다른 곳'이 고정된 단일 범주도 아니고 문제가 없는 범주도 아니라는 것을 깨닫게 되었다. 한국계 미국인 신학자 이상현(Sang Hyun Lee)이 지적한 것처럼, 집이 없다는 이러한 감각은 도리어 '성스러운 여정'으로 해석될 수 있다. 이 '여정'이라는 은유에는 과거의 뿌리를 기억하는 것과 새로운 길을 개척하는 것이 모두 담겨 있다. 그에 따르면, 아시아계 미국인은 한계성을 경험함으로써 성서의 순례와 본향이라는 주제를 새롭게 해석하고 재구성할 수 있는 새로운 길을 열 수 있다.41 이상현은 '틈새 공간'(interstitial space)이라는 포스트식민주의 언어를 구체적으로 사용하지는 않지만, '하이픈의' 정체성을 하나님의 집에 열려있는 존재의 필수적인 부분으로 주장함으로써, 이민자적 맥락과 성서적 관점에서의 '사이성'(in-betweenness)을 신학화한 선구적인 아시아계 미국인이다.42

수기르타라자(R. S. Sugirtharajah)는 집이 없는 현실이 모순적인 반응을 불러일으키는 새로운 해석학적 틀이 되고 있다고 지적한다. 한편으로는 국경 없는 글로벌 지정학적 의제를 옹호하는 이론가들이 있는 반면, 다른 한편으로는 토착 역사를 되찾고 재구성하기 위해 고군분투하는 민족주의자들(ethnonationalists)이 있다. 수기르타라자는 제3의 대안을 제안한다. 그는 사람들에게 문화와 국가 사이에 이도 저도 아닌 곳에 자신을 위치시키고 '과정적 해석학'에 참여할 것을 요구한다.43 그는 또한 현대 해석학적 실천이 무엇보다도 혼종적 자유를 보장해야 하는 공간으로, 호미 바바의 '제3의 공간'과 유사한 얀 모하메드(Jan Mohamed)의 '중간 문화 공간' 개념을 인용하는데, 이 공간은 '식민화되지 않은 공간'은 아니지만, 대안으로는 볼 수 있다는 것이다. 수기르타라자에게 포스트식민이란 새로운 시대에 관한 것이 아니라 식민화된 타자로부터 출현하는 특정한 읽기 자세라는 점이 중요하다.

따라서 포스트식민주의적 과제는 억압의 서사에 대한 담론적 저항이다.44 여성주의 문화 비평가 트린 민하(Trinh Minh-ha)가 제안한 것처럼, 집은 익숙한 것에서 보이지 않는 다른 곳의 흔적을 찾아내는 장소/공간/시간이며, 이미 항상 서로 얽혀있는 불일치를 찾으면서 그것을 '집'으로 인식하게 만든다.45 그녀는 이렇게 덧붙인다.

> 집은 끊임없이 변화하는 사이트이다… 집은 또한 그 움직임이 다른 속도와 다른 시간 감각을 반영하는 변화의 사이트라고 말할 수 있다… 집은 편리하게도 순수의 장소라고 간주되어 왔다… 그러나 "순수하지 않은" 장소는 원주민과 비원주민 사이의 이원론적 구분으로는 정의되지 않는… 생각지도 못한 관계를 이끌어 낼 수 있기 때문에 매우 유용하다.46

"집과 같은 곳은 없다", "어떤 장소도 집은 아니다"는 말은 자아의 끊임없는 왕복성/이중화(shuttling/doubling)를 부추기며 항상 우리 안에 있는 타자성을 상기시킨다. '집'에 대한 질문과 이 '집'을 찾는 것은 귀향의 감각이든 상상의 공동체를 통해서든 포스트식민주의 이론에 의해 크게 복잡해졌다.

포스트식민주의 이론은 정체성을 복잡하고 수시로 변화하는 구조로 이해함으로써 정체성 정치의 이분법적 경향에 도전해 왔다. 리타 나카시마 브록(Rita Nakashima Brock)은 다음과 같이 말한다. "사이의 삶이란 종종 서로 어울리기를 거부하는 여러 세계 사이에서 갈등하는 과정처럼 느껴지기도 한다."47

예를 들어 아시아계 미국인이라는 정체성의 하이픈 부호는 아시아가 불변하는 존재론적 조건이 아니라는 현실을 표현하는 동시에 그 특수성을 지적한다. 이는 본질주의의 함정에 빠지지 않으면서도 그 함정의 정치적 필요성을 인식하는 데 도움이 된다. 나아가 하이픈을 기입하는 것은 역사로서의 지배 체제를 넘어 유토피아적 공간을 열어갈 때에도 전략적으로 투자하는 방법이 된다.48 또한 다양한 입장과 보다 유동적인 정체성을 열어두는 방식으로 정체성 정치에 참여하는 만큼, 우리는 포스트구조주의와 공명하고 동시에 도전하는 포스트식민주의 이론의 특정 변수를 염두에 두어야 한다.

현재 모든 정체성과 문화의 이질성을 주장하는 포스트식민주의적 거대 서사의 혼란은 훨씬 더 지속되고 있다.49 민족과 문화의 지속적인 혼종화 과정에 대한 주장은 겉보기에 일관성이 없어 보이는 정체성의 조각들을 느슨하게 연결할 수 있게 해준다. 이러한 혼란을 통해 서벌턴은 백인 가부장제 우월주의 신화를 비롯한 거대 서사를 재구성하고 수정할 수 있다. 포스트식민주의 이론의 등장과 함께 포스트식민주의 이론가들의 대규모 네트워크 사이에서 불협화음의 소리가 나오고 있다. 우리가 염두에 두어야 할 심각한 비판 중 하나는 혼종성 이론은 학문적인 경향이 있고, 서벌턴 투쟁에 뿌리를 두고 있지 않다는 비판이다. 요컨대 포스트식민주의 이론은 정치적 주체성이 결여된 채 실존적/존재론적으로 편협한 응시에만 몰두한다는 비난을 받는다. 표면적인 담론적 입장에서는 그럴 수 있지만, 우리는 개인적인 것이 곧 정치적인 것이라는 주장을 염두에 두어야 한다. 또한 포스트식민주의 이론은 무엇이 '정치적'이 되는지에 대한 이분법적인 인식론적 관점에서 판단할 수도 없고, 판단해서도 안 된다.

포스트식민주의 이론은 그 표현 방식이 주로 권위 있는 환경에서 활동하는 제3세계 출신의 이주한 지식인들에 의해 전개된 포스트구조주의, 탈토대주의 담론(postfoundationalist discourse)과 매우 유사하다고 비판받는다. 이러한 주장은 포스트식민주의 이론이 물질적 현실에 대한 분석을 회피함으로써 자본주의와 제1세계와의 관계 및 그에 따른 억압의 중요성을 과소평가한다는 것을 시사한다. 이론가 엘라 쇼하트(Ella Shohat)는 포스트식민주의 이론이 '위치성(positionalities)에 있어서 어지러울 정도로 다양함', '역사적이고 보편화한 변위'(displacement), '탈정치화 함의'라는 점에서 이론적으로나 정치적으로 모호하다고 단호하게 말한다.50 그녀는 포스트식민주의 이론이 식민 지배자와 피식민인 사이의 명확한 구분을 흐릿하게 하는 경향이 있기 때문에 정치적으로 모호하고 명료하지 않다고 지적한다. 완전히 틀린 말은 아니지만, 이 비판은 포스트식민주의의 복잡성을 너무 쉽게 무시한다. 포스트식민주의 이론은 포스트식민 상황의 복잡성을 포괄하려고 시도한다. 포스트식민주의 이론의 출발점이 자본주의, 제국, 식민주의의 다양한 양상에 대한 비판이라면, 어떻게 포스트식민주의 이론에 대한 비판이 정치적이지 않다고 평할 수 있는가?
  비평가들은 또한 포스트식민주의 이론이 다양한 역사와 인종적 형성을 동일한 보편화 범주로 축소하는 경향이 있다고 지적한다. 그것은 명확한 반대를 요구하지 않기 때문에 저항의 정치를 해체한다는 것이다.51 쇼하트는 "인종적으로 폐쇄적이고 '중심적인' 원래 역사로의 '귀환'을 방해하는 혼종성, 문화적 결정 불가능성, 디아스포라 정체성의 복잡성"을 문제 삼는다.52 그러나 그녀는 완전한 단절보다는 점진적인 인식론적 전환, 즉 해체-재구성의 움직임을 제안한다. 신학자 데이비드 트레이시(David Tracy)도 비슷한 문제의식을 다소 다른 방식으로 제시한다.

> 포스트모더니티는 정복된 지식의 목소리, 즉 근대적 승리라는 공식적인 이야기에서 소외된 모든 이들의 목소리를 해방시킨다. 종종 포스트모던은 중심 없음에 대해 자긍심과 아이러니를 느낀다… 근대적 주체를 죽인 그들은 이제 모든 현실을 중심이 없고 주체가 없지만 매우 서구적인 미로의 웃음의 심연으로 끌어들이려는 유혹에 직면해야 한다.53

  비서구권의 많은 신학자들은 바로 이러한 상황을 해방의 실천에서 위험하고 미끄러운 경사면이라고 한다. 다시 말하지만, 무엇이 '진정한' 서벌턴성을 구성하는가! 우리가 식민지배자와 피식민인을 계속 갈라치기할 때, 또는 마치 우리가 진정으로 오염되지 않은 '순수한' 원주민으로 돌아갈 수 있는 것처럼 '본래적 역사'를 언급할 때 우리는 어떤 인식론적 기준을 사용하는가?
  이 책의 서두에서 지적할 만한 중요한 점은 심지어 포스트식민주의 이론가들 사이에서도 이러한 특정하고 지속적인 비판이 존재한다는 사실이다. 물론 그것은 지배적인 서사와 정복되지 않은 지식, 반란 사이의 관계에 대한 문제이다. 이 복잡한 관계는 우리가 이론화하는 경계에서 전복적인 공간을 질문하고, 힌트를 주고, 발전시킨다. 라다크리슈난은 포스트식민주의 이론의 위치를 다음과 같이 주장한다. 그것은 "헤게모니적 체제 내부에서 균열을 일으키는 파열된 위치이거나, 또는 공식적인 지식체계의 명령과 공모하지 않는 비협조적인 '외부'의 위치라는 것이다."[54]

대다수의 페미니스트들은 자신들을 억압받는 위치의 사례로 들며 기존의 지배적인 구조 안에서 자신들의 위치를 회복하고 재구성해야 할 '결핍'이나 '부재'로 인식할 필요가 있다고 주장해 왔다. 그러나 현재 점차적으로 나타나고 있는 변화는 기존의 지배적 담론 구조 위에 이론을 재구성하려는 시도보다는, 페미니스트 이론이 공인된 주류 이론 담론과 분리되고, 단절된 것으로 주장될 수 있으며, 주어진 지배적 담론 관행 구조에 기대지 않고도, 스스로의 공간을 창출할 수 있다는 인식을 향해 나아가고 있다는 것이다. 페미니스트 담론은 더 이상 자신을 검증하기 위해 지배/가부장적 담론에 의존하지 않는다. 더 나아가 이러한 저항적 이론 실천 방식들은 새로운 이론들을 항상 '반란'(insurrection)으로 간주하고, 따라서 언제나 '전복적'(transgressive)이고, '진보적'(progressive)이며, '반응적'(reactive)인 정체성으로 보는 관점에서 벗어나려는 움직임이다. 이러한 시각은 집단들을 위험할 수 있는 가부장적인 권력 위치, 최소한 의심스러운 위치로 몰아넣게 된다.[55] 나는 포스트식민주의 정체성의 역설이 바로 이 매트릭스 안에 있다고 제안하고 싶다. 분리 전략을 고집하면 우리는

순수주의에 대한 잘못된 개념을 맹렬히 믿는 입장으로 되돌아가게 된다.56

아마도 문제는 측정할 수 없는 다중적이고 복잡한 정체성의 구현에 있을 것이다. 이론과 현실의 복잡성, 불확실성, 변덕스러움에 예민하게 반응하면서, 나는 우리가 다양하게 수반되는 정치에 대해 경계하면서 전체적 복잡성 속에서 비판적 인식론을 가지고 작업할 것을 제안한다. 포스트구조주의와 포스트식민주의 이론 사이에는 서로 얽혀있고 설명할 수 없는 복잡성을 다뤄야 할 필요가 있기 때문에 여전히 명명해야 할 중요한 차이점이 있다. 그 차이점은 미국 포스트구조주의에서 이동하는 정체성이나 고정되지 않은 정체성이라는 개념이 포스트식민주의 이론에서만큼 중요한 문제로 다루어지지 않는다는 점이다. 전자에서는 이러한 개념들이 보다 인식론적인 모험이나 시도로 머무르는 반면, 후자에서는 그것들이 구체적인 정치적 입장과 집단성(constituency)의 문제로 작용한다.

페미니스트적·포스트식민주의적 정체성 – 정(情)을 향하여

페미니즘은 수년에 걸쳐 변화해 왔지만 어떤 측면에서는 변하지 않았다. 보편화 경향으로 비판을 받아온 페미니즘은 유토피아적 비전을 향한 끊임없는 열망으로 인해 많은 변화를 겪어왔다. 이러한 자기 비판적 성찰은 페미니스트 이론의 변화를 촉진했을 뿐만 아니라 포스트모던 해체론의 등장에 대한 비판적 참여도 용이하게 했다. 주체의 해체 이후, 포스트구조주의 페미니즘에서의 윤리적-정치적 행위 주체성과 실천에 대한 논의는 학계에서 가장 활발히 논쟁되고 있는 주제 중 하나이다. 포스트구조주의적 주체 비판은 주체성의 전체주의적 성격에 의해 촉발되었다. 그러나 주체가 전체주의적 장막으로부터 해체된 만큼 포스트구조주의는 만족스러운 대안적 정치 행위성(agency)을 제공하지 못했다. 페미니즘과 포스트모더니즘은 편안하고 자연스러운 동맹처럼 보이지만 사실은 양날의 검과 같은 관계이다. 페미니즘은 서양 철학의 기본 범주가 경험과 주관성이 형성되고 구조화되는 방식에 있어 젠더의 차이를 지워버린다고 주장해 왔다.

'역사의 죽음'과 '주체의 죽음'의 움직임은 억압받는 집단이 스스로를 역사의 주체라고 주장하는 시점에 찾아온다. 따라서 우리가 거대 서사를 비판하고 해체하는 동안에도 무엇이 거대 서사를 구성하고, 웅장하고 전면적인 제스처에서 누구의 역사와 서사를 배제하고 있는지를 염두에 두는 것이 중요하다. 왜냐하면 크리스테바가 지적한 것처럼 온전하고 완전한 구출은 결코 존재하지 않으며, 우리는 그것을 원해서도 안 되기 때문이다. 어떤 종류의 유토피아나 어떤 종류의 낯섦 없이 어떻게 우리가 자유로울 수 있는가? 요컨대 우리는 우리가 어디에도 속하지 않는다는 사실을, "우리가 분명 어딘가에 존재한다는 사실을 잊지 않은 채" 받아들여야 한다.57

따라서 세일라 벤하비브(Seyla Benhabib)는 "페미니스트 이론이 포스트모더니즘적이면서도 여전히 해방에 대한 관심을 유지할 수 있는가?"라는 질문을 던진다.58 그녀는 포스트모던 사상의 해방적 의제가 필요하다는 점은 인정하지만, 포스트모더니즘이 페미니즘 내에서 '유토피아로부터의 후퇴'를 낳았다고 말한다. 또한 그녀는 페미니스트 이론이 페미니스트 윤리, 페미니스트 정치, 페미니스트 자율성 개념, 심지어 페미니스트 미학을 만들어 내는 모든 본질주의적 시도를 경계하게 되었다고 비판한다.59 벤하비브에 따르면 포스트모더니즘은 서사를 만들고 주체성을 주장함으로써 제기되는 함정을 밝힐 수 있지만, 페미니즘은 여전히 유토피아를 상상하는 데서 후퇴할 수 없다. 벤하비브는 실천을 포기하는 것 같다고 비판하는 여타의 페미니즘 및 문화 비평의 맥락에서 "포스트모더니즘적 입장은 페미니스트 이론의 특수성을 제거할 뿐만 아니라 여성 운동의 해방적 이상 자체를 전체적으로 문제 삼을 수 있다"고 지적한다.60

페미니즘은 가부장적 장치로부터의 해방을 위해 노력해 왔지만, 포스트식민주의 이론과 마찬가지로 내부뿐만 아니라 외부로부터도 많은 비판을 받아왔다. 페미니스트 신학을 포함한 페미니스트 이론은 역사 속에서 가부장적 권력이 발현하는 것에 대해 창의적이고 비판적으로 계속 관여하고 있다. 특히 페미니즘의 정체성 측면에서 페미니즘 내부에서부터 많은 비판이 제기되었다. 따라서 페미니즘은 정체성 정치, 차이의 정치, 포스트구조주의적 사고에 기여해 왔다. 특히 유색인종 여성들의 비평이 등장하면서 페미니즘은 정체성 측면에서 그 범위를 넓혀가고 있다. 포스트식민주의 이론에서 문제가 되는 것은 특정 복잡한 정체성을 게토화, 주변화, 토큰화(tokenize), 보편화 또는 본질화하여 겉보기에 단순한 단일 정체성으로 만드는 경향이다.61

따라서 정체성은 이제 '다중 억압'과 '삼중 또는 이중 위험'의 관점에서 이해된다.62 이러한 방식으로 여성 간 그리고 페미니즘 자체 내에서의 차이가 드러나기 시작했다.

따라서 페미니스트 글쓰기에서 등장하는 것은 다중적이고 유동적이며 종종 자기모순적인 정체성의 개념이다. 이는 언어로 구분되는 것이 아니라 오히려 언어와 충돌하는 주체이며, 젠더, 인종, 계급의 이질적이고 타율적인 표상들로 이루어진 정체성이다. 이 정체성은 종종 여러 언어와 문화를 가로지르는 것이며, 여러 차례의 동화 과정을 거친 역사에서 되찾기로 결심한 정체성이자, 전략으로서 주장하는 정체성이다.63

이 가운데 페미니즘의 정체성 정치에 대한 이해를 넓히기 위한 또 다른 흐름이 등장했다. 인종과 같은 하나의 주체만을 기준으로 정체성을 구성하는 것의 위험성 중 하나는, 정체성을 구성하는 복잡한 그물망 안에서 일어나는 '인식론적 폭력'을 간과하는 경향이 있다는 것이다.64 이러한 맥락에서 자아는 단수가 아니라 다중이라는 인식과 함께 심층적으로 분석된다. 이러한 관점은 자아 내부의 다중적이고 모순적인 주체 위치에 대한 페미니스트 이론과도 연결된다. 페미니즘에 대한 이러한 다양한 형태의 출현은 또한 주체에 대한 관계적 인식론 그리고 상황적 인식론과 같은 다른 새로운 이론과의 결합으로 이어졌다.65 서구 페미니즘은 안팎에서 민족 중심적인 자매애 신화에 도전해 왔지만, 더 중요한 것은 문제가 되는 젠더 보편화에 대해 도전해 왔다.66 이러한 인식은 여성과 정체성 정치 사이의 복잡한 관계에 대한 해체적 분석으로 이어졌다.67 따라서 젠더는 더 이상 다른 관계보다 우선하거나 반대되는 본질적이고 보편적인 범주로 자리 잡을 수 없다. 아마도 한 가지 중요한 관찰은 우리가 '페미니즘'을 실천하는 것이 아니라 '페미니즘들'을 실천한다는 것이다.68

찬드라 모한티(Chandar Mohanty)는 페미니즘이 특히 포스트식민주의 맥락에서 여성의 경험과 조건을 평가하는 방법의 부적절함을 재고해야 한다고 주장했다. 모한티는 우리는 틈새 지대에서 파편화된 주체들의 투쟁을 구체화함으로써 억압을 다시 기록하기 위해 "우리의 사회적, 정치적 삶을 형성하는 복잡한 관계성"을 이해하는 관계적 주체 이론을 요청해야 한다고 주장한다. 이러한 사이트는 종종 미결정성으로 가득 차 있지만 "거대 서사"를 방해하는 지식으로 가득 차 있다.[69]

차이의 정치는 차이를 억압하지도, 정체성을 특권화하지도 않는 변증법을 장려한다. 차이의 정치는 억압받는 집단이 차이를 명명할 권력을 쟁취하려는 투쟁이며, 차이를 규범에 대한 일탈로 암묵적으로 정의해 온 방식을 폭로하고 해체한다.[70] 따라서 이제 차이는 타자성이나 배타적 대립이 아니라 특이성, 다양성, 이질성을 의미하게 된다. 차이는 공존하는 동일성이나 중첩되지 않는 타자성으로 환원될 수 없는 유사성과 비유사성의 관계에 이름을 붙인다.[71]

주디스 버틀러는 페미니즘과 포스트모더니즘의 양날의 검과 같은 관계를 염두에 두면서 "정체성 범주는 단순히 기술적인 것이 아니라 항상 규범적이며, 따라서 배타적일 수밖에 없다"고 강력하게 주장한다.[72] 이는 민족주의, 젠더, 계급 등의 용어로 정체성이 구성될 때마다 페미니스트에게 이것을 경계해야 할 책임이 있다는 의미로 해석된다. 버틀러는 정체성의 해체는 "정치의 해체가 아니라 정체성을 표현하는 바로 그 용어들을 정치적인 것으로 설정하는 것"이라고 지적한다.[73] 그러나 그녀는 범주의 죽음이 아니라 범주/용어에 대한 전체화 경향을 넘어서도록 열려 있어야 한다고 제안한다. 또한 그녀는 다음과 같이 말한다.

여성들 사이에서 여성이라는 용어의 의미를 둘러싼 균열과 갈등은 보호되고 소중히 여겨져야 하며, 실제로… 이러한 끊임없는 균열 자체가 페미니스트 이론의 근거 없는 근거(ungrounded ground)[74]로 긍정되어야 한다. 그러므로 페미니즘의 주체를 해체하는 것은 그 자체를 비난하는 것이 아니라 오히려 그 용어를 다양한 의미의 미래로 풀어내고, 그것이 제한되어 온 모성주의적 또는 인종주의적 존재론으로부터 해방시키고, 기대치 않은 의미가 실현될 수 있는 장으로서 그 역할을 부여하는 것이다.[75]

관계적인 위치성(relational positionalities)[76]에 대한 페미니스트의 연구는 혼종성과 양가성에 대한 포스트식민주의적 관점에 더 밀접하게 맞닿아 있는 것처럼 보인다. 이러한 관계성은 구조적 권력 관계와 지배 체제에 대한 분석을 삭제하거나 억압할 위험이 있는 다원주의와는 다르게 읽혀야 한다. 이는 우리가 차이를 성급하게 찬양할 때 오히려 차이를 지우거나 차이를 무력한 정치[77]로 길들이는 경우가 많다는 사실을 상기시켜 준다. 오드리 로드(Audre Lorde)의 다음과 같은 통찰이 많이 인용되는 것처럼 말이다.

> 차이는 단지 관용의 대상이 되는 것을 넘어, 우리의 창조성이 변증법처럼 불꽃을 일으킬 수 있는 필수적인 대립의 원천으로 인식되어야 한다. 오직 그때서야 상호의존의 필요성이 위협적이지 않게 된다….[78]

관계적 위치성(relational positionalities)은 지배의 여러 체계 속에서 권력의 흐름이 항상 일방향적인 것은 아님을 이해한다. 오히려 이것은 자아 안에 양날의 검과 같은 정체성이 공존할 수 있다는 가능성을 받아들인다. 따라서 한 사람 안에 한과 정, 억압자와 피억압자가 공존한다. 따라서 혼종성과 같은 개념에 대한 이론화는 페미니즘이 차이에 대한 배타적인 초점을 넘어설 수 있게 해준다. 프리드먼(Friedman)은 차이의 정치학을 '넘어'가자고 요청하며, 차이 이후의 페미니즘을 명시적으로 옹호한다. 프리드먼은 '너머'라는 단어를 사용하면서 인종차별이나 성차별의 존재를 포기하지 않는다. 오히려 그녀는 '너머'라는 표현을 통해 페미니즘과 다른 해방 운동들이 직면한 '교착 상태'(grid-lock) 또는 '차이의 난관'에 직면하고 있다.79 그녀는 서로의 차이에도 불구하고 함께 일하기 위해서는 배워야 할 것이 많다고 단호하게 말한다. 따라서 프리드먼에게 '너머'는 다음과 같은 의미로 사용된다.

> 차이의 이해와 그 차이 사이의 공간을 정의하려는 우리의 경쟁적인 필요 사이에서 이리저리, 앞뒤로 움직이는 맥락에서 사용된다…. 이는 동일성과 차이, 모방(mimesis)과 타자성(alterity), "보편화(universalizing)"와 "소수화(minoritizing)" 사이의 대화적 움직임이다…. 페미니즘은 … 차이에 대한 논의와 혼종성에 대한 논의 사이의 양극화된 선택을 거부해야 한다.80

프리드먼은 사람들이 해방을 향한 비전을, 상실하는 것을 문제 삼는다. 프리드먼은 유토피아적 비전을 진지하게 고려하는데, 그 이유는 유토피아적 비전이 강력한 물질적 효과를 가지고 있으며 종종 집단 정체성에 기반한 불평등한 권력 분배에 대한 저항을 불러일으키기 때문이다. 따라서 유토피아적 비전은 사치가 아니라 우리가 포기할 수 없는 필수 요소라고 주장한다. 프리드먼은 우리로 하여금 페미니스트들 사이에서 차이에 대한 논의의 근간을 이루는 인종 또는 젠더 절대주의에 저항함으로써 차이를 '넘어서' 가능한 움직임을 생각할 수 있을지도 모른다는 생각을 하게 한다. 프리드먼에 따르면 차이 담론의 위험성 중 하나는 "인종적, 민족적, 성적, 종교적, 지정학적 차이 사이의 경계 공간에서 생성되는 동일성에 대한 관심을 억제하는 경향이 있다"는 것이다.[81]

트린에게 우리의 정체성에 대한 탐색은 종종 '타자의, 초과의, 가짜의, 타락한, 또는 서구화된 것으로 간주되는 모든 것을 제거하는 과정'에서 벌어지는 '순수하고', '참되고', '본래적이고', 진정한 자아에 대한 탐색을 의미한다.[82] 동시에, 말해지고, 주장되고, 접근된 모든 것은 이미 전체주의적인 조작이라는 의심을 받고 있다. 헤게모니는 차이를 평준화하기 위해 작동한다. 차이는 지배적인 젠더나 지배적인 문화에 의해 정의되어서는 안 된다. 아시아계 미국인이나 한국계 미국인으로서 스스로를 그렇게 표시하거나 그렇게 말하는 것은 허용된 범위 내에서 자신의 목소리를 확인하는 한 형태로 밝혀졌다.[83]

> 전략을 전략으로 이해하면 말하는 방식이 달라진다는 사실은 놀랍지 않다. 우리 각자는 하나 이상의 주어를 가지고 있으며, '말하기'의 경계는 상황, 맥락 또는 역사적 순간에 따라 항상 변화한다. 따라서 당신이 제공하는 것은 고정된 경계가 아니라 이동하고 다중적인 상태로 남을 수 있는 하나의 위치성인데, 이것은 고정되거나 분류하려는 모든 단순한 시도를 거부한다.[84]

따라서 트린은 우리가 정체성을 되찾을 때 항상 특정화되어 있는 사람들이 경계에 의문을 제기할 필요가 있다고 주장한다. 역사적으로 부정되거나 훼손된 정체성은 현재 우리를 가두는 데 사용될 수 없다.[85] 차이 이론은 페미니스트 담론 내에서 구축되고 있으며, 실제적인 차원으로 나아가고 있다. 많은 소외된 사람들은 자신을 구체화하는 것은 항상 자신들의 몫이지만, 지배적인 위치에 있는 사람들은 자신의 구체성이 결여된 채 권력 의식을 유지한다고 지적한다. 이러한 생각은 과거 유색인종 여성과 페미니스트의 관계가 인종에 대한 논의에만 국한되어 왔다는 벨 훅스의 관찰과 공명한다.[86] 우리는 종종 구체성의 필요성을 인식하는 동시에 그러한 구체성의 필요성으로 인한 폐쇄성을 느끼기도 한다. 트린에게 차이란 갈등을 넘어서는 것일 뿐만 아니라 유사성을 포함할 수도 있다. 또한 차이는 외부인과 내부인 사이에만 존재하는 것이 아니라 외부인 또는 내부인 자신 내부에서도 작동한다. 그녀는 '차이'를 본질적으로 많은 사람들의 밑바닥에 있는 분열이라고 말한다.[87] 트린에게 정체성 정치(identity politics)는 해체주의의 복잡한 윤곽을 띠는데, 이는 무언가가 이름 붙여지는 순간이 또한 위치적이고 과도기적일 수밖에 없는 순간이라는 점에서 그렇다. 그래서 그녀에게 이름 붙이는 과정은 '이름 붙이지 않음의 심연으로 곧바로 뛰어드는 것'이다.

따라서 복잡한 권력 관계의 맥락에서 역사적으로 구체화된 동일성과 차이를 오가는 정체성의 문화적 징후가 상호 작용할 필요가 있다. 차이는 페미니스트 담론뿐만 아니라 인종차별과 같은 분야에서도 핵심적인 관심사였다. 차이에 관한 이론은 권력과 억압의 관계를 분석하는 새로운 방법을 열어 주었다.[88] 반면에 차이의 분출은 연합 정치를 가로막는 깊은 틈을 만들기도 했다. 어쩌면 포스트식민주의 정치, 나아가 페미니스트 정치에 필요한 것은 정체성의 경제와 정체성의 명명법을 뒷받침하는 이항대립의 가치론에 의문을 제기하는 비판적 전술일 것이다.[89] 이것은 이론과 실천의 축을 따라 페미니즘과 포스트식민주의 논쟁을 위한 사이 공간이다. 포스트식민 상황에서는 "정체성은 차이로 가득 차 있지만, 그럼에도 불구하고 정체성이 절실히 필요하기 때문이다."[90] 그러나 포스트식민주의 이론은 이러한 상반된 입장을 인정하고 우리 안의 복잡성을 탐구하고 구현할 수 있는 새로운 장을 열어 준다. 따라서 프리드먼은 다음과 같이 말한다.

> 차이에 대한 담론의 배타성은 정치적으로 위험한 발칸화(Balkanization)[91]를 조장하고, 연결에 대한 유토피아적 열망과 일상 속에서 이루어지는 문화 간 혼합의 현실을 억압한다…. 한편 혼종성에 대한 담론의 배타성은 집단적 정체성의 존재를 한편으로는 흐리게 하고, 다른 한편으로는 혼종성에 대한 담론을 구성하는 권력 구조를 낭만화하는 것으로 이어질 수 있다.[92]

따라서 프리드먼은 양자택일식(either/or) 대응이 아니라, 양쪽을 모두 포괄하는(both/and) 사고방식을 장려해야 한다고 주장한다. 또한 그녀는 억압적인 이분법적 사고는 다름을 이야기한다는 명목으로 이질성을 위태롭게 한다고 주장한다. 한국 여성으로서 나는 정치적으로 강력한 근거를 마련하고 싶은 욕구와 인종주의, 성차별, 계급주의 등 전체주의화하는 서사 사이에서 계속 긴장을 느끼고 있다. 반면 나는 경계와 전체주의화 된 서사에 비판적인 급진적 자유의 부름에도

끌리고 있다.93

포스트식민주의 정체성, 위치, 본질주의, 차이에 대한 나의 논의는 정에 대한 페미니스트적 전유를 염두에 두고 이루어졌다. 정의 '근간'을 이루는 것은 자아와 타자와의 관계성이다. 페미니스트들이 '관계성' 개념을 전유한 것은 종종 다른 페미니스트 진영들로부터 또 하나의 '허위'이고 '오염된' 가부장적 개념의 고착화(reification)라는 비판을 받아왔다. 관계성의 개념은 페미니즘의 해방적 작업에 가부장적인 '여성적' 개념을 무의식적으로 수용한다는 비판을 받아왔다. 물론 페미니즘의 관계성 전유에 대한 이러한 논쟁은 본질주의의 문제를 중심으로 전개된다. 내가 정을 전유하는 것은 가부장적 여성성 개념에 도움이 되는 개념을 구체화하여 구성하는 것으로도 해석될 수 있다. 나는 본질주의에 대한 논쟁에 참여함으로써 이 논쟁과 관련된 몇 가지 주요 쟁점을 강조하고자 했다. 이 장에서는 정체성과 차이의 정치에 초점을 맞춘 다음, 정에 대한 페미니스트적 전유를 소개하기 위한 방법으로 본질주의의에 대한 논쟁적인 의미에 초점을 맞추었다. 관계성을 둘러싼 이 지속적인 갈등에 대한 인식을 강조했으니 이제 정과 한의 개념을 소개하고자 한다. 다음 장에서는 특히 페미니스트 정신분석 이론과 포스트식민주의 이론을 통해 정의 개념을 깊이 있게 살펴볼 것이다. 이 두 개념은 내가 제안하는 정 그리스도론을 설명하는 데 기초가 될 것이기 때문에 간략하게 소개했다.

2장

한(恨)과 정(情)

이 장에서는 한이라는 개념을 통해 한국인의 고통 개념을 살펴볼 것이다. 한국인의 개인적, 집단적 고통은 역사 속에 깊숙이 얽혀있으며, 한국 신학자들은 한을 분석함으로써 해방신학을 정립해 왔다. 이 장에서는 민중신학자들이 사용한 용어를 통해 한 개념을 설명하고, 줄리아 크리스테바의 '아브젝시옹' 개념과 이재훈(Jae Hoon Lee)의 정신분석학적 관점을 통해 한이 어떻게 이해될 수 있는지를 살펴본다. 또한 한국의 전위적인 영화인 〈공동경비구역 JSA〉와 한국계 미국인의 다큐멘터리 영화 〈사이구〉(Sa-I-Gu)를 분석할 것이다. 전자는 비무장지대라는 특정 시공간에서의 깊은 한 의식을 보여주고 있고, 후자는 1992년 4월 29일 로스앤젤레스 폭동으로 요약되는 미국의 구조적 인종차별의 폭력성, 불공정성, 복잡성을 묘사한다. 이런 식으로 한에 대해 풀어가면서 한과 관련되어 있지만 독자적인 개념인 정을 소개한다.

한(恨)과 정(情)에 대한 정신분석

고통의 아픔은 뼈와 얼굴과 목소리와 심장에 사무치게 새겨져 있다.
_ 함석헌, 『고통의 여왕』(*The Queen of Suffering*)

함석헌은 열정적인 운동가이자 비판적 철학자이며, 예언자적 신학자이자 한국과 한국인을 사랑한 사람이었다. 그는 일생 동안 러시아와 중국, 일본, 미국의 제국주의에 도전했다. 그는 이러한 '외부 세력'에 대해 냉철하게 비판했을 뿐만 아니라 조국이 민주 국가로 나아가는 움직임에 대해서도 비판적인 경계를 게을리하지 않았다. 포스트식민주의 이론이 학계에서 등장하기도 전에, 그는 이미 한국에서 학생으로서 3.1운동을 통해 비판 의식을 형성한 인물로 자신만의 포스트식민주의 의식을 가지고 있었다. 또한 그는 마르크스주의, 자본주의, 그리스도교와도 씨름했다. 결국 그는 마르크스주의의 정통성뿐만 아니라 자본주의의 정통성에도 비판적인 그리스도교 이단아로 알려지게 된다. 그는 한국인이 이러한 철학을 무비판적으로 수입해서는 안 되며, 한국과 한국인의 해방은 한국인 스스로, 민중으로부터 나와야 한다고 주장했다. 평범한 사람들(everyday people), 즉 민중을 씨알(mustard)로 비유한 그의 유비는 민중신학의 촉매제가 되었고, 나는 그를 민중신학의 선구자라고 생각한다. 한국에 대한 그의 인식은 뿌리(roots)와 경로(routes) 사이의 역설적인 위치에 있다.

민중신학자들은 '한'(恨: 고통의 한 형태)이 주로 사회적, 정치적, 경제적 억압에 의해 발생한다고 주장해 왔다. 한에 대한 이들의 분석은 주로 마르크스주의 이론적 관점에서 이루어졌다.[1] 나아가 한국 여성 신학자들은 한국 여성이 겪는 이 모든 억압은 성차별로 인해 복합적으로 작용하기 때문에 한국 여성은 '민중 중의 민중'이라고 주장했다. 앤드류 성 박(Andrew Sung Park)과 이재훈은 한의 개념은 한국 고유의 것이지만, 한 경험은 고통받고 억압받는 사람들에게 보편적이라고 주장한다. "한은… 모든 인간에게 고통과 창조성의 신비한 근원에 대해 이야기하는 넓고 깊은 이미지"라고 이재훈은 말한다.[2] 그는 한을 이해하는 방법론으로 심층심리학을 사용하는데 한이 사회적/구조적일 뿐만 아니라 정신의 더 깊은 층에 존재하는 심리적 실체라고 주장하기 때문이다.3 앤드류 성 박은 역사 속에서 한을 경험한 사람들에 대한 고찰에서 한국의 민중뿐만 아니라 백인 그리스도교 손에 고통받은 사람들, 예를 들어 강제로 노예가 되어 북아메리카로 끌려간 아프리카인들도 언급한다. 그는 인종차별과 성차별의 한 그리고 자연의 한에 대해서도 언급한다.4 그는 한에 대해 다음과 같이 더 자세히 설명한다.

> 한은 부당한 정신적 억압뿐만 아니라 사회적, 정치적, 생태학적, 문화적 억압으로 인해 발생하는 치명적인 마음의 상처로 정의할 수 있다. 그것은 죄와 폭력의 피해자들의 마음에 자리 잡고 있으며 슬픔, 무력감, 절망, 분노, 증오, 복수심 등 다양한 반응을 통해 표현된다. 한은 홀로코스트 생존자들, 점령 지대의 팔레스타인인들, 인종차별 피해자, 학대당하는 아내, 아동 성추행 피해자, 실업자 및 착취당한 노동자의 영혼 속에 울려 퍼진다.5

앤드류 성 박은 또한 한은 가슴이 미어지는 것, 즉 마음의 상처라고 주장한다. '파열된 마음'이 "외부의 폭력에 의해 다시 상처를 입으면 피해자는 더 깊은 고통을 겪는다… 상처는… 마음에 있는 한이다."6 그는 한과 전통적 죄 교리를 연결함으로써 죄를, 그것을 초래한 죄인의 관점에서만 이해하는 것이 아니라 죄와 불의의 피해자의 관점으로도 이해해서 죄에 대한 총체적 접근을 한다. 그에 따르면, 한은 고통의 '심연'에 대한 경험일 뿐 아니라 버림받았다는 느낌과 무력감에 의해 지배된다.7 따라서 개인적, 집단적 한은 개인적, 집단적 죄를 통해 발생한다. 앤드류 성 박은 자본주의 세계 경제, 가부장제, 인종/문화적 차별, 이 세 가지가 한을 생성하는 지배적인 방식이라고 일반적인 평가를 한다. 또한 그는 한풀이를 하기 위해서는 "가부장제가 세계의 한을 만들어 내는 주요 모체 중 하나라는 점을 이해해야 한다"고 말한다.8 앤드류 성 박과 정현경(Chung Hyun Kyung)과 이재훈은 모두 한의 경험과 가부장제의 연관성에 대해 언급했다. 앤드류 성 박은 한이 능동적일 수도, 수동적(inactive)일 수도 있는 가능성을 지닌다고 설명한다. 능동적 한은 공격적인 감정으로 나타나는 반면, 수동적인 한은 묵종적인 정신에 가깝다고 설명한다.9

이재훈은 자신의 연구를 멜라니 클라인(Melanie Klein)의 연구와 밀접하게 일치시킨다. 그는 앤드류 성 박과 마찬가지로 한이 원한과 정한10으로 나타나는 양면성에 주목한다.11 나는 한이 억압받는 사람뿐만 아니라 억압하는 사람의 더 깊은 정신에도 존재하기 때문에 한 자체에도 양날의 검과 같은 양면성이 있다고 주장하고 싶다. 우리가 억압자와 피억압자 모두에게 한이 만연해 있음을 인식하게 된다면 더 이상 이분법을 저항의 유일한 비판적 해석학으로 삼지 않아도 된다는 것을 인정할 수 있다. 이재훈은 이 '원초적인 한'(original han)의 깊이에 따라 외부의 한을 받아들이는 방식이 달라진다고 말한다. 그는 한국의 분석가 이규태(Kyu-Tae Lee)와 이부영(Bou-young Rhie)을 인용해서 한이 심각하고 부정적인 어머니 콤플렉스(negative mother complex)와 분열된 자아 콤플렉스(split-ego complex)에서 비롯된다고 주장한다.12 이재훈은 개인은 이전의 상실과 자아 분열에 따라 외부의 한을 다르게 경험한다고 결론짓는다. 그는 현재의 한(恨) 경험은 종종 개인 무의식의 심층에 존재하는 자아의 원초적 분열을 활성화시킨다고 주장한다.13 흥미롭게도 그는 무의식의 이 깊은 분열을 '원초적 상처'(original wound), '원초적 한'(original han)이라고 부른다.14

이재훈은 민속, 샤머니즘, 문학, 심리학을 통해 한의 다양한 발현과 표현을 살펴본 후, '한의 원형 층'이 존재한다는 결론을 내린다.15 그는 이 '원초적 한'과 현재의 외적인 한 경험인 '이차적 한'을 선명하게 구분한다. 그는 "원초적 한은 유년기 초기에 형성되기 때문에 의식적 기억의 범위를 벗어난다"는 것을 입증한다. 또한 원초적 한은 개인의 무의식 속에 남아 있어 의식적 기억에 접근할 수 없기 때문에 큰 영향력을 발휘한다"고 주장한다.16 자아는 자기 보존의 최우선적인 감각으로 인해 원초적 한의 이 고통스러운 기억을 억압하고 억누른다. 그러나 이 원초적 한이 엄청난 고통과 상실감을 품고 있을 수 있지만, 그럼에도 불구하고 이 한은 이재훈이 '생명 에너지'로 부르는 것, 즉 풀려나야 할 에너지를 내포하고 있다.17 여기서 우리는 이 '생명 에너지'가 한의 역동적인 경험과 연결될 수 있는지에 대한 질문을 던져야 한다. 나는 이 '생명 에너지', 곧 '기'(氣)가 관계적 한을 통해 나타나며, 이러한 관계적 한은 종종 사람들로 하여금 서로의 취약성에 민감하게 대응하도록 돕는 역할을 한다고 말하고 싶다.

원초적 한에 대한 이러한 억압은 필연적으로 자아에 불리하게 작용하는데, 자아는 현재의 외적인 한 경험에 건강한 방식으로 반응할 수 없기 때문이다. 자아 보호 수단인 원초적 한을 억압하는 것은 현재의 외적인 한 경험에 반응할 수 없게 마비시키는 기능을 한다. 이재훈은 원초적 한, 즉 원초적 상처가 치유되어야만 이차적 한이 '지탱되고 극복되며 창조적으로 승화'될 수 있다고 주장한다.18 그는 민중신학자들이 했던 이차적 한에 대한 분석만으로는 충분하지 않다고 주장한다. 오히려 한을 진정으로 치유하고 풀어내기 위해서는 원초적 한이 잠자고 있는 무의식의 가장 깊은 층까지 파고들어야 한다는 것이다. 그는 한에 대한 정신분석학의 지배적인 이론인 원초적 한의 모태가 부정적 어머니 콤플렉스에 있다는 관점을 고수한다. 그는 원초적 한은 유아기에 형성되기 때문에 어머니의 역할을 연구하는 것이 매우 중요하다고 주장한다. 그는 멜라니 클라인의 아동기 분석에 의존해서 한을 연구하는데 '나쁜 엄마의 젖가슴'(bad mother's breast) 개념에 영향을 받는다. 그는 이 두 가지 상태를 정한(情恨)과 원한(怨恨)으로 연결지어서 설명한다.

한은 필연적으로 정과 얽혀있어서 정한이라고 표현할 수 있지만, 한국인들은 이 정을 해방적인 것이라기보다는 우울한 것으로 강조할 때가 많다. 한에 대한 이전의 이해는 과거에 정한으로 알려졌던 것에 국한되어 있었다. 하지만 나는 과거의 사회적 상황과 학자들의 관점 모두가 남성 중심적이었다는 점이 과거 해석의 한계로 작용했다고 본다. 이재훈은 심층심리학, 특히 멜라니 클라인의 심리학을 통해 정한의 내적 역학이 정신적 우울증과 유사하다는 것에 주목한다. 정한의 가장 중요한 특징은 사랑과 공격성이 공존한다는 점이다. 우리는 정한이 한을 경험한 사람이 길게 한숨을 내쉬는 것에 비유될 수 있다고 암시할 수 있는 반면, 원한을 경험하는 사람은 그것을 말로 표현하며 정의를 요구할 수 있다고 암시할 수 있다. 또한 현재의 상태에서 아무런 변화 없이 원한을 경험하고 더 큰 고통과 괴로움을 지속적으로 경험하는 사람은 절망하게 되고, 그 절망 속에서 그 사람의 원한은 후한(後恨)[19]으로 표출될 수 있다. 후한은 자신을 억압하는 대상에 대한 호전적인 공격을 통해 배출된다. 후한은 더 이상 정의를 가능성으로 보지 않고 공격적인 충동으로 복수를 추구한다. 한국 문화의 오랜 역사에서 증명되듯, "정한에서는 소멸의 위협을 받는 자아의 생존이 아니라 자아가 관계하는 대상의 안녕에 초점을 맞춘다"는 것이 정한의 주요 개념이다.[20] 이재훈에 따르면 정한은 다음과 같이 두 단계로 나눌 수 있다. 피학성이 지배하는 초기 단계와 우울감이 강해지는 두 번째 단계이다. 복잡성 속의 한은 구분을 흐리게 하고 선명한 분열과 분리를 없앤다.[21] 따라서 한은 우울감의 관점에서도 이해될 수 있다.

흥미롭게도 줄리아 크리스테바의 우울감에 대한 묘사는 한을 정의할 때 깊은 공감을 불러일으킨다. 크리스테바에게 우울감에 대한 가장 좋은 상징은 '검은 태양'이다.

> 그것은 슬픔의 심연… 활력을 잃은 존재… 내 낙담의 오랜된 문턱, 끊임없이 짐을 견딜 수 없는 삶의 불가능한 의미…. 나는 살아있는 죽음을 살고, 내 육체는 상처를 입고 피를 흘리며 시체가 되고, 내 리듬은 느려지거나 파열되고, 시간이 지워지거나 부풀어 오르고, 슬픔에 흡수된다.[22]

이재훈이 관찰한 것처럼, 정한의 첫 번째 단계에서는 과도한 슬픔과 자기 비난을 경험한다. 고통이 너무 압도적이 되면 방어수단인 원한으로 회귀하게 된다. 원한의 초기 단계에 갇히면 고통의 원인을 명확히 밝히지 못한 채 고통에 시달리게 된다고 이재훈은 주장한다.

이재훈에 따르면 원한은 슬픔, 사랑, 비난, 공허의 감정을 담고 있으며, '원'(怨)은 원망 그리고/또는 미움을 뜻한다. 원한과 정한의 대립은 한마디로 사랑과 미움의 대립, 즉 '삶과 죽음의 본능'의 대립이라고 할 수 있다.23 이재훈은 그의 책에서 한이 사랑과 미움이라는 양날의 검을 품고 있음을 보여준다. 따라서 한의 경험에는 사랑과 미움이 공존한다. 미움이 강해지면 원한이 되고, 반대로 사랑이 더 강한 힘이 되면 한은 정한으로 변한다. 그는 사랑과 미움, 원한과 정한 사이의 변동은 자의적으로 이루어지는 것이 아니라 한의 경험이 사람을 원한이나 정한, 이 둘 중의 하나로 이끄는 경향이 있다고 주장한다.

대부분의 경우 여성은 가부장제에 의해 한을 정한으로 경험하도록 허용되는 반면, 남성은 가부장제의 규범에 의해 한을 원한으로 경험하도록 지시받는다. 단을 실천함으로써 (억압의 형태를 절단/단절하는 실천) 남성의 원한 경험은 종종 단의 실천으로 이어지도록 권장된다. 이재훈이 관찰한 바에 따르면, 원한에서 정한으로의 이행은 다소 느리고 고통스러운 과정이며, 그 과정에서 "원한으로의 회귀가 반복적으로 일어난다."24 따라서 정한의 고통이 너무 고통스럽게 느껴지고 치유나 정의의 징조 없이 너무 오랫동안 누적될 때, 정한의 짓누르는 무게에 대한 방어 수단으로 원한이 전면에 등장한다. 정한을, 한을 몰아내는 수동적이고 비효율적이며 타협적이고 길들여진 방식으로 보는 가부장적 인식의 성격을 고려할 때 이러한 관점은 더욱 첨예하게 드러난다. 한에 대한 신학적 설명과 그에 따른 정에 대한 논의는 한을 극복하는 데 있어 정이 가진 가능한 힘을 이해하는 데 매우 중요하다.

이재훈은 정한의 주된 감정은 우울이며, 우울로 인해 불안은 증오로 이어져 자기 비난으로 표출되는 경우가 많다고 지적한다. 예를 들어 한국인, 특히 한국 여성이 겪은 정한의 경험은 미국에서 재난을 경험한 사람들에게 슬픔을 많이 불러일으켰다. 한국인은 이러한 한을 타인에게 투사하는 대신 이러한 사건들이 종종 내면으로 향하게 한다. 정한의 가혹한 자기 비난은 종종 "성숙의 과정을 거치면서 현실에 대한 보다 현실적인 평가를 바탕으로 책임을 질 수 있는 적절한 죄책감으로 완화된다"고 한다.[25]

이재훈은 분노로 변한 한은 복수와 혁명을 요구하는 원한으로 나타난다고 말한다. 비관적이고 퇴행적으로 변한 한은 현실에 대한 체념과 적응을 부추기는 경향을 보이는 정한으로 알려져 있다. 나는 여기서 이 설명에 대한 페미니스트적 비판을 제안하고자 한다. 민중신학자 대부분은 원한을, 혁명을 외치며 사회와 역사를 변화시키는 에너지로 간주했다. 해방신학에 대한 민중신학자들의 공헌이 지대했던 만큼, 내가 보기에는 민중신학자들의 한과 원한에 대한 표현 역시 한 경험에 대한 이분법적 반응과 간접적으로 연관되었다.

정한과 원한을 범주적으로 구분하거나 분리하는 것은 어려울 뿐만 아니라 실제로는 동전의 양면과도 같기 때문에 위험하기도 하다. 이들은 실제로 개인과 집단의 무의식 속에 선명하고도 유동적으로 공존하고 있다. 이재훈에 의하면 원한의 내용에는 억울함, 증오와 복수심 그리고 공허감이 포함된다.[26] 이재훈은 한국학자 김열규의 말을 자주 인용하며 "원한은 죽음에서 태어나고, 죽음으로부터 자라나며, 죽음에 굴복한다"고 지적한다.[27] 이재훈은 정한의 우울한 아픔이 너무 고통스러울 때, 정한의 방어 수단으로 원한이 나타난다고 말한다. 원한이 더 깊어지고 극단화되면 사람들은 종종 완전한 철수(complete withdrawal), 박해감(feelings of persecution), 위협에 대한 편집증적 감각(a paranoiac sense of threat)을 경험한다. 이재훈은 이 단계를 원한이 후한으로 바뀌는 단계라고 정의한다.28

후한을 경험하는 사람들은 자신의 나약한 존재에 대한 두려움과 경멸을 극복하는 방법으로 가장 극단적인 행동을 선택해야 한다고 느낀다. 그들은 종종 "극단적인 논리에 사로잡혀 있다."29 이재훈은 글 전반에 걸쳐 후한의 위험성에 대해 가장 주목하고 있다. 이재훈은 다음과 같이 말한다.

> 후한을 경험한 사람들은 미래의 창조라는 이름으로 파괴와 폭력을 정당화하려고 노력하기 때문에 혁명가가 되지만… 파괴 자체로는 미래에 대한 희망이 없다. 낙망과 절망이 그들의 곤경이다…. 특정 대의로 누군가를 극단적으로 이상화하는 것이 후한 현상의 특징이다. 이들은 대의라는 이름으로 자살을 이상화하고 찬양하는 경향이 있으며, 죽음의 비극적인 측면을 보지 않으려 한다.30

2001년 9월 11일에 발생한 테러 행위는 폭발적인 후한의 사례로 언급될 수 있다. 뉴욕 세계무역센터(World Trade Center)가 파괴된 현장은 언론에서 그라운드 제로(Ground Zero)31라고 불린다. 한의 현장은 우리 삶에서 가장 자주 그라운드 제로가 되는 장소이다. 그라운드 제로에서 우리는 죽음과 삶, 미움과 사랑, 극단적인 한과 정의 융합을 목격한다. 동시에 9.11 테러에 대한 미국 시민 대다수의 반응은 이 사건에서 목표물을 발견했던 개인적 삶의 한이 집단적 한에 통합하는 방식으로 나타난 것이었다. 격분, 분노, 비통함, 어리둥절함 등의 초기 반응은 원한에 뿌리를 둔 것으로 보인다. 원한은 불의에 대한 깊은 자각과 정의를 추구하는 것이 특징이다. 후한은 가능한 목표인 정의를 포기하고 대신 보복과 폭력적인 복수를 추구한다.

가해자를 '사냥'하기 위해 응징과 보복을 추구하는 본능적인 원한 반응은 '악인을 세상에서 근절'하라는 정부의 요청에 대한 반응으로 수행하는 군사화된 단의 감각에서 비롯된 것으로 보인다. 일부 미국인의 반응은 양날의 검과 같았다. 즉, 우리는 이 비극 앞에서 원한과 씨름하면서도 성찰을 통해 타인들, 심지어 '우리를 그토록 미워하는' 세상 사람들의 곤경에 대해서도 우리의 한 의식을 인식했다. 한의 그라운드 제로는 사랑과 미움, 인정과 부정의 복합성과 양면성 그리고 '단절'과 '함께함'의 필요성을 담고 있다. 한의 내적 역학 관계와 그 역학의 여러 단계에 대한 이재훈의 관찰은 정의 힘을 이해하는 데 결정적인 역할을 한다. 그는 한에 대한 탐구에 민중신학자들의 연구를 포함시키면서도, 동시에 사회적 또는 종교적 상징의 차원으로 끌어올려야 할 건강한 상징과 개인 또는 집단적 병리에서 비롯된 불건강한 상징을 구분하지 않는 것에 대해 비판적인 시각을 갖고 있다.32 그는 나아가 창조성은 종종 병리적 현상과 혼재되어 있다고 주장한다.33 민중신학자 대부분은 사람이 억압의 희생자로서 무고하다고 가정하지만, 이재훈은 그렇지 않다고 주장한다. 이런 이분법적 사고는 해결되지 않은 한의 문제를 더욱 심화시킬 수 있다는 것이다. 한과 한 맺힌 사람들의 경험은 우리가 생각하는 것보다 훨씬 더 복잡하고 유동적이기 때문이다. 이재훈은 명확한 피해자와 가해자를 이분법적으로 구분하는 대신에, 권력 구조의 그물망 속에 공존하는 복잡한 관계와 유동적인 정체성의 가능성을 암시한다. 이재훈은 한이 사람들이 경험하는 사회적 억압 그 이상이라고 말한다. 이재훈은 다음과 같이 주장한다.

> 한은 결코 순수한 감정이 아니다. 순수한 고통은 한의 원인이 될 수 있지만, 그것이 한으로 자리 잡는 순간, 다른 무고한 희생자에게 복수하려는 악의 원천이 됨으로써 그 순수함을 잃는다. 그러나 한은 변화될 수 있다. 한 인격이 성숙한 형태로 변화될 수 있는 것처럼, 한 또한 더 성숙한 형태로 전환될 수 있는 것이다.34

이재훈은 인간 정신의 본성은 훨씬 더 복잡하며, 한은 결코 외부의 힘만으로 만들어지지 않는다고 주장한다. 그에게 있어 억압받는 자와 억압하는 자라는 단순한 이분법은 복잡하고 역동적인 정신적 현실과 상반된다. 그가 말한 것처럼 우리는 한을 경험할 뿐만 아니라 한을 만들어 내기도 한다. 이는 한을 악의 희생자뿐만 아니라 '악의 창조자'로 묘사하는 한국 설화에서 명확하게 드러난다.35

정한 단계에서는 우울감(melancholy)이 타인에 대한 동정심으로 대체된다. 이러한 공감은 다른 사람 안에 있는 한을 인정함으로써 불러일으켜진다. 이렇게 공감이 일어나면서 우리는 개인의 이해관계나 고통을 넘어 타인의 처지를 이해할 수 있는 힘을 얻게 된다. 따라서 정의감에 대한 공격적인 욕구는 사랑과 이해로 완화된다. 따라서 이재훈은 "사랑이 미움을 극복하는 방식은 그것을 분리해서 외부로 투사하거나 내면으로 돌리는 것이 아니라"36 한의 복잡성을 인정함으로써 정한이 공격적인 감정을 억제하고 완화할 수 있는 더 깊은 사랑의 성질로 변형되는 것이라고 말한다.

정한은 타인의 고통을 충분히 인식하여 사회의 불의에 맞서 싸우는 공격적인 에너지를 끌어안는 정/사랑으로 바뀔 수 있다. 반면에 원한의 공격성은 그 공격성의 '대상'이 무차별적이어서 파괴적인 힘으로 쉽게 변할 수 있다. 놀랍게도 정이 없는 원한의 파괴적이고 공격적인 힘은 폭력을 추구하는 후한으로 바뀌고, 이는 다시 더 많은 폭력을 요구한다. 결과적으로 원한은 역사와의 관계 속에서 폭력의 악순환을 낳는다. 이는 "사랑은 어디에 있는가?"라는 질문을 던지게 한다. 어떤 이들에게는 아마도 정이란 파괴적으로 공격적인 한을, 그것을 야기한 구조적 힘들에 맞서는 건설적인 저항으로 변화시키는 것이다.

사랑에 기반한 이러한 공격의 형태는 개인과 공동체의 변혁을 위해 사용될 수 있다. 원한이 한의 원인이 된 개인과 사회와의 단절을 요구한다면, 정한은 개인과 사회의 상처를 치유하려고 한다. 이것에서 더 나아가 이재훈은 다음과 같이 주장한다.

> 미숙한 형태의 정한은 개별적으로 그리고 집단적으로 병리의 원인이 될 수 있다…. 성숙한 형태의 정한은 오히려 개인의 창조성과 사회 발전의 원천이 될 수 있다…. 분열, 과도한 투사 및 자살 소망의 자아 메커니즘으로 표시되는 정신 구조에 뿌리를 두고 있는 원한이나 후한과는 반대이다.[37]

한국의 저명한 민중 철학자이자 운동가, 시인인 김지하(Kim Chi Ha)는 해방의 과정에서 교회가 '제한된 폭력'의 분출을 수용해야 한다는 단의 실천을 주장했다. 김지하가 주장한 민중 해방을 위한 혁명적 변화 요구는 해방을 향한 필수적인 요소라고 간주되지만, 나는 '단절'로서의 단의 실천이 때로는 필요한 부분임에도 그것만으로는 충분하지 않다고 주장한다. 단의 실천으로는 충분하지 않다 왜냐하면 그것은 억압 체계가 정이라는 복잡한 인간 경험과 맺고 있는 관계성을 진지하게 고려하지 않기 때문이다. 한국교회의 '여성화된 사랑'에 대한 김지하의 비판은 옳지만, '사랑의 폭력'에 대한 그의 요청에는 모종의 가부장적 악성 종양이 포함되어 있다. 그의 초기작품들은 그가 '단절'의 과정에 해를 끼친다고 여긴 요소들에 대한 부정적인 묘사에 중점을 두었다. 그에게 '집'과 같은 상징은 여성화되어 진정한 혁명을 가로막는 '무덤' 또는 '기억상실의 둥지'로 비판받는다. 한을 이해하고 극복하기 위한 총체적인 움직임에 도달하기 위해서는 여성주의적 관점에서 이러한 여성성과 남성성의 이분화에 도전해야 한다. 하지만 김지하의 작품이 발전해 온 과정을 관찰하는 것은 흥미로운 일이다. 그의 후기 작품은 실제로 이러한 이분법적 경향에서 벗어나 한을 극복하기 위해 무엇이 필요한지에 대한 총체적인 이해로 나아가고 있다. 이 작품들은 '관계성'과 '삶의 다양성'이라는 개념에 주목하면서 사람 사이의 영적인 만남과 대화가 가장 효과적일 수 있다고 말한다. 따라서 혁명가에 대한 그의 이미지는 투사에서 보살피는 어머니로 바뀌었다.38

이재훈의 작품은 한의 내적 복잡성과 그 다양한 단계를 광범위하게 분석해 왔다. 그러나 그는 작업의 마지막에 이르러서야 전통적으로 여성화된 정이 단이 할 수 없었던 것을 성취할 수 있는 힘이 있다는 것을 암시한다. 나는 다음 장에서 우리가 한을 가장 잘 극복할 수 있는 길은 아마도 관계에 있을 것이라고 제안할 것이다. 정은 서양에서나 한국에서나 개념적 방법으로 체계적으로 분석된 적이 없기 때문에, 나는 한 맺힌 관계 속에서 정이 점진적으로 침투하고 발생하는 과정을 그린 전위적인 한국 영화를 통해 정을 탐구하고자 한다.39 정에 대한 분석이 부족하다는 것이 한국인의 연구가 불충분하다는 것을 의미하지는 않는다. 나는 여기서 이러한 시도가 여러 면에서 주제넘은 일일 수 있다고 주장하고 싶다. 왜냐하면 정은 한국인들조차도 범주화하려는 시도를 거부하는 개념이기 때문이다. 고통과 한에 대한 아시아 여성들의 다양한 이해는 그리스도론 장에서 더 자세히 다룰 것이다. 한국의 페미니스트 신학자 정현경은 한을 풀어내는 '한풀이' 과정에서 한국 무속과의 통합이 결정적으로 중요하다고 주장했다.40 여기서 주목할 점은 한국 여성들이 무속과 친밀감을 갖고 의뢰인과 제관으로서 주도적으로 참여함으로써 무속에 내재된 기호계의(semiotic) 힘을 개방하고 활용한다는 점이다. 무속에 담긴 기호계의 힘의 구현은 한국 여성들이 한에서 벗어날 수 있는 방법을 만들어 내고, 이를 풀어내는 과정에서 남성의 권위적 권력의 필요성을 전복적으로 피할 수 있게 한다.41

정(情) 이야기

한 나라의 불행은 온 우주의 아픔, 즉 하나님의 슬픔이다.
_ 함석헌, 『고통의 여왕』(*The Queen of Suffering*)

사랑은 지배와 억압 체제의 폭력에 대한 필수적인 교정책이며, 이중언어 사랑은 통제할 수 없는 지배와 종속의 구조 속에 있는 인간 해방을 위한 최종 유토피아적 지평이다.
_ 월터 D. 미뇰로, 『로컬 히스토리/글로벌 디자인』(*Local Histories/*

Global Designs)

2001년 여름 한국을 여행하던 중 비무장지대(DMZ)를 방문할 수 있었다. 한국의 비무장지대는 그 작은 규모에 비해 오늘날 세계에서 가장 중무장한 곳이다. 한국전쟁이 끝난 이후 한반도를 둘로 가른 2.5마일의 땅으로, 800야드 너비의 판문점 공동경비구역은 남북한을 잇는 유일한 교차 지점이다. 남과 북 양측 모두 35명씩만 개인화기를 들고 주둔할 수 있도록 허용되어 있으며, 양측의 적대 세력들은 40년 넘게 기괴하고 고통스러운 교착 상태에 놓여 눈과 눈을 맞댄 채 대치해 왔다. 삼엄한 보안과 중무장한 군대로 인해 황무지처럼 보이지만, 아이러니하게도 이곳은 세계에서 가장 심각한 멸종 위기에 처한 종들에게 공간과 자유를 제공하는 자연 보호구역으로 자리 잡고 있다. 인적이 드문 이 지역은 위엄 있는 만주 두루미(Manchurian crane)와 같은 종을 멸종으로부터 보호하는 세계 최고의 야생동물 보호구역 중 하나이다.

한국은 오늘날 세계에서 몇 안 되는 분단국가 중 하나이다. 아이러니하게도 '한 집안' 내부의 분단은 외부의 '평화유지군'에 의해 유지되고 있다. 서광선(David Kwang-Sun Suh)이 지적했듯이, 한국 국민을 위한다는 이른바 '평화와 안보'를 유지하기 위해 엄청난 양의 돈과 식량, 무기 그리고 약 200만 명의 군인이 분산배치 되고 있다. 이러한 분단의 정치적 이유도 모호하다. 그는 독일은 침략 정치로 인해 분단되었지만 침략 국가 일본은 분단되지 않았다는 사실을 지적한다. 한국은 오히려 초강대국들의 정치적 이해관계에 따라 분단된 것이다.[42] 그에 따르면 한국의 분단에 대한 다양한 설명이 존재한다. 일본군의 무장해제를 위해 경계선을 그었다는 설명, 미국 제국주의 팽창의 한 형태였다는 설명, 소련의 침략이었다는 설명이 지배적이다. 하지만 그에 따르면 한국 분단 과정에서 한국인은 적극적인 의사 결정권자로 참여하지 않았다. 즉, "한국인은 십자가에 대해 무고하다. 즉, 세계나 강대국에 대해 어떤 범죄도 저지르지 않았음에도 십자가형을 받았다"는 것이다.43

나는 외국인에게는 비무장지대 관광이 허용되고 한국인에게는 허용되지 않는다는 사실에 놀라지는 않았지만, 분노와 아픔, 슬픔이 뒤섞인 감정을 주체하기 어려웠다. 관광 회사 측에 따르면 매년 약 십만 명의 외국인이 변치 않는 지형을 구경하기 위해 몰려든다고 한다. 최근에는 고령의 한국인도 방문할 수 있도록 허용했지만, 신청 절차44가 2년 이상 걸린다고 한다.

비무장지대는 한국의 몸통을 따라 흐르는 상처, 스스로도 치유할 수 없고 구경꾼들만 바라보는 상처를 떠올리게 한다. 이 상처는 딱지가 앉을 틈도 없이 끊임없이 찔리고 찢어진다. 많은 유럽인과 일본인 관광객들과 함께 버스에 탄 것도 불편했지만, 쉽게 비무장지대 여행 허가를 받은 것이 나를 한국인들에게 이방인으로 만들었다는 사실을 실감하는 것도 불편했다. 미국 여권을 소지한 나는 이제 더 이상 그들의 국가 정체성에 속하지 않는다. 한국에 입국하여 세관을 통과할 때 외국인 전용 줄에 서야 한다는 사실이 종종 당혹스럽게 느껴진다. 결국 한국인들은 나를 자신들의 국가 정체성의 일부로 인정하지 않으면서도 "양키 고 홈!"이라는 구호에 나를 완전히 포함시키기를 주저한다는 것을 알고 있다.

비무장지대 방문은 내 인생을 바꾼 경험이었다. 분단된 한국의 현실을 실제로 보니 한국군과 북한군의 중무장, 철조망, 텅 빈 듯 공허한 현대식 건물, 북한의 푸른 들판이 내 가슴을 짓눌렀다. 그 그리움과 동경의 감정은 마치 약속의 땅을 바라보면서도 들어갈 수 없다는 것을 알면서도 그리워하는 마음과 비슷하지 않았을까 하는 생각이 들었다. 불과 몇 피트 떨어진 곳에서 서로를 적으로 대치하고 있는 한국 형제들을 지켜보는 것은 고통스러운 일이었다. 휴전캠프에서 북한과 '자유 세계' 사이의 유일한 공식 접점은 파란색으로 칠해진 철제 지붕의 오두막(hut)[45] 안에 있다. 녹색 협상 테이블 중앙에 마이크 와이어가 경계선을 그어 놓았다. 이렇게 허술하고 질긴 경계선은 아이러니하고 굴욕적이었다. 이곳에서 관광객들은 군사적 처벌 없이 반대편으로 '건너갈' 수 있는 특권을 누리고 있다. 나는 다른 관광객들이 반대편으로 건너가는 것을 즐거워하는 모습을 보면서도 나 자신은 그럴 수 없었다. 경비병들의 이해할 수 없다는 듯한 시선을 느끼면서 다른 관광객들은 장난스럽게 경계를 넘나들었다. 그 모습은 저속하고 야만적이며 무감각해 보였다.

오두막 안에서 보초를 서고 있는 한국군 병사들은 미군 장교의 명령을 받고 병사들의 사진을 찍는 관광객을 위해 포즈를 취한다. 병사들은 로봇처럼 정밀한 동작으로 복종하며 전투에 대비한 자세를 취한다. 나는 이 아이러니한 변화를 목격하면서 분노가 치밀어 오르는 것을 느꼈다. 가장 황당했던 것은 한 민족의 깊은 집단적 상처였고, 지금도 집단적 상처인 것이 상품화되고 있다는 사실이었다. 내가 비무장지대를 방문한 것은 마치 열려있는 무덤을 방문한 것과 같았다. 나의 조상들, 나를 낳아준 사람들의 집단적인 한에 처음으로 참여할 수 있었기 때문이다. 나는 친밀하게 알지 못했던 사람들에 대한 슬픔을 느꼈다. 하지만 그들이 나의 몸과 기억의 일부였다는 것을 그때 깨달았다. 비무장지대에서 나는 국가와 양면적인 관계를 맺고 있지만, 이 불의에 대응할 수 있는 방법이 있다는 것도 깨달았다. 그러기 위해서는 내 시민권과 미국 생활에 따른 모든 결과를 인정하고 소유해야 했다.

한국으로의 귀환과 북미에서의 삶에 대한 모호한 감정에도 불구하고 '내 민족'이라는 의식을 갖게 된 것은 비무장지대의 상처에서였다고 생각했던 기억이 난다. 여기서 한에 대한 집단적 경험과 한국인과 한국에 대한 나의 한(恨) 감각을 뚜렷이 감지할 수 있었다. 우리의 집단적 뿌리는 우리의 정신 깊숙이 자리 잡고 있다. 그 흔적은 분명하게 존재하지만 여러 길을 따라 흐르고 있다. 우리의 뿌리는 우리의 일부이며, 그 흔적은 예상치 못한 시간에 예상치 못한 곳에서 나타난다. 한국과 한국인을 열정적으로 사랑하고 평화와 정의, 통일을 위해 평생을 헌신한 함석헌은 다음과 같이 말했다.

> 평화를 위한 헌신은 가능하기 때문에 하는 것도 아니고 불가능하기 때문에 하지 않는 것도 아니다. 평화를 위한 노력은 가능하든 불가능하든 반드시 해야 하는 일이다. 우리가 반드시 가야 할 길이다…. 비록 분단은 외부에 의해 발생했지만, 통일은 그것이 100년이 걸리더라도 민중의 힘으로 이루어져야 한다.[46]

함석헌의 예언자적 목소리는 많은 민중신학자들에게 영향을 미쳤다. 그의 사후, 한국과 멀리 떨어져 사는 한국계 미국인들에게도 그의 목소리가 들리게 된 것은 가슴 아픈 일이다.

남한의 김대중 대통령과 북한의 김정일 국방위원장이 역사적인 만남을 가짐으로써 적어도 남한 사람들에게는 통일에 대한 열망이 커졌다. 국내 영화 〈공동경비구역 JSA〉는 〈타이타닉〉을 능가하는 역대급 흥행작이 되었다. 평단의 호평이 이어지고 있지만 평가는 엇갈리고 있다. 획기적인 작품이라는 평이 있는 반면, 비현실적인 설정이라는 비난도 있다. 이 영화는 독립영화계에서 많은 관심을 받았으며 베를린 영화제에서도 호평을 받았다. 또한 2001년 가을부터 미국 전역에서 상영되었다.

번역된 번역가

영화는 번역이고 영화 제작자는 번역가이다. 이 특별한 영화를 재번역하는 관객이자 작가로서 나는 오역과 오독을 예상하기 때문에 번역의 역할은 모호하고 불안으로 가득하다고 생각한다. 번역은 가장 내밀한 읽기 행위 중 하나이지만, 그 과정에서 번역가는 자아의 가장 가까운 곳을 '넘어설 수 있는 허락'을 얻게 된다. 가야트리 스피박은 모든 독서/번역 행위가 가장자리에서 의미가 흐트러질 위험이 있음을 인정하면서도, 번역자로서 우리의 행위가 "사랑으로 이루어질 때, 그 흐트러짐을 최소화"할 수 있게 돕는다고 말한다. 번역가의 임무는 "원작과 그 그림자 사이의 이러한 사랑, 즉 의미의 흐트러짐을 허용하는 사랑을 촉진하는 것"이다.47 이 점과 더불어 모든 번역은 어느 정도의 배신이 포함된다는 점도 잊지 않으면서, 나는 트린 민하의 다음의 논평을 염두에 두고 있다.

> 텍스트에 대한 가장 좋은 번역은 문자 그대로의 의미에서 떠나서 자유롭

게 날아오를 수 있는 번역이다. 문자적 의미를 떠날 때 번역은 스스로 또 다른 공간을 만들어 낸다. 이를 통해 단순히 텍스트의 문자에만 충실한 것이 아니라 텍스트의 정신… 즉, 그 경험의 생생한 질에 충실할 수 있다. 번역 작업은 그 자체로 단순한 설명, 이미지화 또는 의미 전달이 아니라 창조(또는 재창조)이다.[48]

이 책에서 내가 영화를 사용하기로 결정한 것은 전략적인 결정이었다. 정은 복잡한 의미의 층위가 많기 때문에 서구 언어의 범주로 쉽게 번역되는 것에 저항한다. 그 다양하고 복잡한 의미 때문에 나는 정이 그 자체를 관계적으로 표현하는 방식의 층위를 가장 잘 드러낸다고 생각되는 영화를 분석 대상으로 선택했다. 그러나 이 분석은 하나의 해석이며, 놓칠 수 있는 부분이 있다는 점을 염두에 두길 바란다. 독자들이 이 분석을 통해 영화를 직접 보고 싶을 만큼 흥미를 느꼈으면 좋겠다. 다시 한번 강조하지만, 이 영화는 정을 엿볼 수는 있지만 결코 정에 대한 결정적인 해석은 아니다.

박찬욱 감독이 연출하고 박상연 작가의 소설 『DMZ』를 원작으로 한 〈공동경비구역 JSA〉는[49] 남북한의 유일한 접경지대를 배경으로 한 살인 미스터리이다. 이 영화의 비극적 해법은 전쟁터의 긴장감과 한과 정이 양면적으로 구현된 모습을 드러내며 한반도의 한과 정에 대한 폭넓은 탐구의 장을 열어 준다. 영화의 내용은 DMZ/공동경비구역과 '돌아오지 않는 다리' 상징에 깊이 의존하고 있다. 이 상징을 관통하는 것이 바로 한과 정의 개념이다.[50] 이데올로기는 경계에서 지배적인 존재로 자리 잡고 있다.

그러나 이 영화가 흥미로운 것은 정이라는 존재가 한이 가득한 이데올로기에 대항할 뿐만 아니라 강력한 군사주의 이데올로기를 극복하는 것처럼 보인다는 점이다. 따라서 우리는 이 틈새, 즉 〈공동경비구역 JSA〉에서 전형적인 영웅이나 악당을 발견할 수 없다. 이 영화에서 유일하게 명확하고 강력하게 구원적인 측면은 상호 취약성과 인간성에 대한 인식을 통해 관계적으로 그 안에 들어온 사람들의 삶을 변화시키는 정의 경험이다. 정의 힘은 특별한 종류의 대담함을 가능하게 한다. 등장인물들은 군사화되고 이데올로기화된 경계를 넘는 불복종의 결과를 감수하며, 관계 속에서 마음을 열고 상처받을 수 있는 존재가 됨으로써 감정적으로도 위험을 감수한다.

공동경비구역 JSA: 비무장지대(DMZ), 삶과 투쟁의 현장

비무장지대에서의 삶과 투쟁의 딱지가 생기기 전에 다시 피가 나고, 두 세계의 피가 합쳐져 제3의 나라, 즉 국경 문화를 형성한다. 국경은 안전한 장소와 안전하지 않은 장소를 정의하고, 우리와 그들을 구분하기 위해 설정된다. 경계선은 가파른 가장자리를 따라 가늘게 나뉜 선이다. 경계지대는 부자연스러운 경계의 감정적 잔여물로 인해 만들어진 모호하고 결정되지 않은 장소이다…. 금지되고 허용되지 않는 곳의 주민들이다. 그곳에는 양면성과 불안이 존재하며 죽음도 낯설지 않다.
_ 글로리아 안잘두아(Gloria Anzaldua), 『경계지대/경계선』(*Borderlands/La Frontera*)

비무장지대는 완전히 치유되기를 거부하는 한국인의 마음속에 있는 딱지이다. 치유는 통일을 통해서만 가능하다. 너무 가까운 거리에 있어 애초에 왜 그곳에 있는지조차 잊어버릴 수 있는 접경지대가 바로 DMZ이다. 국경 지대에서는 넘을 수 없는 이별의 거리와 함께 특별한 종류의 깊은 친밀감을 느낄 수 있다. 영화 〈공동경비구역 JSA〉에서는 비무장지대에서 초소를 지키던 북한군 병사 두 명이 총에 맞아 사망하고 한 명이 부상을 입는 장면이 등장한다. 대부분의 장면은 돌아오지 않는 다리가 내려다보이는 초소와 북측에 위치한 그 다리를 바라보는 막사(cabin) 안에서 촬영되었다. 돌아오지 않는 다리는 영화의 스토리에서 중요한 의미를 지니고 있는데 처음에는 수혁, 그다음에는 성식이라는 한국 경비병이 망설임 없이 이 다리를 여러 번 건너는 장면이 나오기 때문이다. 영화가 전개됨에 따라 경계와 분단을 상징하는 이러한 군사적 상징들이 정으로 가득한 관계 안에서는 거의 아무런 의미도 갖지 않음이 분명해진다.

돌아오지 않는 다리는 1953년 양측의 전쟁 포로 수천 명이 본국으로 송환된 전설적인 장소이다. 포로들은 돌아가고 싶은 곳을 선택할 수 있었지만 일단 선택하면 다시는 다른 쪽으로 돌아갈 수는 없었다. 소피의 아버지는 남한이나 북한 어느 쪽으로도 돌아가지 않고 아르헨티나로 피신한 북한 출신 포로 중 한 명이었다는 사실을 나중에 알게 되었다. 남한 병사 수혁이 자백을 하고, 소피는 그가 쓴 당시 상황에 대한 기록을 전달받는다. 그의 증언에 따르면 그는 북한 경비병 세 명에 의해 납치되어 돌아오지 않는 다리를 건너 작은 막사에 인질로 잡혔다고 한다. 그 후 그는 인질에서 풀려나 북한 경비병에게 총을 쏴 두 명이 사망하고 한 명이 부상을 입었으며 자신은 총에 한 발 맞았다.

그는 돌아올 수 없는 다리를 건너 도망쳤고, 그때 이를 알아차린 남한 경비병들이 그를 구하러 왔다. 이 사건을 관할하는 중립국 감독위원회 소속 공무원인 소피 랭은 자백한 사람과 부상자를 심문하고 무슨 일이 있었는지 알아내는 일을 맡게 된다. 그녀는 동료로부터 자신이 1953년 이후 이 지역에 발을 들여놓은 최초의 여성이라는 사실을 전해 듣는다. 상관으로부터 중립적인 태도를 유지하라는 지시를 받았을 때, 그녀는 매우 회의적이고 냉소적인 반응을 보이며 반어적으로 이렇게 묻는다. "제가 국경선에 서서 '왜 방아쇠를 당기셨는지 말씀해 주시겠어요?'라고 묻기만 하면 된다는 건가요?"

두 정부 사이에 긴장이 고조되고 있는 상황에서 사건을 재구성하는 관찰자의 능력이 중요하다. 히스테리컬한 이데올로기를 떠드는 군 관계자들이 양측 정부를 대표한다는 점은 흥미롭다. 그들의 말을 통해 우리는 원한의 요소가 희석되지 않은 후한으로 변한 것을 감지할 수 있다. 우리는 한국군 지휘관과 병사 사이의 짧은 장면을 목격한다. 지휘관은 병사를 질책하고 뺨을 때리면서 "죽일 수 있는 완벽한 기회가 있었는데! 왜 한 명이라도 죽이지 못했느냐"고 따진다. 병사는 "심각한 사건으로 확대되는 것을 원치 않았습니다… 전쟁으로 이어질 수 있었습니다"라고 대답한다. 그러자 지휘관은 병사에게 "군인은 전쟁을 두려워해서는 안 된다"라고 말한다. 동시에 그는 무감각하고 충격을 받은 채 침묵하는 수혁에게 "적어도 두 명은 없애버려서 잘했다"고 칭찬한다.

소피는 이 남한 지휘관을 처음 만났을 때, 그가 자신의 중립적인 태도를 조롱하며, 지구상에는 '빨갱이'와 그 적대자, 두 종류의 사람만 존재한다고 분개하는 그의 조소와 비웃음과 정면으로 맞닥뜨리게 된다. 〈공동경비구역 JSA〉의 줄거리는 복잡하게 얽혀있으며, 대화와 플래시백을 통해 재구성된다. 이러한 기법을 통해 우리는 북한 병사를 죽인 범인이 남한 병사 수혁이고, 부상 당한 북한 병사의 이름이 경필이라는 사실을 알게 된다. 두 사람 모두 담당 수사관인 소피에게 완전히 솔직하지 않았다. 그녀가 사건을 복기하려고 시도하는 가운데 경필의 설명에 따르면 수혁이 돌아오지 않는 다리를 건너 막사로 돌진해 경필의 북한군 동료 두 명을 죽이고 경필 자신도 부상을 입었다는 것이 밝혀진다.

다른 두 명의 병사도 연루되어 있다. 수혁과 함께 야간 경비를 서는 성식과 경필과 함께 야간 경비를 서는 우진이다. 우진은 총에 맞아 사망했고, 다른 한 명인 북측 상관도 몇 발의 총에 맞아 사망했다. 그러나 오직 한 사람만이 군대 암살 스타일로 추정되는 머리 총상을 입었다. 그의 여동생에 따르면 성식은 고아로 자랐지만 여전히 정이 많다. 수사 도중 그는 자살을 시도하고 소피에게 아무런 도움이 되지 못한다.

소피는 수혁과 경필이 사건의 진실을, 밝히기를 꺼리고 서로를 보호하려 하고 있고, 아직 완전히 전개되지 않은 이 이야기의 주요 인물이라는 사실을 깨닫게 된다. 소피는 두 사람 관계에 의심을 품기 시작하고, 두 사람과 그들의 상사를 불러 모아 그녀가 일어났다고 믿는 사건의 진상을 재구성한다. 소피는 자신의 재구성이 얼마나 정확해지고 있는지 알아차리고 있었고, 경필의 옆에 앉아 군인들에게 둘러싸여 있던 수혁은 엄청난 붕괴에 빠지기 시작한다. 경필은 수혁이 사건의 전말을 폭로하고 자백할 것을 감지하고, 앞뒤가 안 맞는 민족주의적 북한 이데올로기를 들먹이며 수혁을 물리적으로 공격하여 순간적인 혼란을 초래하지만 목적을 달성한다. 그는 수혁이 군 권력에 모든 사실을 폭로하는 것을 막고 수혁을 처벌받지 않게 보호한다. 경필의 이 신속하고 즉흥적인 개입 행위는 새롭게 찾은 전복적인 정으로 가득 찬 두 사람의 관계의 진정성을 지키기 위한 경필의 선택을 보여준다. 이는 남한의 적으로 여겨지는 수혁을 보호하려는 그의 의지뿐만 아니라 원한에서 정한으로 변화하는 그의 내면을 의미한다. 소피가 수사 종결을 앞두고 있을 무렵 수혁은 실제로 무슨 일이 일어났는지를 밝히기 위해 그녀에게 접근한다. 그의 서사를 통해 사건의 순서가 공개된다.

수혁의 회상을 통해 우리는 병사들이 정찰 군사 훈련을 많이 한다는 사실을 듣게 된다. 종종 실수가 발생한다. 어떤 훈련을 할 때 수혁 일행은 자신도 모르게 휴전선을 넘어 북한으로 들어갔다가 급히 후퇴해야 했다. 일행이 후퇴하는 동안 수혁은 키 큰 갈대숲 속에서 볼일을 보던 중 일행과 헤어지게 된다. 일행이 사라진 것을 알아차린 그는 서둘러 일행을 찾으려다 실수로 지뢰를 밟는다. 그는 자신이 움직일 수 없다는 것을 알지만 주변에 자신의 도움 요청을 들을 수 있는 일행은 아무도 없었다. 이렇게 절박한 상황에서 북한 경비병 두 명과 맞닥뜨린다. 세 사람 모두 총을 꺼내 들고 서로에게 악의적인 말을 한다. 수혁은 그들에게 자신이 지뢰를 밟고 있으니 접근하지 말라고 말한다. 이때 경필과 우진(북한군)은 수혁에게서 멀어지기 시작한다.

이를 본 수혁은 좌절감과 절박함을 고스란히 드러내며 "가까이 오지 말랬지 내가 언제 그냥 가라고 했어! 살려주세요!"라고 소리쳤다. 경필과 우진은 형이 동생에게 하는 것처럼 수혁의 눈물을 놀린다. 경필은 수혁을 구해주려다 오히려 자신을 위험에 빠뜨린다. 지뢰가 무력화되자 경필은 수혁에게 자신이 겪은 일의 증표로 지뢰선의 중요한 조각을 건네준다. 수혁에게 두 사람은 익숙한 한국의 작별 인사를 건넨다. "거 몸조심하라." 한국 문화 특유의 정이 넘치는 작별 인사이다. "보고 싶을 거야", "잘 가"라는 말 대신 상대방의 건강을 챙기는 데 작별의 초점을 맞춘다. 정은 끊기 어려운 애착을 형성한다.

두 번째 만남은 겨울에 국경을 따라 또 다른 순찰이 진행되는 가운데 이번에는 대낮에 일어난다. 이 사건에서 우리는 순찰하는 군인들이 국경과 경계선을 무시하는 것을 엿볼 수 있다. 남북의 경비병들은 국경을 따라 황량하고 고립된 곳에서 총을 겨누고 몇 피트 너머로 서로 마주 보고 있다. 여기서 각 일행의 리더들은 자연스럽게 중앙으로 걸어가 서로의 담배에 불을 붙이고 다시 각자의 라인으로 돌아가 순찰을 계속한다. 이 장면은 군인들이 자신들을 떨어뜨려 놓기 위해 고안된 군사 행위에 대한 양면성과 조롱을 포착하여 보여준다. 군인들은 자신들의 만남을 방해하는 군사적 제재를 완전히 무시한 채 국경을 넘나들며 지배적인 군사 권력을 조롱한다. 여기서 경필과 우진, 수혁은 다시 한번 눈을 마주친다. 수혁이 자신의 목숨을 구해준 두 남자를 바라보면서 세 사람 사이에 작은 비밀이 생긴다.

다음 장면은 바로 판문점에서 일어난다. 경필과 수혁은 휴전선을 사이에 두고 마주 보고 있는데, 경필이 수혁에게 "야, 그림자 넘어왔어, 조심하라우"라고 농담처럼 말한다. 이 사건 이후 수혁은 경필과 소통할 결심을 한다. 밤마다 보초를 서던 중 담배 한 갑에 편지를 싸서 반대편 초소를 향해 던진다. 별이 쏟아지는 달밤을 가로질러 편지가 날아가는 동안 우리는 수혁의 목소리를 듣는다. "지난번엔 고맙다는 인사도 제대로 못 하고 형한테 되게 미안했어요. 형이라고 불러도 되죠?" 이후 편지와 작은 선물을 주고받는 장면이 이어진다. 경필은 편지에 "맨날 동지라는 소리를 듣다가 '형' 기러니까 좋구나, 야"라고 적었다. 비무장지대의 위치와 상관없이 편지를 통해 두 사람의 관계는 형성되기 시작한다. 하지만 곧 수혁은 편지와 선물을 주고받는 것만으로는 충분하지 않다. 그는 우진의 농담 섞인 방문 초대를 마음에 품고 돌아오지 않는 다리를 과감히 건너서 경필과 우진을 깜짝 놀라게 한다. 그렇게 밤마다 국경을 넘기 시작한다. 이러한 야간 방문에서 수혁은 권총으로 자신의 빠른 속도를 자랑한다. 경필은 실제 대결에서는 속도보다 정확성이 가장 중요하다고 말하며 그를 타이른다.

수혁은 성식에게 야간 방문을 소개한다. 고아로 자랐지만 정 많은 성식은 야간 방문에서 나누는 우정에 흠뻑 빠져들게 된다. 이 야간 방문과 대화에 내재된 것은 서로에 대한 정이 점점 커지는 것이다. 서로에 대한 이야기, 웃음, 농담, 독특한 버릇을 공유하고, 개인적인 한과 상호 집단적인 한을 공유하면서 정을 경험한다. 그들이 경험하는 정의 깊이는 영화의 마지막에 결정적으로 드러난다.

흥미로운 점은 네 명의 남성 사이에서 형성된 정의 경험은 서로의 정부를 비판할 수 있는 안전한 공간을 제공한다는 점이다. 또한 이들은 불필요한 타자라고 인식하는 '양키'에 대한 신랄한 부정적 시각을 거침없이 공유하며, 각자의 열망과 동경을 공유한다. 예를 들어 우진은 비무장지대에 근무한 13년 동안 홀로 된 어머니를 보지 못한 외동아들로서 죄책감을 고백한다. 이 남자들 모두는 그 한이 어떤 것인지 알고 있으며, 이 경우에는 '적'에게도 연민을 느낄 수 있다. 정은 서로의 취약점을 볼 수 있게 해준다.

비상경보 오작동으로 수혁과 성식은 야간 방문을 중단해야 하는 현실에 직면한다. 성식은 수혁에게 이런 방문으로 조국을 배신하는 것 같다고 걱정하지만, 수혁은 "우리가 군사 기밀을 팔아먹었냐?"고 반박한다. 이런 결정을 내리면서도 그들은 국경 너머의 친구들을 만나러 가는 작별 방문을 한 번 더 계획한다. 한국식으로 말하자면, 이 마지막 방문은 단순히 작별 인사를 하는 것이 아니라 친구들에게 경의를 표하기 위한 것이다. 예고나 연락 없이 방문을 끝낸다면 경필과 우진에 대한 예의가 아닐 뿐 아니라 두 사람의 관계에 대한 신뢰를 해칠 수 있다.

소피의 수사는 이 작별 방문을 중심으로 진행되며, 영화에서 가장 가슴 찡한 장면 중 하나가 펼쳐진다. 두 사람은 서로에게 선물을 가져다주고, 한국 어린이들의 순수한 전통 놀이인 '닭싸움'을 하는 모습을 지켜본다. 그들은 함께 술을 마시며 마지막 식사를 나눈다. 흥미롭게도 이 모든 전복적이고 은밀한 활동이 초소라는 '자궁'에서 벌어진다는 점이 흥미롭다. 바닥의 문을 통해 들어갈 수 있는 숨겨진 자궁 같은 비밀 공간 '아래'에서 정의 기호학적 표현과 남자들이 하는 정 표현이 쏟아져 나온다. 한 장면에서 성식은 무릎을 꿇고 우진의 부츠를 닦아준다. 신학적인 렌즈를 통해 읽으면서 나는 마지막 식사와 세족의 상징적인 제스처를 볼 수밖에 없었다. 하지만 여기에서 우리는 의례의 중심에 고립된 인물이 있는 것이 아니라 서로 베풀고, 나누고, 사랑하고, 섬기는 관계가 있다는 것에 주목해야 한다. 실제로 이 영화가 묘사하는 이 특별한 방문은 어린 시절 소년들이 천진난만한 웃음소리와 함께 술래잡기 놀이를 하며 자유롭게 몸을 만지고 부딪히던 기억을 떠올리게 한다. 그들은 '전쟁놀이'에 얼마나 지쳤는지를 말하면서 집으로 돌아가고 싶다고 말한다. 그들은 서로 주소를 교환할 정도로 통일에 대한 희망을 품고 있다. 카메라가 방 안을 돌면서 우리는 벽에 걸린 북한 지도자들의 사진과 '통일'이라는 글귀가 액자에 담겨 있는 것을 볼 수 있다. 성식은 경필, 우진, 수혁에게 사진 찍게 함께 포즈를 취해 달라고 부탁하기도 한다. 성식은 배경에 걸린 북한 지도자의 액자 사진이 완전히 가려질 정도로 가까이 다가가서 만족스러운 사진을 찍을 수 있었다.

수혁과 성식이 자신의 초소로 돌아가야 할 시간이 다가올수록, 국경 지대에서 맺어진 연약한 친밀감인 정이 끝나야 한다는 무거운 슬픔과 함께 망설임의 긴장감이 느껴진다. 한국에서는 누군가를 떠나보내고 싶지 않을 때와 떠나고 싶지 않을 때 익숙한 의식을 치른다. "안 가면 안 돼?", "나는 가야 해"라는 대화를 주고받지만 아무도 떠나지 않고 있거나 떠나야 한다고 강요당하지 않는다. 그런 주저함은 관계를 음미하고 지속하려는 정의 시도이다. 과거와 현재, 미래가 융합되는 것 같은 끈끈한 정의 경험 속에서 정은 자주 시간의 경계에 얽매이지 않는다.

그들이 떠나려는 순간, 갑자기 이념에 광신적인 경필의 상관이 초소로 들어온다. 자신의 스피드를 자랑하던 수혁이 권총을 뽑자 상관도 권총을 뽑는다. 상관의 침입으로 영화는 절정으로 치닫는다. 상관과 수혁이 권총을 뽑아 들고 대치하는 가운데 경필은 중간에 끼어들고, 우진과 성식은 넋이 나가 말문이 막힌 채 뒤에서 맴돌고 있다. 경필이 상황을 설명하려 하자 상급자는 총으로 경필의 얼굴을 인정사정없이 내리쳤다. 이 긴박한 순간, 수혁이 물려받은 집단적 한의 유산은 이 북한 경비병들과 정을 나눈 최근의 경험에 그늘을

드리운다. 수혁은 두려움과 아드레날린이 눈빛에 가득 찬 채로 총을 내려놓으라는 경필의 간청에 "무슨 일이 있어도 우린 결국 적이야"라고 냉정하고 절박하게 대답한다. 이에 경필은 "우리 다시 시작하자"라고 답한다. 다시 시작하자는 이 말은 당시의 상황에만 국한된 것이 아니라 생명을 위협하는 이념적 갈등의 그물에 갇힌 한국인의 처지를 향한 호소이기도 했다. 경필은 두 개의 총을 동시에 내려놓게 할 수 있었다. 그러나 혼란이 벌어진 것은 녹음기가 자동으로 켜지며 결정적인 순간에 갑자기 큰 음악이 재생되었을 때였다. 그 순간은 망설임, 두려움, 금기로 가득 차 있었지만, 한편으로는 희미한 희망과 정이 스며들어 있었다. 이 순간 총성이 울리고 우진과 상관이 모두 살해당한다. 성식은 북쪽 동생인 우진과 상관에게 총알을 많이 쐈다. 정적이 흐르던 순간, 경필은 재빠르게 움직여 상관에게 암살용 총알을 한 발 더 쏜 뒤 수혁에게 총을 건네며 도망치라고 하면서 북한 병사에게 납치된 사실을 자백하라고 말한다. 수혁의 한과 정은 성식과 함께 문 쪽으로 돌아설 때 고통스럽게 드러난다. 경필은 수혁을 조용히 부른다. 수혁은 뒤돌아보며 경필의 눈빛에서 용서와 이해, 우정과 다시는 만나지 말아야 한다는 아쉬움을 읽는다. 이 깨달음에 수혁은 경필의 어깨에 총을 쏴 그를 부상 입히며 운다. 북측 군 상관들의 눈에는 경필이 어떻게든 피해자인 것처럼 보이게 하려는 속임수를 쓰기 위해서였다.

〈공동경비구역 JSA〉는 회상과 기억의 기법을 사용하여 현실과 기억을 끊임없이 이동시킴으로써 역사와 시간을 불연속적으로 보이게 한다. 이렇게 끊임없이 이야기하기를 변화시키고 그 이야기하기의 위치를 바꾸면서 우리는 역사가 다시 이야기될 때 종종 변화된다는 것을 깨닫게 된다.

이 회상을 소피에게 고백하는 과정에서 소피의 뿌리가 드러난다. 소피의 아버지는 북한 포로였고, 소피는 제네바에서 스웨덴인 어머니에게서 태어났다. 이 정보를 바탕으로 한국군 지휘관은 소피를 수사에서 제외할 것을 요구한다. 소피는 조사 진행을 위해 파견된 한국계 스위스 군법무관으로, 조사가 끝나면 국가의 공식 입장 중 하나를 확정하고 돌아갈 예정이다. 그러나 소피는 증거가 공식 진술과 일치하지 않는다는 사실을 알게 되고, 다른 설명을 찾기 시작한다. 영화가 끝날 무렵, 그녀는 모두가 자신에게 인증해 주기를 바라는 것과는 전혀 다르고 좀 더 비극적인 진실을 발견하게 된다.

우리는 이와 같은 수사를 통해 소피 자신의 역사, 뿌리, 경로를 목격하게 된다. 소피의 이러한 주관성과 역사는 중립적인 대표자가 될 사람에게는 의심의 대상이 되고 용납될 수 없는 것이 된다. 한국 지휘관의 입장에서는 소피를 교체해야만 한다. 그녀의 수사가 어느 쪽도 감히 인정할 수 없는 재구성으로 바뀌자, 소피는 상관으로부터 질책을 받는다. "자네는 판문점에 대해 잘 알지 못했어. 이곳은 진실을 숨겨야 평화가 유지되는 곳이야. 두 사람이 진정으로 원하는 것은 이번 수사에서 아무것도 밝혀지지 않는 것이다." 판문점의 '평화'는 적극적으로 정을 억제하고, 적극적으로 원한을 유지함으로써 지킬 수 있다는 뜻으로 해석할 수 있다.

정으로 변했던 수혁의 한이 또 한 번 다른 한으로 변할지는 마지막 장면이 나올 때까지는 아직 알 수 없다. 수혁은 소피를 마지막으로 떠나보내는 장면에서 자신의 한의 깊이를 드러낸다. 여기서 우리는 정의 힘을 믿지 못한 자신의 부족함에 대한 자책과 회한을 발견한다.

첫 방아쇠를 당겨 우진을 죽이고 상관에게 부상을 입혔던 사람은 가장 빠른 스피드를 가진 그였다. 이런 일이 발생했음에도, 자신의 고통에도 불구하고 수혁을 계속 지켜주는 경필을 통해 수혁은 경필이 가진 정의 깊이를 경험했다. 수혁은 서로 친구였던 우진의 죽음에 대해 자신을 수용하고 동시에 용서하는 경필의 모습에서 자신을 향한 경필의 정이 얼마나 깊고 넓은지 경험했다. 이를 깨달은 수혁은 그들의 관계를 자신이 배신했다는 사실을 안고서 더 이상 살 수 없어서 소피 앞에서 자살한다. 소피가 이 장면을 목격하면서 한국 분단의 비극적 성격이 완전히 이해되지 않는 동시에 비무장지대라는 그라운드 제로에 있는 한과 정이 가진 복합성이 명확해진다. 여기서 관객은 수혁이 왜 모든 사실을 고백하고 스스로 목숨을 끊는 선택을 했는지 묻지 않을 수 없다. 왜 그는 소피에게 모든 것을 고백했는가?

한국 분단의 편재는 수혁의 죽음에서 비극적으로 드러난다. 수혁의 피가 바닥에 흐르고, 수혁의 목에 걸려 있던 지뢰선의 금속 조각이 보인다. 정이 구현된 두 사람의 관계의 시작을 알렸던 이 증표는 수혁이 흘린 피가 고여 있는 웅덩이, 한국인의 피가 고여 있는 웅덩이에 씻겨진다. 수혁의 몸에 가까이 착용된 이 증표는 애착과 분리, 고착된 경계와 유동적인 경계의 상징이며, 이것은 한과 정의 힘을 상징한다. 돌아오지 않는 다리에서의 끊임없는 왕복은 비무장지대의 경계와 굳어진 원한의 경계를 물리적, 정신적으로 정착된 위치에서 임계성과 정의 유동적이고 불안정하며 복잡한 위치로 옮기는 것으로 전개된다. 이 영화의 중심에는 한국군 병사, 나아가 남북한 국민 모두의 비극적 딜레마가 있다. 이 딜레마는 철천지원수가 마음 깊은 곳에서는 통일을 갈망하는 형제자매이기도 하다는 점에서 양날의 검이다. 이 영화는 국가를 이분법적으로 구분하는 국경의 양면성을 드러낸다. 분단의 양면성은 여전히 지속적인 정의 흔적을 내포한 관계적 현실에 강요된다.

한국 민중신학자 서광선은 한국의 분단은 한국인의 정신에 지울 수 없는 상처를 남겼다고 말한다. 이러한 분단은 무고한 사람들에게 부과된 '분단의 십자가'이다.51 따라서 "분단의 십자가는 한의 십자가이다."52 더욱이 이 분단의 십자가는 아래에서 더 발전시킬 이 연구 프로젝트의 궁극적인 신학적 논제, 즉 십자가가 한/아브젝시옹과 정/사랑을 상징적으로 구현한다는 것을 직접적으로 긍정하고 반영한다는 것이 나의 주장이다. 이 영화가 명확하게 보여주듯, 한국의 비무장지대가 초래한 고통은 아브젝시옹과 한의 지울 수 없는 상처이자 아이러니하게도 강력한 정의 장소가 된다. '한의 십자가'는 모든 한국인, 북한과 남한 사람 모두에게 부과되었다. 서광선은 계속해서 다음과 같이 말한다.

> 분단의 십자가에 못 박혀 있는 한 부활은 있을 수 없다…. 우리는 분단의 십자가에 영원히 못 박혀 죽을 수밖에 없다…. 우리는 분단의 십자가 위에서 고통스러운 부르짖음을 듣는다…. 이 한의 부르짖음은 버림받은 백성이 하나님을 향해 외치는 부르짖음이다. 하나님은 분단의 십자가에서 한국인을 버리셨는가?53

서광선의 질문에 대한 가장 좋은 대답은 하나님이 한국 민족을 버리셨느냐에 대해 묻는 것이 아니라 한국 민족이 예수의 십자가를 어떻게 이해하고 있느냐를 묻는 것이다. 포스트식민주의 이론은 십자가뿐만 아니라 이 영화에서 보여주는 한국인의 고난을 평가할 수 있는 방법을 제시한다.

예를 들어 한국인의 비무장지대 현실에 내재된 아이러니와 흉내내기는 호미 바바(Homi Bhabha)가 제시한 핵심 개념을 통해 더 자세히 분석할 수 있다. 바바는 '흉내내기'(mimicry)라는 개념에 양면성이 있다고 주장한다. 흉내내기는 식민화된 주체가 '거의 같지만 완전히 같지는 않은' 것으로 재현되는 과정으로… "흉내내기는 한 번에 유사성(resemblance)과 위협(menace)이 된다." 바바는 여기서 흉내내기가 '확정되지 않은 것에 시달리는 것'(stricken by indeterminancy)임을 명확히 한다. 그것은 또한 '이중 언술'(double articulation)의 표시이며, 복잡한 '개혁, 규제, 규율의 전략으로 권력을 시각화하면서 타자를 전유하는 것'이다. 흉내내기는 또한 겉으로 보기에 '부적절해 보이는 것'의 표시이기도 하다.54 이 영화는 비무장지대에 주둔하는 군인들의 흉내내기를 다루었다. 그들은 비밀리에 밤마다 모임을 가지며 군사 기관(military apparatus)에 대항하는 전복적 관계성을 형성한다. 이 영화에서 한과 정은 독특하게 병치된다. 국경은 한국인의 집단적 경험에 있는 한과 정의 분화와 수렴을 상징적으로 보여준다.

여기서 나는 비무장지대의 군사적 경계가 〈공동경비구역 JSA〉의 등장 인물들에게 흉내내기의 장소로 작동한다고 제안하고 싶다. 분리하고 떨어뜨려 놓는 경계는 이 경계를 유지하는 사람들이 정을 경험하면서 그 힘을 잃는다. 그런 의미에서 나는 정의 등장은 한국인의 분단의 한이 치유될 수 있는 공간을 열어 주는 기능을 한다고 생각한다. 군사력을 조롱하는 비무장지대의 묘사는 가부장적 권력과 복종 관념에 경의를 표하는 동시에 그러한 관념을 '위협하는' 역할을 한다고 제안하고자 한다.55 정의 힘과 그 전복적인 가능성은 그러한 분열을 유지하고자 하며, 그리하여 원한의 환상을 더욱 지속하려는 군사 권력에 의해 겉으로 보기에는 무의식적으로 인식되는 듯하다. 〈공동경비구역 JSA〉에서처럼 정이 침투하면 원한을 정한으로 전환시키는 힘이 생긴다. 그러나 이 영화가 집단과 개인의 한 속에서도 정의 가능성을 탐구하는 만큼이나 영화의 결론은 비관적이다. 수혁이 새롭게 경험한 정은 집단적 한에 대한 자각뿐만 아니라 총격 사건이 만들어 낸 한과 뒤섞여 가부장적 원한 세력의 요구를 견디기에는 너무 연약하고 미숙하다. 포스트식민주의적 관점에서 볼 때, 정은 바바의 용어를 빌리자면 '제3의 공간'을 만들기 위해 노력한다.

분리의 상징이 아니라 문화가 함께 어우러질 수 있는 장소가 바로 〈공동경비구역 JSA〉의 경계이다. 이 영화에서 정은 한의 얽힘이든 한과 관련된 정치적 이데올로기이든, 그 차이를 완화시킨다. 이 공간에서 정은 문화 사이의 차이를 지우는 것이 아니라 오히려 차이를 인정하면서 창조적인 방식으로 편견을 줄인다. 이 영화에서 차이에 대한 존중은 특정 장면에서 매우 분명하게 드러난다. 밤마다 모이는 모임에서 수혁은 한국에서 인기 있는 간식을 가져와 나눠 먹는다. 경필이 이 간식을 맛있게 먹는 동안 수혁은 다른 상황이었다면 해서는 안 되는 말, 신뢰를 심각하게 훼손할 수 있는 말을 한다. 수혁은 경필에게 "초코파이를 배가 찢어지게 먹을 수 있다"고 말하며 남한으로의 탈북을 권유한다.

뒤이은 침묵은 관객을 긴장하게 만든다. 경필이 이 대담한 가정에 어떻게 반응할지 숨을 죽이고 지켜볼 수밖에 없다. 경필의 진지하면서도 유머러스한 반응은 다름을 존중하면서도 창조적인 방식으로 편견을 무너뜨린다. "내 꿈은 말이야." 그가 대답한다. "언젠가 우리 공화국이 자랑할 수 있는 맛있는 간식을 만드는 거야. 기때까진 이 초코파이를 그리워할 수밖에 없어. 맛있게 먹는 것 외에는 다른 방법이 없지."

비무장지대는 계단을 한계 공간(liminal space)으로 비유한 호미 바바의 『문화의 위치』(The Location of Culture)에서 평한 내용을 떠올리게 한다.

> 정체성의 지정(designtion)은… 상징적 상호 작용의 과정이 되며, 이는 상층과 하층의 차이를 구성하는 연결 조직(tissue)이다…. 여기저기로는… 양 끝의 정체성이 원초적 이분법으로 고착되는 것을 방지한다.[56]

이 상호작용은 위계와 권력 관계에 도전하는 독특한 공간을 만들어낸다. 이 남자들이 군사적 경계와 정치적 충성심에 영향을 받지 않게 되면서 우리는 상대방의 공격적인 원한을 넘어서는 정의 출현을 목격하게 된다. 돌아올 수 없는 다리를 건너는 이 위험한 행위는 한국인의 마음속에서 정이 반복되고 되풀이되는 것을 의미한다. 경계에서 경험하는 정은 종종 급진적 변화를 불러일으키고 자극하는 힘이 있다. 그러나 권력의 중심에 뿌리내리고 지배적 권력 구조 속에서 옹호되는 정은 정이라는 이름으로 민중을 억압하는 공범으로 작용한다. 나는 정을 경험하는 주체가 누구인지, 정이 어디에서 경험되고 있는지에 대한 측면을 구분할 필요가 있다고 제안한다.

우리는 한국인의 중요한 집단적 경험을 함축하고 있는 〈공동경비구역 JSA〉에 묘사된 한과 정에 대해 살펴보았다. 한국인의 집단적 경험에 담긴 이 상처는 한과 정이라는 개념을 더 잘 이해할 수 있게 한다. 북미로 이주한 한국인은 이국땅에서의 경제적 어려움과 인종차별 등 다양한 형태의 경험을 겪었고 지금도 겪고 있으며, 이러한 경험은 한의 경험에 더 깊은 상처를 남겼다. 한국 이민자들은 한국에서 이민을 왔을 때 이미 자신의 삶에 있었던 한의 상처를 고스란히 안고 살아간다. 더욱이 그들이 경험한 한과 지역사회 안에서 그 한을 극복하기 위한 정의 경험은 로스앤젤레스 폭동 사건과 이에 대한 반응 속에서 가장 잘 드러나는 듯하다. 2003년은 한국인이 북미로 이주한 지 100년이 되는 해이다. 한국인은 오랫동안 '아메리칸 드림'의 삶을 살면 이국땅에서 인정받을 수 있다고 믿어왔다. 그들은 아메리칸 드림의 신화를 진정으로 믿었다. 그러나 1992년 4월 29일 로스앤젤레스 폭동 사건 이후 한인들은 북미에서 자신들의 종말을 경험하면서 이러한 믿음이 시험대에 올랐고 재평가되었다.

사이구(SA-I-GU): LA 폭동, 삶과 투쟁의 현장

미국에서 유색인종에 대한 인종차별의 기류가 거세지고 있을 뿐만 아니라… 이전 백인 거주 지역에 점점 더 많은 타인종과 새로운 이민자 및 난민의 유입으로 인해 지배적인 인종이 위협을 느끼면서, 더 잔인한 인종차별의 표현이 예상되고 있다.
_ 엘레자르 페르난데스(Eleazar Fernandez), 『인간을 다시 상상하기』(*Reimagining the Human*)

인종과 관련된 문제에 대한 백인의 오해와 그들의 허위 진술, 회피, 자기기만은 가장 널리 퍼져 있는 정신적 현상 중 하나이다…. 정복, 식민화, 노예

> 화를 가능하게 하기 위해 정신적으로 요구되는 인지적·도덕적 체계는… 백인 정치체제를 수립하고 유지하기 위해 일정한 방식으로 구조화된 맹목성과 불투명성을 필요로 한다.
>
> _ 찰스 밀스(Charles Mills), 『인종 계약』(The Racial Contract)

1992년 4월 29일, 배심원단은 로드니 킹(Rodney King)을 구타하기 위해 잔인할 정도로 과도한 무력을 사용한 혐의로 기소된 경찰관들을 무죄라고 평결했다. 이후 시작된 뒤이은 분노는 현재 흔히 로스앤젤레스 폭동으로 불리는 사건으로 이어졌다. 한국에서는 이 사건을 4월 29일을 의미하는 사이구 사건으로 기억하고 있다. 미국 내 흑백 갈등은 여전히 존재하며 인종 관계는 여전히 긴장 상태에 있다. 다큐멘터리 영화 〈사이구〉를 살펴보기 전에 한국 이민자들의 역사를 기억하는 것이 적절할 것 같다. 우리는 항상 어딘가에 있지만, 우리가 '다른 곳에서' 왔다는 것을 알고 있다. 학자들은 로스앤젤레스의 한인 커뮤니티가 국제적 자본 흐름의 변화에 따라 형성되었다고 주장한다. 한국인의 미국 이민은 미국 정부 및 미국에 기반을 둔 다국적 기업의 역할과 직접적으로 연관되어 있다. 1970년대 미국 경제의 급격한 변화와 1975년 이민개혁법 제정으로 한국은 미국으로부터 이탈한 산업 대부분을 수용했다. 한국의 상대적으로 낮은 임금은 미국의 투자가 번창하는 데 도움이 되었다. 많은 한국인들이 한국을 떠나기로 결정한 것은 수출 주도 경제의 급속한 산업화가 가져온 이직과 인구학적 변화와 많은 관련이 있다. 물론 다른 요인들도 많은 한국인들이 이민, 특히 미국으로의 이민을 결정하는 데 기여했다. 이러한 요인 중 일부는 주택 부족, 의도적인 인종차별적 구획법 정책(racist zoning law policy), 임금 하락, 불완전 고용, 교육 기회 감소, 미군 주둔으로 인한 한국인의 미국 문화 노출 등이 있었다. 이러한 변화는 아시아인에 대한 새로운 이민 정책과 결합되어 1970년 약 7만 명에 불과했던 한국계 미국인이 1980년에는 35만 명 이상으로 증가하게 되었다.57

1970년대 로스앤젤레스는 일자리가 많이 없었고 경제 불황이 만연했다. 한국인이 로스앤젤레스 중남부 지역에 정착했다는 것은 많은 아프리카계 미국인들에게는 백인 상점 주인이 아시아인으로 대체되는 것을 의미했다. 두 집단 사이에 인종차별적 이미지에 의해 조장된 순환적 불신은 백인 권력에 의해 이용되었고, 그 결과 그들 사이의 갈등의 골은 깊어졌다. 게다가 경계가 너무나도 고착화되어 흑백 인종 이분법을 대신한 아프리카계 미국인과 아시아계 미국인 간의 관계 너머를 바라보는 것이 오히려 어려워졌다. 서로에게만 반응하고 대응함으로써, 한국계 미국인들과 아프리카계 미국인들은 자신들의 갈등과 좌절의 원인을 무의식적으로 서로에게서 찾게 되었고, 그 결과 그들의 관계는 어느 정도 '비유적인 의미에서 파이 한 조각을 둘러싼 싸움'이 되어버렸다.58 페미니스트들은 흔히 이러한 사례를 지배 집단의 '분열과 정복' 전술의 희생양이 된 경우라고 말한다.

로스앤젤레스의 경제 엘리트나 시 공무원 그리고 비유적으로 말하자면 '파이를 만든 사람들'과 같은 다른 당사자들은 언급되지 않으며, 한국계 미국인 상점 주인들과 아프리카계 미국인 고객들이 서로를 무시했던 사건들이 이전에 있었고, 이들 중 다수가 사망으로 이어졌던 일들이 4월 29일에 벌어질 비극적인 일을 예고하고 있었다. 다양한 민족들 간, 특히 한국계 미국인 상점 주인들과 아프리카계 및 히스패닉계 미국인들 사이에서 끓어오르던 좌절감과 분노는 그들의 누적된 한으로 폭발했다. 데이비드 리(David Li)의 말처럼,

> 아시아계 미국인은 진정한 백인 주체와 대립하는 흑인 주체 사이에 끼어 동시에 정의되고 "비현실화" 된다. 독특한 자아와 국가적 구체화에 대한 [그의] 주장은 동양과 서양, 아시아와 미국뿐만 아니라 흑인과 백인, 노동과 자본 사이에서도 싸워야 할 것이다.59

흥미롭게도 한국계 미국인 대부분은 북미의 인종차별이라는 역사적 상황을 고려할 때 폭동의 근본 원인이 '흑인/한인' 갈등이 아니라는 데 의견을 모았다. 많은 한국계 미국인들은 북미에서의 인종 관계가 대부분 흑백 갈등을 중심으로 이루어지기 때문에, 자신들이 인종 문제에 있어서 대부분 보이지 않는 존재로 취급된다고 말한다. 아시아계 미국인들은 여전히 미국에서 '보이지 않는 소수자'(invisible minority)로 남아 있다.

인종 갈등을 아시아계 미국인과 아프리카계 미국인 간의 문제로만 이분화하는 것은 구조적이고 체계적인 분석의 부재를 지속시키는 결과를 낳는다. 폭동 이후 인터뷰를 한 한국계 미국인이 그러한 전술이 소수 민족 그룹을 '분열시키고 정복하려는' 목적이며, "미국인들이 이 인종화된 버전을 받아들이도록 마비시키는 효과가 있다"고 주장했다.60 '흑인/한인 갈등'이라는 표현은 아프리카계 미국인과 한국계 미국인 모두에 대한 인종화를 고착시키며, 그 갈등 자체를 실체화한다. 아프리카계 미국인은 일률적으로 가난한 집단으로, 한국계 미국인은 일률적으로 모두 상점 주인으로 묘사된다.61

미디어에서 이러한 고정관념을 문화적으로 전파하는 것은 인종 간 갈등에 구체적인 경계를 설정하는 역할을 한다. 언론이 로스앤젤레스 폭동을 아프리카계 미국인과 한국계 미국인 간의 심각한 갈등의 표출로 초점을 맞추는 것은 라틴계 미국인(약탈범으로 가장 많이 체포된 사람들)과 한국계 미국인 간의 갈등이 없다고 가정하고 '백인'과 한국계 미국인 간의 갈등 가능성을 무시하는 것이다. 또한 언론이 '흑인/한인' 이분법에 대해 지속적으로 보도하고 강조한 것은 그러한 갈등이 경제적인 이유일 수 있지만, 주로 문화적 뿌리에서 비롯되었다는 신화를 주장하고 고착화했다. 당연히 언론은 백인 우월주의를 로스앤젤레스 폭동의 쟁점이나 핵심 원인으로 깊이 다루지 않았다.

이러한 과도한 일반화와 우리 대 그들과 같은 제한적인 마니교적 구도를 조장하는 것은 기존의 구조로부터 사람들의 주의를 돌리고, 다양한 민족 공동체와 인종 간 연대를 기반으로 한 정치적 협력을 체계적으로 약화시킨다. 이 사건을 직접 경험한 한국 여성들은 〈사이구〉가 경제적 박탈감, 문화적 오해, 가까운 공동체 외부와 내부의 인종차별이 초래한 한의 깊이를 보여준다고 평한다. 이 다큐멘터리는 또한 정이 가진 힘과 지속성에 의해 한을 유발하는 요인들을 극복할 수 있는 방법을 제시했다. 영화 속에서 그리고 여성들의 목소리를 통해 드러나는 '정'(情)은 인종적 분열을 가로지르고 저항하는 힘을 의미한다. 다큐멘터리 영화 〈사이구〉는 한인 여성 상점 주인들의 시각에서 이야기를 풀어냈다. 이 다큐멘터리는 이 폭동에 직접적인 영향을 받은 한국 여성들의 일관된 목소리와 그들만의 특별한 성찰을 듣는 것이 절실히 필요하다고 느낀 세 명의 한국계 미국 여성 학자들이 연출과 제작을 맡았다. 일레인 김(Elaine Kim), 대실 김-깁슨(Dai Sil

Kim-Gibson), 크리스틴 초이(Christian Choy) 감독은 특히 폭동 당시 언론이 한국 여성을 비하해서 묘사한 것에 대응하기 위해 이 다큐멘터리를 제작하게 되었다. 일레인 김은 영화 서두에서 이 영화의 목적은 목소리 없고, 일관성 없고, 울고 있고, 이기적인 한국 여성으로 묘사된 이들에게 목소리와 가시성을 부여하는 것이라고 언급한다.

이 실사 다큐멘터리는 PBS의 "관점"(P.O.V: Point of View) 시리즈에서 방송되었다. 다큐멘터리에 나온 인터뷰는 로드니 킹 평결의 폭력적인 여파로 파괴된 많은 상점을 소유한 한인 여성 주인들의 잘 알려지지 않은 생각과 감정, 성찰을 담고 있다. 또한 다큐멘터리는 뉴스 자료 화면과 가족 및 신문 사진 그리고 미국 정부를 신뢰하지 못하지만 미국 정부에 배상을 요구하고 있는 로스앤젤레스 한인 커뮤니티의 현재 자료 화면을 담고 있다. 폭동은 오후에 발생하여 밤부터 다음 날까지 계속되었다. 경찰이 지켜보는 가운데 건물에 불이 나고 상점이 약탈당했으며, 업주들은 물리적으로 폭행을 당했고, 심지어 트럭을 몰고 약탈한 물건을 운반하는 사람들도 있었다. LA 중남부(South Central L.A.)에 출동한 경찰관들은 개입하기는커녕 폭동이 저절로 해결될 때까지 구경만 했다. 경찰의 목적이 무엇이었는지 묻지 않을 수 없다. 또한 수천 명의 주 방위군이 이 지역에 투입된 목적은 무엇이었는가? 이 방위군은 폭동을 진압하기 위해서가 아니라 중남부 지역 경계 내에서 폭동을 봉쇄하고 비벌리힐스로 확산되는 것을 막기 위해 배치된 것이다. 이러한 분노는 아주 연로한 한 여성이 한인 커뮤니티를 위한 정의를 추구하는 모든 시위에 가능한 한 참석하도록 동기를 부여한다. "불의한 일에 반대하는 시위로 생을 마감하고 싶다"고 말한다. 또한 영화는 폭동 당시의 뉴스 자료 화면과 교차

편집되어 종말론적인 느낌을 불러일으킨다. 이 영화를 보고 나는 로스앤젤레스 중남부가 그라운드 제로로 느껴졌다.

이 영화에서 우리가 볼 수 있는 것은 커뮤니티에서 커뮤니티로 이어지는 한의 중첩이다. 좀 더 구체적으로, 이 한인 여성들은 한을 경험하지만 후한의 단계로 넘어가지 않는다. 흥미롭게도 이 여성들은 폭동을 일으킨 원인을 비판적으로 성찰하면서 자신들만의 의심의 해석학을 펼친다. 또한 폭동 이후 한인 커뮤니티의 대응을 다룬 미디어 영상을 통해서 시위대의 주요 대변인이자 지도자 중 상당수는 여성이라는 점을 알 수 있다. 한인들이 로스앤젤레스 폭동을 대응할 때 한인 여성들이 주도했다는 것은 놀라운 일이다.

이 영화는 폭동 당시 사망한 유일한 한국인 사망자인 열아홉 살 이재송(Edward Jae Song Lee) 군과 53명의 다른 사망자들인 아들과 딸들에게 헌정하는 영화이다. 영화는 이재송 군의 어머니 이정희 씨의 회고로 시작된다. 그녀는 아들의 시신을 목격한 후에도 여전히 주방 문을 열고 걸어오는 아들을 기다리는 어머니이다. 그녀는 자신의 이야기를 들려주면서 한국에서 살았던 시절까지 거슬러 올라가 그들이 미국으로 이민을 오게 된 이유까지 모두 이야기한다. 그녀는 또한 이민 생활의 어려움, 그들이 일했던 긴 시간, 경제적 어려움에도 불구하고 양심적인 부모로서 자녀를 키우기 위해 겪었던 고충에 대해서도 이야기한다. 낯선 땅에서 이방인으로서 자식들을 위해 힘겹게 살아가야 했던 이야기를 들려준다. 에드워드(이재송)를 약탈자로 오인한 한국인이 에드워드에게 총을 쐈고 에드워드는 유일한 한국인 사상자가 되었다고 했다. 이정희 씨는 처음에는 그 사람을 탓했다고 고백한다. 하지만 시간이 지나고 냉정하게 생각할 수 있게 되자,

그녀는 "단순히 한 개인의 문제가 아닙니다. 여기 미국에는 뭔가 아주 잘못된 것이 있다고 생각해요"라고 말했다. 내레이터의 목소리는 로스앤젤레스에 20만 명의 한인이 거주하고 있으며 폭동 기간 동안 가장 큰 피해를 입었다고 말한다. 한인 커뮤니티의 경제적 손실은 최소 8억 달러로 추산된다.

인터뷰에 등장하는 여성 중 한 명의 여성만 영어로 인터뷰했다. 한영순 씨는 3개월이 지난 지금도 자신의 사업장이 불에 타버린 이유를 이해하기 어렵다고 한다. 그녀의 이야기를 들으며 우리는 아메리칸 드림이라는 신화에 대한 메아리를 듣는다. 그녀는 열심히 일했고, 그녀의 말대로 "나쁜 시민이 아니었으며, 문제를 일으키지 않고 내 사업에만 신경을 썼어요." "왜죠, 전 잘못한 게 없는데요?"라고 묻는 질문에서 그녀의 혼란스러움이 드러난다. 그녀는 흑인 동료들과의 제한된 정의 경험과 폭동으로 인한 한의 경험 때문에 그 한이 내면으로 향하게 되었고, 무엇보다도 자신에게 화가 나고 자신을 탓한다고 말한다. 아메리칸 드림의 신화가 그녀에게 너무 주입되어 있어서 비판적 성찰의 눈초리를 다른 곳으로 돌리는 데 실패한다. 따라서 그녀는 자신이 잘못한 것이 없다고 말하면서도 분노를 내면으로 향하게 할 수밖에 없다.

인터뷰에 응한 또 다른 여성은 송춘아(Choon Ah Song) 씨이다. 그녀는 아프리카계와 라틴계 미국인 동료들과 가장 친밀한 관계를 유지했던 것으로 보인다. 그녀의 직원들은 폭도들이 사업장으로 향하고 있으니 사업장을 떠나라고 경고했을 뿐만 아니라 그녀를 대신해 사업장을 지키기 위해 나섰을 정도로 그녀와의 관계가 돈독했다. 그녀는 직원들과의 관계에서 뛰어난 감수성을 키워온 인터뷰 대상자

중 한 명이다. 그녀는 사업장을 완전히 잃었지만 미국으로 이민 온 것을 후회하지 않는다고 말한다. 그녀는 인터뷰 대상자 중 유일하게 상실의 아픔에도 불구하고 여전히 한보다 정을 간직하는 사람이기도 하다. 그녀는 낙천적이며, 지역사회의 다른 소수 민족인들로부터 다시 상점을 열라는 권유와 지지를 받고 있다. 송춘아 씨는 유일하게 종교와 신앙에 대해 이야기하는 인터뷰 대상자이기도 하다. 그녀는 아프리카계 미국인들이 제기한 불만을 공유하며, 고객들과 배려하는 관계를 형성하기 위해 얼마나 노력했는지 이야기한다. 그녀는 흑인 커뮤니티와 적극적으로 교류하며 서로에 대한 존중과 정을 나누었다. 그녀는 '그들도 우리와 같은 하나님의 자녀'이기 때문에 한인들이 아프리카계 미국인들을 존중하는 법을 배워야 한다고 주장한다.

이 여성들과 이 여성들 외에도, 간략하게 인터뷰에 응한 다른 여성들은 모두 공통점이 있다. 언론의 부정적인 묘사와는 달리 이 여성들은 1992년 4월 29일에 일어난 일을 비판적으로 검토했다. 이 여성들이 생각할 때 미국에는 분명히 인종 문제가 있다. 그들은 종종 미국이 자기 편이라고 생각해 왔고, 4월 29일 이전에는 인종 갈등이 백인과 흑인의 문제였다고 생각했다. 그들은 흑인에 대한 인종차별을 알고 있었지만 무의식적으로 자신은 인종차별에서 예외라고 생각했다. 이때까지만 해도 그들은 모범적 소수자(model minority)[62]라는 개념을 믿고 있었다. 하지만 4월 29일은 한국인도 소수자이며 백인 인종차별의 피해자라는 사실을 분명히 보여주었다. 그들은 하워드 위넌트(Howard Winant)의 주장을 경험으로 잘 알고 있다.

민주주의는… 현실적으로 인종적 포용과 인종적 불의의 정도와 범위로 측정될 수 있다…. 우리의 현대 정치 체제는 인종적 독재에 뿌리를 두고 있으며, 인종적 차이가 문제될 때 민주주의가 여전히 부족하다는 것은 놀라운 일이 아니다…. 인종 정치의 기원은 지구를 파괴하고, 유럽의 지배를 공고히 하며… 전 인류를 인종적 기준으로 불러세우는 데 있다.63

이 여성들은 4월 29일의 분노와 폭력이 로드니 킹 평결에 대한 갑작스럽고 단발적인 반응이 아니라 더 큰 구조악을 해결하지 못한 체계적 실패를 보여주는 것이었다고 성찰한다. 예를 들어 구타 전후로 인종차별적 발언을 하고, 과도한 공권력 사용의 다른 사례들을 암시한 장면이 녹화되었음에도 불구하고, 네 명의 백인 경찰이 무죄 판결을 받은 사법 제도 자체가 그러한 구조적 실패의 예시라는 것이다. 이 여성들은 이제 미국의 경제 구조에 대해서도 문제 제기하며, 한 여성은 절망에 찬 목소리로 약탈자 대부분이 가난한 사람들이라고 지적한다. 한 여성은 "이제 미국에 큰 구멍이 보입니다"라고 말한다.

앤드류 성 박은 한인 커뮤니티 안에 한의 원인이 여러 가지가 있다고 말한다. 그는 인종 갈등, 초국적 기업, 계급주의, 정체성의 위기 등을 그 원인으로 꼽았다.64 그는 이러한 여러 가지 한의 원인 중 인종 갈등과 정체성의 위기가 가장 큰 영향을 미친다고 주장한다. 한국계 미국인의 상황에 대한 앤드류 성 박의 분석은 많은 이민자들이 겪는 한의 독특한 경험을 잘 설명해 준다. 이러한 새로운 형태의 한을 유발하는 외적 요인들에 대한 한인 이민자들의 반응은, 한국에서의 외적 한의 경험을 더욱 악화시키며, 이는 다시 마음 가장 깊은 곳에 잠재되어 있던 '원초적 한'을 자극하고 악화시킨다. 사이구는 한인 이민사의 한 사건으로 한인 정체성 정치를 이해하는 데 매우 중요하다. 사이구는 한인 이민사에서 한/고통의 경험이다. 이것은 잔인한 아브젝시옹의 경험으로 "한인들은 자신을 둘러싼 환경의 객체도 주체도 아니며, 대신 경계가 흐릿한 선을 따라 존재하는 아브젝트로서 안과 밖에 동시에 존재하고, 지워지기 힘들지만 취약한 상태에 있다."65 한국계 미국인에게 로스앤젤레스 폭동은 정체성 정치의 위기를 불러일으켰다. 이 비극적인 역사를 통해 한인커뮤니티는 이 나라에서 정치적으로 시민이 된다는 것이 무엇을 의미하는지 성찰할 수 있었다. 어쩌면 이 사건이 한국계 미국인들이 민권 운동에 적극적으로 참여하고 인종차별에 대한 비판적 성찰을 하게 된 결정적인 계기가 되었다고 주장할 수도 있다.

1992년 4월 29일을 계기로 한국계 미국인들은 인종차별 논의에서 자신들을 주변부로 밀어내던 현재의 인종 관계에 대한 비판적 성찰 없이는, 아메리칸 드림의 신화를 받아들일 수 없다는 것을 인식하게 되었다. 4월 29일은 한국계 미국인들에게 있어서 순수함의 종말을 알리는 날이었다. 그들은 이날을 통해 레이 차우(Rey Chow)가 말한 '자유주의적 변명'(liberalist alibi)이 무엇인지 인식하게 되었다. 이 알리바이란 미국에서는 모든 사람이 일정한 권리를 가지고 있다는 신화이다. 하지만 4.29 사건의 경우 이 보호받을 '권리'는 신화에 불과한 것으로 드러났다. 다큐멘터리에서, 이 신화는 미국 군 예비역으로 복무했던 한 젊은 한국계 미국 남성에 의해 분명히 인식된다. 그는 보호받을 권리를 믿고 있었지만, 그 권리는 폭동 당시 한인들에게 존재하지 않았던 것이다.

이 다큐멘터리의 페미니스트 관점은 미국의 한인 역사에서 중요한 사건인 이 폭동을 조명할 뿐만 아니라 폭동의 피해자였던 한인 여성들의 성찰을 보여준다. 여성들은 가난했던 약탈자들의 경제력을 인식하고, 폭동이 더 깊은 무언가의 증상임을 인식하고, 모두가 하나님의 자녀임을 인식하며, 무엇보다도 아들을 여전히 기다리는 어머니의 말처럼 "여기에 무언가 잘못된 것이 있다"는 것을 깨닫는다. 내가 가장 흥미롭게 생각하는 것은 이 여성들이 엄청난 한을 경험했지만, 그 한을 후한으로 발전시키지 않는다는 점이다. 그들은 사이구의 집단적 고통과 분노를 이해하기에 마지못해서 정에 대한 기억을 가지고 있는 것이 분명하다.

한에 대한 신학적 성찰은 대부분 억압의 체계적 구조에 대한 비판적 분석에 집중되어 왔다. 이 장에서는 한에 대한 이전의 성찰에 반대되는 것이 아니라 가능한 다른 차원을 추가하기 위해 정의 더 깊은 차원에 초점을 맞추었다. 다음 장에서는 혼종성, 흉내내기, 협상, 틈새 공간/제3의 공간 개념을 통해 포스트식민주의 이론과 대화를 이어갈 것이다.

3장

포스트식민주의 이론과 한국계 미국 신학

한국계 미국인들은 인종차별을 당하면서 자신의 삶에서 한을 경험하고 축적한다. 많은 한국계 미국인들은 자신이 속한 공동체 안팎에서 비롯되는 '소외감'(dislocatedness)을 통해 한을 경험한다. 시간이 흐를수록 그들의 인종적-민족적 정체성은 더 이상 쉽게 식별되지 않으며, 모호하고 훨씬 더 복잡해진다. 정체성은 사람들이 정체성과 세계에 대한 인식을 혼종화하는 수많은 다양한 현실을 통과하면서 다중적으로 변하게 된다. 자신의 정체성과 세계 인식을 교잡하는 무수히 다양한 현실을 통과하면서 사람들의 정체성은 다중적이 된다.[1] 이 장에서는 포스트식민주의 이론의 분석적 렌즈를 통해 한의 경험, 특히 한국계 미국인들의 경험을 살펴보고자 한다. 한국계 미국인들의 한 경험을 단순히 인종차별 경험만으로 축소할 수는 없다. 그러나 이 장에서는 혼종성, 흉내내기, 틈새 공간에 관한 포스트식민주의 이론을 분석하기에 앞서 우리의 인종 정치에 대해 탐구하는 것으로 시작하겠다. 나의 목표는 한국계 미국인 정체성의 혼종화가 독특한 포스트식민주의적 차이의 정체성을 등장할 수 있게 한다는 점을 강조하는 데 있다. 이 포스트식민주의적 차이의 정체성은 이분법에 의존하지 않고도 스스로를 정당화할 수 있게 한다.

소외(외국인Alien/국가nation)

인종적 소수자들, 특히 한국계 아시아인은 과거에 반복적으로 미국 사회, 미국 민주주의의 약속, 평등과 인간의 존엄성이라는 이상에 포함되기를 추구해 왔지만, 그와 마찬가지로 반복적으로 그 공동체와 이상에서 거부당하고 배제되어 왔다.
_ 게리 오키히로(Gary OKihiro), 『주변과 주류』(Margins and Mainstream)

백인 지성이 없는 것처럼 백인 세계도, 백인 윤리도 없다…. 나는 역사의 포로가 아니다. 나는 내 운명의 의미를 거기서 찾아서는 안 된다…. 내가 여행하는 세상에서 나는 끝없이 나 자신을 창조하고 있다.
_ 프란츠 파농(Franz Fanon), 『검은 피부/하얀 가면』(Black Skin/White Masks)

최근의 인종 이론은 민족성(ethnicity), 계급, 국가라는 범주에 기반한 인종 및 인종 관계에 대한 세 가지 일반적인 접근 방식으로 설명할 수 있다. 민족성 이론은 민족성에 대한 접근법의 두 가지 핵심 측면이 거부되면서 변화해 왔다. 첫 번째 접근 방식은 유럽 이민자의 비유를 기반으로 하는 것으로, 민족적 소수자들이 백인 민족 집단이 그랬던 것과 같은 방식으로 미국 사회에 통합될 수 있으며, 미국이 인종적 소수자에 대해 평등과 사회 정의를 실현하려는 의지를 가지고 있다고 전제한다. 아메리칸 드림에 드러난 모두를 위한 평등이라는 이러한 가정은 〈사이구〉 인터뷰에서도 잘 드러난다. 두 번째 접근 방식은

완곡한 인종적 동일시를 통해 민족성을 균질화하는 인종적 민족 범주를 사용하는 것이다.2

백인 그룹과 비백인 그룹 모두 인종을 고정적이고 구체적이며 객관적인 '본질'로 생각하는 유혹에 빠지는 경우가 많다. 그 반대의 유혹은 인종을 단순한 환상, 즉 이상적인 비인종주의적 질서가 제거할 수 있는 순전히 이데올로기적 구성물로 상상하는 것이다. 이러한 이분법적 관점은 인종이라는 범주를 본질화할 위험이 있다. 인종 형성은 역사적으로 위치하며 인간의 구조와 신체가 표현되고 조직되는 과정이다.3 세 번째 접근법은 인종이 형성되는 과정을 구조와 표상(representation) 사이의 다양한 연관성을 통해 발생하는 것으로 보는 것이다. 인종은 평등 속에서 차이와 구조를 지속적으로 의미한다. 사회는 크고 작은 인종 프로젝트들로 가득 차 있으며, 이 프로젝트들은 인종이 세상을 이해하고, 설명하고, 행동하는 것을 가능하게 한다.

따라서 오미(Omi)와 위넌트(Winant)가 '인종 독재'(racial dictatorship)라고 부른 수 세기에 걸친 체제는 세 가지 중요한 결과를 낳았다. 첫째, 그들은 '미국인'의 정체성을 백인으로 정의했다. 둘째, 그들은 '피부색에 따른 차별 기준'(color line)을 설정했다. 셋째, 인종 독재와 그 다양한 인종 프로젝트는, 처음에는 마로네지(marronage, 탈주 노예들의 공동체 형성)로 틀이 잡힌 '대항적 인종 의식과 조직'을 공고히 했다. 즉, 정복이 '원주민'(native)이라는 정체성을 만들어 냈듯이, 이전에는 서로 구분되던 부족들 속에서 '흑인'(black)이라는 정체성도 함께 창조해 낸 것이다.4 강압과 동의는 모두 미국의 인종 프로젝트에 포함되어 있었고, 지금도 포함되고 있다.

백인들은 인종차별을 피부색에 대한 의식에서 찾으려 하고 인종차별의 부재를 색맹에서 찾으려는 경향이 있다. 이렇게 함으로써 백인들은 인종적으로 정의된 소수 집단 간의 차이와 인종적 정체성을 긍정하는 것을 인종주의로 간주한다. 반면 비백인들은 인종주의를 권력 체계로 보고 흑인은 권력이 없기 때문에 인종차별주의자가 될 수 없다고 주장한다.5 그러나 나는 인종차별을 해체해야 할 필요성에도 불구하고 이러한 이분법은 비판적으로 탐구할 필요가 있다고 주장한다. 전적인 권력을 갖는 문제와 절대적으로 권력이 없다는 개념은 양자택일식 사고의 함정에 빠지는 듯하다. 권력은 쉽게 빼앗기고 쉽게 가질 수 있는 것이 아니기 때문에 이 문제도 다시 생각해 봐야 한다고 생각한다. 오히려 나는 찰스 밀스(Charles Mills)의 비판적 인종 이론에 동의하는데, 그 이론에서는 여기서 쟁점은 인종을 '존재하지 않거나 생물학적 본질'로서 간주하는 이분법에 관한 것이 아니라고 말한다. 오히려 "인종은 생물학적이라기보다는 사회정치적이지만 그럼에도 불구하고 실재하는 것"이다.6 우리는 제도적 구조뿐만 아니라 일상적 경험에서 인종이 작동하는 메커니즘을 통해 인종이 형성되는 것을 가장 잘 이해할 수 있다. 많은 인종적/정치적 프로젝트가 있다. 그러나 인종 프로젝트는 본질주의적 인종 범주에 기반한 지배 구조를 만들거나 재생산하는 경우에만 인종차별적인 것으로 정의할 수 있다.

'영향력'으로서의 정체성

문화 공간은 고정되지 않고, 불안정하며, 다공성이고, 혼종적이다.

하나의 본질적인 정체성이라는 개념을 옹호하거나 서로 다른 집단과 사람들이 무수히 복잡한 관계 속에서 서로 얽혀있다는 사실을 부정하는 것은 어려워졌다. 이러한 공간들, 경계지대들, 정체성들 그리고 경계를 넘는 행위들은 '지배적인 재현 체제'(dominant regimes of representation)를 통제하는 이들 사이에서 점점 커져 가는 불안을 야기해 왔다.7 민족성(ethnicity)은 역사, 경험, 권력의 변화하는 지형에 따라 정체성이 형성되는 것이며, 끊임없이 교차하는 차이의 경계지대가 된다. 재현의 정치(representational politics)로서의 민족성은 "문화적 구속의 경계를 밀어내며, 교육의 장이 된다. 이 교육의 장에서는 지배적인 역사, 규범, 관계의 유산이 흔들리고 그로 인해 도전받고 다시 쓰여진다."8 따라서 이 장의 남은 지면에서 나는 포스트식민주의 이론이 일종의 영향력으로 간주되는 정체성, 즉 문화적 정체성을 어떻게 수정하는지 추적해 보겠다.

마찬가지로 가야트리 스피박은 기원이나 소속에 대한 본질주의적 개념에 고정시켜 정체성을 정의하는 시도를 거부한다. 그녀는 기원, 귀환, 정체성, 역사라는 이 복잡한 문제 안팎에 '인식론적 폭력'(epistemic violence)이라는 심각한 문제가 있다고 주장한다. 스피박은 포스트식민주의 상황의 복잡성을 염두에 두면서 이러한 양가성을 쉽게 없애지 않는다. 오히려 그는 '순수한' 하위주체 의식(subaltern consciousness)이라는 개념이 대항 저항(counterresistance)과 비판을 가능하게 하는 필연적인 '이론적 허구'라고 제안한다. 이를 위해 그녀의 '전략적 본질주의'가 등장하는데, 이는 그녀가 그것을 "매우 분명한 정치적 목적을 위해 실증주의적 본질주의를 전략적으로 사용하는 것으로 읽기 때문이다."9 스피박은 전략적 본질주의를 수용하고 활용하는 것과 동시에 그것을 지워버림으로써 다음을 추구한다.

> 포스트식민주의적 주체성은 식민주의의 폭력적인 역사로 인해 축적된 현재의 혼종성과 식민 지배 이전에 존재했던 토착적 계보 사이에서 선택을 강요받는다… 그렇다면 딜레마는 두 개의 순수한 정체성 사이가 아니라 두 개의 서로 다른 내러티브와 의도된 목적론 사이에 있다.10

나는 여기서 정으로의 여정이란, 한이 다른 사람들 안에서도 발견된다는 한의 공통성을 인지함으로써 억압받는 사람들의 역사를 뒤흔들고, 변화시키고, 다시 쓰는 것과 유사한 과정이라고 제안하고 싶다. 젠더와 본질주의에 관한 논증이 이 글의 주장에서 주요한 흐름으로 작용하는 것처럼, 인종과 인종차별은 이 글에서 중요한 요소로 작용하고 있다. 모호함과 양면성이 공존하는 포스트식민주의 현장에 자리 잡으면서 나는 인종과 젠더 정치를 끊임없이 떠올리게 된다. 성차별과 인종차별의 폭력, 두 가지 형태의 억압은 여전히 걷잡을 수 없이 활발하게 일어나고 있다.

포스트식민주의 이론과 함께 우리는 아시아-태평양계 미국인 커뮤니티에서 정체성에 대한 논의가 확산되고 있는 것도 목격할 수 있다.11 리사 로우(Lisa Lowe)는 문화적 정체성이 '존재의 문제'일 뿐만 아니라 '되어감의 문제'라고 말한다. 따라서 정체성은 다양한 과거에 속하는 만큼이나 미래에 속한다. 문화적 정체성은 어디선가(아마도 복잡하고 혼종적인 기원일 수 있음) 유래한 것이지만, 모든 역사적 정체성이 그렇듯이 정체성은 변화(경로)를 거쳐 왔다. 따라서 정체성은 어떤 본질적인 과거에 고정되어 있는 것이 아니라 항상 변화하고 결정되지 않은 상태이다.

아시아계 미국 문화의 경계와 정의는 지속적으로 도전받고 변화하고 있다.[12] 로우는 아시아계 미국 문화의 특성을 설명할 때 "이질성, 혼종성, 다중성을 강조한다."[13] 이질성, 혼종성, 다중성은 수사학적 용어가 아니라 아시아계 미국인 집단을 특징짓는 '물질적 모순'을 명명하기 위한 시도로 사용된다. 그렇다면 식민 이전 정체성의 본질화된 개념에 호소하는 무비판적 원주민주의 또는 인종주의를 의심해야 한다. 로우는 스피박의 '이질성에 대한 지속적인 인식'을 요구하자는 데에 공감한다.[14] 여기서 나는 로우의 주장에 동의하며, 더 나아가 '진정한' 한국인에 대한 어떤 주장도 의심스럽다고 생각한다. 이는 기껏해야 본질주의적 정체성에 대한 순진한 호소이며, 최악의 경우 정체성의 혼종성을 부정하고, 그것과 공모하는 가식적인 행위일 것이다.[15]

로우에게 혼종성의 핵심 개념은 아시아계 미국인의 정체성을 확립하는 데 중요한 역할을 한다. 로우에게 혼종성은 항상 상업 문화에 의해 전유되고 상품화되는 과정에 있으며, 다른 한편으로는 반대 저항을 창출하기 위해 재구성되는 과정에 있다.[16] 로우는 가야트리 스피박의 '전략적 본질주의'라는 개념과 유사하게, "아시아계 미국인을 배제하는 이론적 토대에 이의를 제기하고 혼란을 일으키면서 동시에 내부 모순과 실수를 드러낼 목적으로" 민족 정체성의 특정 기표를 활용할 가능성도 주장한다.[17] 더 이상 '본래적'이거나 '진정한' 식민 이전의 정체성을 주장할 수 없기 때문에 혼종성, 흉내내기, 틈새 공간의 개념을 통해 포스트식민주의 정체성의 복잡성을 살펴보고, 혼종적 정체성의 창조적인 힘을 발견하는 것이 유용하고 건설적인 방법이다.

혼종성(Hybridity)

소수자 관점으로부터 기인한 차이를 사회적으로 표현하는 것은 역사적 전환의 순간에 나타나는 문화적 혼종성을 승인하기 위한 복잡하고 지속적인 협상이다. 공인된 권력과 특권의 주변부에서 의미를 부여하는 "권리"는 전통의 지속성에 의존하는 것이 아니라 "소수자"의 삶에 수반되는 우연성과 모순의 조건을 통해 재인용되는 전통의 힘에 의해 자원을 얻게 된다.
_ 호미 바바, 『문화의 위치』(*The Location of Culture*)

이론가들은 혼종성의 정치에 대한 관점이 세 가지 기본적인 방향을 따른다고 지적한다. 첫 번째 방향은 혼종성을 억압의 산물로 보는 관점이다. 이 관점은 혼종성이 강압적인 동화 또는 탈문화 과정에서 생겨난 것이거나, 지배 집단이 오용한 정체성이라고 주장한다. 이들은 혼종성이 대체로 부정적이며 패권 권력에 의해 통제와 감시 전략으로 사용된다고 제안한다. 이 분석에서는 이분법적 구분이 우세하다. 혼종성에 대한 두 번째 방향은 실제로 혼종성이 권위를 약화시키고, 그 권력의 기반이 되는 이분법적 사고를 대체하는 기능을 한다고 제안함으로써 첫 번째 방향을 해체한다. 따라서 이 틀에서 혼종성은 "기존 범주에 '들어맞기'를 거부함으로써, 그것을 교란시키고, 개입하며, 흔들고, 질문을 던지며, 풍자하고, 자연스러움을 벗기며, 위반하고자 한다."[18]

내가 강조하고 싶은 세 번째 방향은 혼종성이 불가피한 정치적 혼합의 결과가 아니라 역사적, 지리적 상황에 대한 '중층 기술'(thick description)이라는 점을 시사한다. 따라서 이 틀은 모든 측면의 상호 행위성을 제안한다. 여기서 권력은 다차원적인 방향으로 흐른다.[19] 분명 혼종성의 두드러진 특징 중 하나는 모호성이다. 모호성에 내재된 미결정성이 바로 개방적일 수 있는 힘의 원천이다. 세 번째 방향이 다른 두 방향보다 훨씬 더 실행 가능해 보이지만, 나는 여전히 나의 뿌리에서 오는 힘과 나의 경로에서 오는 끌림 사이의 긴장을 예민하게 인식하고 있다. 우리는 지배 구조에 맞선 정치적 저항의 긴급한 필요성을 유지해야 하지만, 저항이나 해방 운동을 동원하고 전략화하기 위해서는 거의 항상 그러한 구조들에 대한 일정 수준의 적대감을 동반하게 된다. 간단히 말해, 억압에 저항하는 일은 바로 이러한 구조를 명명하는 작업을 수반하는 경우가 많다. 그리고 구조를 억압적이라고 명명하는 과정에서 흔히 발생하는 악마화 및 타자화의 역학에 빠지지 않도록 주의해야 한다.

나는 여기서 내가 포스트식민주의 이론과 하는 씨름이 혼종성을 탈정치화하고 에로틱화하는 위험에 빠질 수 있다는 것을 고백하지 않을 수 없다. 어쩌면 혼종성 자체가 너무 쉽게 접근되고 주장되어 반항적 힘을 잃고 상품화된 용어가 될 가능성에 대한 두려움일 수도 있다. 앞서 지적했듯이 나의 주저함과 양가성은 포스트식민주의 이론이 억압적인 물질적 현실을 비판하는 능력과 같은 구조적 권력 불균형에 대한 저항과 맺는 관계성과도 관련이 있다.

혼종성 이론은 식민 경계를 가로지르는 상호성과 협상을 강조해야 한다. 많은 포스트식민주의 이론가들은 식민자와 피식민자의 관계가 상대방에 대한 욕망과 두려움 등 식민 관계에서 나타나는 모순적인 심리적 영향의 패턴으로 인해 복잡하고 미묘하다고 주장한다. 식민 경험은 단순히 중단 없는 억압 경험만은 아니다. 이 관계는 식민자와 피식민자의 정체성과 위치가 서로 구별되는 한 개로 구성된 개념으로 존재한다는 가정을 약화시킨다. 식민주의 담론은 항상 '하나보다 적고 이중적'(less than one and double)이다. 다음 장에서는 줄리아 크리스테바의 이방인/타자/아브젝트 개념에 대한 관점을 통해 이를 더욱 발전시켜 보겠다.

혼종성은 '문화적 전환의 반란적 행위'로서 새로운 것에 대한 감각을 만들어 낸다.[20] 혼종성은 권위에 대한 이미지와 존재에 대한 질문을 교란하는 역할을 한다. 흔히 상품화된 개념과는 달리 혼종성은 두 문화 사이의 긴장을 해소하고 용해하는 용어가 아니다. 오히려 이것은 항상 식민 권력에 대한 쉬운 자기 인식을 허용하지 않는 분열과 이중화이다. 식민 혼종성은 "문화 상대주의 문제로 해결될 수 있는 다른 두 문화 사이의 계보나 정체성의 문제가 아니다."[21]

혼종성의 힘은 지배당한 지식이 지배적 담론에 진입하여 그 권위의 기반을 변화시키는 데 있다. 결론적으로 혼종성과 흉내내기는 떼려야 뗄 수 없는 관계이다. 게다가 무엇보다도 가장 낯설게 만드는 것은 혼종성 자체가 주어진 것을 혼란스럽게 한다는 점이다. 혼종성의 전략은 권력이 불균형하지만 그 표현은 모호할 수 있는 협상의 공간을 열어 준다. 이 협상을 동화나 협력으로 이해해서는 안 된다. 혼종성은 식민주의적 표상의 효과를 역전시키는 식민주의적 표상과 개별화의 문제이다.[22] 혼종성과 흉내내기는 전략적 협상보다는 수용과 공모를 수반할 가능성이 적다. 혼종성은 '사이 현실의 가장자리'(rim of an in-between reality)에 서식하는 주체 '내부'의 차이이다. 이러한 혼종성은 크리스테바의 저서에서 논의된 바와 같이 '이단/여성윤리'(here-thics)23의 관행과 유사하며, 이는 아브젝트 개념을 주체의 일부로서 통합하고자 한다. 크리스테바는 희생이 아닌 사랑에서 나오는 변화의 실천을 향해 나아간다. 이에 대해서는 5장에서 더 자세히 논의할 것이다.

흉내내기(Mimicry)

혼종성이 단순히 여러 요소들의 합을 넘어서는 것으로 이해된다면, 우리는 이렇게 물을 수 있다: 혼종성이 단지 서로 다른 요소들의 '혼합'이 아니라면, 그것의 전복적인 측면은 무엇일까? 여기서 나는 혼종성의 전복적, 변혁적, 해방적 힘은 지배/식민화 권력과 구조에 직면했을 때 그것이 어떻게 기능하는지에 있다고 제안하고 싶다. 전복적이고 저항적인 움직임은 흉내내기의 역동성, 즉 잠재적으로 지배적인 권력에 대한 인정과 거부의 움직임에서 비롯된다. 흉내내기는 유사성과 위협으로 작용한다. 예를 들어 아시아계 미국인 사이에서 자기 비하의 의미로 특정 유형의 정체성을 지칭할 때 사용되는 용어는 "트윙키"(Twinkie)24이다. 이 경멸적인 용어는 인종차별적인 용어로 겉으로는 아시아인으로 '보이지만' 백인의 정체성을 갖는 사람을 암시한다. 이것과 유사하게 아프리카계 미국인이 자신과 다른 사람들의 식민 정체성을 언급할 때 사용하는 경멸적이고 자기비하적인 용어로는 '오레오'(Oreo)25가 있다. 이 용어는 정체되거나 고정된 정체성이 아니라 변화하고 불안정한 정체성을 구현한다는 것을 보여준다는 점에서 흥미롭다. 이러한 식민화된 정체성에서 비롯된 예기치 않은 균열은 식민화하는 주체에게 잠재적으로 불안정성의 위협으로 여겨질 수 있다.

따라서 흉내내기의 핵심에는 불안정하게 만드는 '아이러니한 협상'(ironic compromise), 곧 "거의 동일하지만 완전히 같지는 않은 차이를 지닌 타자를 변혁하고 인식 가능한 존재로 만들고자 하는 욕망이 자리잡고 있다."26 이 때문에 식민화 주체의 정체성을 분열시키는 왜곡된 거울처럼 작용하는 주체를 생산한다는 점에서 식민화 주체의 의도와는 매우 다른 결과를 낳는다. 이를 고려할 때 흉내내기는 양가성을 중심으로 구성된다고 말할 수 있다. 흉내내기가 효과를 발휘하려면 '미끄러짐'(slippages), '과잉'(excess), '차이'(difference)를 지속적으로 만들어 내야 한다. 이것이 바로 흉내내기의 창조성이다. 흉내내기는 전복적인 창조적 생산 방식이다. 따라서 흉내내기는 항상 그리고 이미 불확정성에 사로잡혀 있다. 바바는 이렇게 말한다.

> 흉내내기는 그 자체로 부정의 과정인 차이의 표현으로 나타난다. 따라서 흉내내기는 이중 표현의 표시이다. 이는 개혁, 규제, 규율이라는 복잡한 전략으로, 권력을 시각화하며 타자를 "전유"하는 것이다. 그러나 흉내내기는 동시에 부적절함의 징후이기도 하다. 이는 식민 권력이 전략적으로 작동하는 방식에 결합되면서도, 차이와 완고함을 드러내어 감시를 강화하고, "정상화된" 지식과 규율 권력 모두에 내재적 위협을 가한다.27

이러한 흉내내기의 양가성은 지배적인 담론에 균열을 낼 뿐만 아니라 불확실성의 수준, 또는 보다 정확히 말하자면 주체의 부분적 존재를 드러내기도 한다. 따라서 흉내내기는 논의 중인 지배적 표식들을 마치 낯선 것과 마주할 때 경험하는 갑작스럽고 기묘한 순간들처럼 문제화한다. 더 나아가 흉내내기는 그 침투적인 불확실성으로 문제를 제기할 뿐만 아니라 본보기가 되려는 권력을 조롱한다. 특히 바바는 흉내내기가 식민지배자의 정체성과 권위에 대한 경의이자 위협이 된다는 점에서 흉내내기를 양날의 검이라고 이해한다. 그 결과 흉내내기는 유사성과 위협을 동시에 지니게 된다. 흉내내기라는 총체적 식민화 과정 실패는 식민화가 스스로 미끄러져서 식민 권력의 정상화 권위를 의문에 부치게 한다는 점이다. 이와 동시에 우리는 흉내내기 과정의 '내부 균열'에서 주체성을 찾을 수 있는지를 물어야 한다.

바바는 흉내내기가 식민지배자(colonizer)에게 미치는 영향에 대해 주로 언급하지만, 나는 흉내내기의 수행과 흉내내기 행위성이 흉내내기를 행하는 이에게 훨씬 더 깊은 영향을 미친다고 주장하고 싶다.28 앤 맥클린톡(Anne McClintock)이 비판한 것처럼, 바바의 흉내내기 개념은 "식민지배자의 이미지를 불완전한 형태로 반영해야 하는 피식민인에게 부과되는 결함이 있는 정체성"이다.29 결과적으로, '흉내를 내는 사람'이 지속적으로 겪는 내적 갈등은, 그가 "모호하고 불안정한 구역에 머물러야 한다"는 것이며, 이는 "정체성도, 차이도 허락되지 않는다"는 것을 의미한다.30 모방적 움직임 안에 전복적인 주체성이 있긴 하지만, 그것은 여전히 자체적인 협상으로 가득 차 있으며, 따라서 "자신의 전략적 실패를 보장하게 된다." 흉내내기의 양가성에는 전복적 힘뿐만 아니라 식민지 세력과의 공모라는 모순된 힘(sublimated power)도 내포되어 있다. 여기서 제기해야 할 질문은 양가성이 본질적으로 전복적인지 아닌지를 묻는 것이다. 이 질문은 맥클린톡의 중요한 질문과 밀접하게 연관되어 있다. 흉내내기가 항상 동일성과 차이의 불확정성을 조명함으로써 동일성과 차이 사이의 미끄러짐을 드러내 버린다면,

> 식민적 흉내내기와 반식민적 흉내내기가 어떻게 다른지 자세히 설명할 필요가 있지 않는가? 식민적 흉내내기와 반식민적 흉내내기가 근본적인 양가성에서 형식적으로 동일하다면, 식민적 흉내내기는 왜 그렇게 오랫 동안 성공할 수 있었을까? 모든 담론이 양가적이라면, 권력을 가진 자의 담론과 권력을 빼앗긴 자의 담론을 구별하는 것은 무엇인가?[31]

나는 흉내내기, 혼종성 그리고 틈새 공간과 같은 포스트식민주의 개념들이 가진 잠재력을 인정하면서도 맥클린톡의 질문에서 제기된 것처럼, 포스트식민주의 이론의 또 다른 가능성, 즉 상품화되어 그 전복적 힘이 희석될 수 있는 취약성에 대해서는 비판적인 태도를 유지할 필요성을 강조하고자 한다. 양가성과 같은 개념은 전복적인 힘을 구현하는 동시에 피식민인의 주체성을 은밀하게 부식시킬 수 있다. 따라서 포스트식민주의 이론에 깊이 스며들어 있는 포스트구조주의는 억압받는 사람들이 역사의 주체로서 역사적으로 출현한다는 것과 글쓰기가 끊임없이 긴장 관계를 유지해야 한다는 점을 인식해야 한다.

흉내내기 행위는 의식적이든 무의식적이든 간에 수용자에게 파급되기 전에 대부분 행위자의 정신에 영향을 미친다. 흉내내기의 주된 효과인 시선은 식민지배자의 시선으로부터 해방되려면 아마도 내면을 향해서 바라봐야 할 것이다. 나는 흉내내기가 행위자에게 미치는

영향도 양면성이 있다고 생각한다. 흉내내기는 식민지배자에게 경의를 표하고 위협적인 존재로 보이게 하는 동시에, 흉내내기 행위는 풍자적으로 행위를 하는 바로 그 행위자를 향하게 된다. 외부와 내부를 오가는 이 양날의 흉내내기의 힘을 어떻게 구현하느냐에 따라 정으로의 해방이 결정될지, 아니면 한의 허무주의에 매장될지가 결정된다. "흉내내기는 '타자성', 즉 그것이 부정하는 것의 관점에서 존재를 다시 표현하기 때문이다."32

흉내내기의 위협은 권위적 담론의 이중성의 요소와 파괴성에 있다.33 흉내내기는 권위의 부분적 존재를 조명하면서 이 권위를 대체함으로써 "식민 권위의 자기애적 요구를 교란하고 도전한다."34 크리스테바의 분석에서처럼 이를 더 내면으로 밀어 넣으면, 이러한 흉내내기는 자아의 '자기애적 요구'와 완전히 추방되지 않은 아브젝트를 교란한다.

흉내내기는 '예의라는 규율 안에 있는 시민 불복종의 순간을 표시'하는 것이며, '극적인 저항'의 표시이기도 하다.35 수혁과 경필이 깊은 원한 속에 정이 등장할 수 있도록 허용하는 〈공동경비구역 JSA〉의 경우처럼 말이다. 비무장지대를 넘어 삶을 근본적으로 바꾸는 관계를 형성하는 것은 '극적인 저항' 행위이다. 또한 〈사이구〉 인터뷰에서 여성들이, 비난받아야 할 대상은 '흑인'이 아니라 미국의 지배구조에 '뭔가 정말 잘못된 것'이 있음을 인식할 때 정이 가진 변혁적 힘이 드러난다. 이 여성들이 보여준 정을 통한 의심의 해석학과 타자와의 연대는 또 다른 극적인 저항 또는 저항하는 극적인 장면을 보여준다. "약탈자들이 대부분 유색인종이고 거의 대부분 가난한 사람들이었다"는 사실이 얼마나 슬픈 일인지에 대해 이야기할 때 이러한 저항은 더욱 빛을 발한다. 그것은 다른 사람들에게 비친 자신의 모습을 인정하는 것이었다. 영화적 표현(즉, 영화)은 그 자체로 전복적 흉내내기의 예이자 타자의 저항적 흉내내기에 대한 이야기이며, 이는 정의 중요한 연대적 측면이다. 이후에 기술할 그리스도론 장에서는 십자가 사건에서 흉내내기의 역할, 특히 '기적을 위한 표징'의 해방적 재전유와 관련된 흉내내기의 역할에 대해 살펴볼 것이다.36

이러한 양날의 흉내내기는 듀보이스(W E. B. Dubois)의 '이중 의식'(double consciousness)과 유사하며, 대부분의 소외된/식민화된 사람들에게 익숙하다. 이러한 이중 의식은 '흉내내기'하는 사람들의 불편하고 예기치 못한 무의식적 실수에서 드러난다.

포스트식민주의 관점에서 식민 이중화는 '존재의 환유 과정을 통한 가치의 전략적 배치'이다.37 식민 과정에 위협이 될 정도로 부적절한 방식으로 흉내내기가 이루어지는 과정이다. 이러한 부분적인 과정, 종종 부적절한 기표들을 통해 우리는 문화 식민 담론의 구체적인 의미를 인식하기 시작한다. 흉내내기와 혼종성의 측면에서 닮음에서 벗어나는 것은 "반복적인 '해체'와 대체 불가능하며 저항적인 재연결의 과정을 통해 스스로의 권위를 협상하는 하위주체의 전복적 전략을 만들어 낸다."38 포스트식민주의적 혼종성의 사용은 종종 젠더, 인종 또는 민족성에 대한 본질주의적 관념에 기반한 제국주의적/인종주의적 생물학적 우월성 정당화를 구체화한다는 비난을 받는다.

흉내내기는 정확히 어떤 장소, 어떤 위치에서 나타나는가? 그것은 "차이의 영역들이 겹치고 어긋나는 틈새에서 국가성, 공동체의 이익, 또는 문화적 가치에 대한 상호주관적이고 집단적인 경험들이 협상되는 곳에서 발생한다."39 예를 들어 〈공동경비구역 JSA〉는 차이가 있음에도 함께 모여 '사이'를 형성한 주체들에게 허용된 틈새 공간의 개방과 출현을 구현한다. 더 나아가 〈사이구〉 인터뷰에서는 폭력적인 파열조차도 '기호'가 '협상' 됨으로써 어떻게 틈새의 시공간이 되는지를 보여준다. 이 틈새 경험은 식민자와 피식민자 사이에 "식민 순간의 '현재'에서 생산되는" 문화적 그리고 '해석적 불확정성'의 공간을 열어준다. 〈사이구〉 인터뷰에서도 알 수 있듯이, "'우연히' 그리고 갈등 속에서 문화적 차이가 접촉하는" 혼종성의 경계는 "경계선의 경험을 드러내는 공포의 순간이 된다."40 식민 담론의 '미끄러짐'(slippages)은 주로 특정 생각과 서사의 '번역' 과정의 결과이다. 이 과정은 〈공동경비구역 JSA〉에서 양측의 남성들이 제삼자인 '양키'에 대해 무심하게 이야기할 때 분명하게 드러난다. 영화에서 분명히 드러나듯이, 특정 캐릭터들은 틈새에서의 연기를 통해 흉내내기를 더욱 강화하는 역할을 한다. 나는 이것을 나중에 십자가의 번역에 등장하는 '미끄러짐' 개념에 대해 다룰 때 다시 설명하겠다.

고정된 정체성 사이의 중간 통로는 가정되거나 강요된 위계 없이 차이를 수용하는 문화적 혼종성의 가능성을 열어 준다.41 이 장소의 생동감과 충만함을 강조하기 위해 경계는 "무언가의 현존이 시작되는 장소가 된다"는 마르틴 하이데거의 제안에 주목해 보자.42 모든 문화적 체계와 입장은 바바가 '발화의 제3의 공간'(Third Space of enunciation)이라고 명명한 양가적이고 모순적인 공간에서 구성된다.43 따라서 문화적 정체성은 양가적이면서 모순적이고 혼종성으로 가득 차 있는 제3의 공간에서 생겨나기 때문에 문화적 순수성은 유지될 수 없다. 다시 한번 우리는 문화적 정체성이 경계를 넘나들며 '휩쓸고 지나가거나' 넘쳐흐르는 것으로 나타나는 것을 보게 된다. 바바는 혼종성을 주로 북돋아 주는 힘으로 간주하는데, 이는 혼종성이 모든 차별과 지배의 장소에서 필요한 '뒤틀고, 위치를 이동시키는 작용'(deformation and displacement)을 보여주기 때문이다.44 닮음에서 벗어나는 동일화의 한계적 순간으로서의 흉내내기는 "반복적인 '해체'와 대체 불가능하며 저항적인 재연결의 과정을 통해 스스로의 권위를 협상하는 하위주체의 전복적 전략을 만들어 낸다."45 바로 이러한 역학 관계가 〈공동경비구역 JSA〉에 등장한다.

혼종성은 "단순히 그 정체성의 불가능성을 나타내는 것이 아니라 그 존재의 예측 불가능성을 나타내기 위해 권력의 행사에 개입한다"46 바바는 '본래적', '고유의', '분리된' 공간으로 돌아가려는 지배적인 식민 권력과 식민화하는 자들 모두 그가 '환유적'(metonymic) 혼종 전략이라고 부르는 것을 부정했다고 주장한다. 이러한 전략은 흉내내기를 사용함으로써 종종 식민 권력의 시선을 다시 그것 자신에게로 향하게 하는 효과를 가져온다. 이는 종종 부적절한 방식으로 식민 권력에 저항하는 하나의 전유 방식으로 작동한다. 포스트식민주의적 혼종성 개념은 디아스포라적 존재의 모호성을 인식할 뿐만 아니라 동시에 정체성 정치의 예측 불가능성을 인식한다는 점에서 한국계 미국인 이민자의 경험과 관련이 있다. 이민자들은 토착주의/민족주의와 지배 문화에의 동화 사이에 끼어 그 틈새에서 살아간다. 한국계 미국인에게 중요한 개념 중 하나는 혼종성이라는 개념인데, 이 개념은 정체성이 필연적으로 차이의 협상을 통해 구성된다는 것을 인정하기 때문이다. 이러한 '협상'을 통해 균열, 틈, 파편화, 모순의 존재가 흔히 말하는 것과 달리 반드시 동화라는 관점에서의 실패나 결함의 징후가 아니라는 것을 알 수 있다. 오히려 급진적인 형태로 포스트식민주의적 관점에서 이해되는 혼종성은 정체성이란 올바른 부분들의 결합, 다양한 부분들의 축적 또는 융합이 아니라 서로 다른 힘들의 에너지 장임을 강조한다. 따라서 혼종성의 '통합성'은 모든 부분의 합으로 측정할 수 있는 것이 아니다. 새로운 가능성, 즉 '새로움'은 고정된 정체성 사이에 있는 공간에 틈새를 통해 들어온다.

혼종성과 흉내내기는 자의적이거나 변덕스럽게 작동하는 것이 아니라 오히려 의도적으로 정체성, 정통성, 순수성을 총체화하려는 관념이나 가식을 흔들기 위해 기능하며, 이는 제3의 공간이라는 매트릭스 안에서 이루어진다.

아시아계 미국 여성으로서 트린 민하는 하이픈이 있는 정체성의 도전은 바로 그 하이픈 자체, 즉 아시아계 미국인이 되어가는 과정 안에 있다고 성찰한다. 이 과정에서는 "미리 정해진 규칙들이 완전히 적용될 수 없다"고 그녀는 말한다.47 그 사이의 세계와 의도적으로 동일시할 때, 하이픈의 곤경뿐만 아니라 하이픈의 힘도 이해하게 된다. 하이픈으로 묶인 사람은 한 세계 또는 다른 세계에 안주하기를 거부하는 가운데 끊임없이 새롭게 태어난다. 따라서 하이픈으로 연결된 현실은 두 문화유산 사이의 이중성에만 국한되지 않는다. '여기'와 '저기'에 모두 존재하고자 하는 욕망은 국경을 넘나드는 급진적인 능력을 의미하며,48 종종 우리의 어머니의 정원을 찾으려는 적극적인 탐구와 '뿌리'에 대한 자각으로 이어지는 동시에, 우리의 혼종성을 날카롭게 인식하게 만든다. '뿌리'라는 문제와 다문화주의라는 이름으로 '차이'를 포스트모던적으로 찬양하는 것은 종종 모호할 뿐만 아니라 또 다른 미묘한 형태의 배제와도 긴밀히 연관되어 있다. 트린이

지적했듯이,

> 우리는 더 이상 당신의 차이를 지우고 싶지 않으며, 오히려 당신이 그것을 기억하고 주장할 것을 요구한다. 적어도 어느 정도는 말이다. 내가 걷는 이 모든 길은 가시로 둘러싸여 있다. … 나는 진정성에 집중함으로써 구원자의 의도대로 행동하게 되며, 그로 인해 내 주의는 무뎌지고 다른 중요한 문제들로부터 벗어나게 되기 때문이다. 그러나 다른 한편으로 나는 소위 나의 뿌리로 돌아갈 필요성을 느끼는데 이는 내 힘의 원천이자, 내가 새로운 방향으로 나아가기 전에 끊임없이 참조하는 안내 화살표이기 때문이다.[49]

'뿌리'와 '경로'에 대한 질문은 여전히 정체성에 대한 나의 성찰을 괴롭히거나 힘을 실어준다. 요즘 떠오르는 시급한 질문은 시민권과 국가에 대한 질문인 것 같다. 여행과 세계화의 흐름 속에서도 우리는 특정 국가에 물리적으로 '뿌리'를 두고 있고, 그러면서도 '뿌리'로 돌아가고자 하는 갈망이 있다. 나는 이 질문, 이 갈망, 어떻게든 자리매김하고 정착하기를 원하면서도 원하지 않는 양가성으로 인해 종종 어려움을 겪었다. '뿌리'와 '정착'이라는 특권을 누려본 사람, 특히 해체주의에 이론적 기반을 둔 사람에게는 이러한 열망이 순진해 보일 수 있다.

셔틀링이라는 개념은 거의 항상 자신의 '뿌리'에 대한 충성과 배신을 문제 삼는다. 그러나 이 셔틀링은 실제로는 자신의 본질(self)에 대한 충성에 관한 것이다. 따라서 이것은 또 다른 감수성, 또 다른 의식에 대한 작업이자 호소이며 주변성(marginality)의 조건이다.[50]

주변부는 "우리의 생존의 장소이자… 투쟁의 전장이며, 그들의 순례의 현장이 된다… 어떤 형태로든 위치를 바꾸는(displacement) 작업이 없다면, 주변부는 쉽게 선의와 자유주의 속에서 중심을 안심시키는 역할을 할 수 있다."51 이분법에 대한 양가적 태도는 다음과 같이 표현된다. "안에는 본질적인 내부자가 있고, 밖에는 절대적인 실재가 있으며 그리고 다른 순수한 대표자에 의해 의문 제기될 수 없는 또 다른 순수한 대표자가 존재한다." 동질성과 차이성 사이의 긴장은 주변부를 다음과 같이 이끈다.

> 그녀(주변부_역자)를 끊임없이 안팎을 오가게 하는 미결정적인 경계 지점에 서 있게 한다. 안과 밖의 대립을 무너뜨리는 그녀의 개입은 기만적인 내부자이자 기만적인 외부자의 개입일 수밖에 없다. 그녀는 언제나 최소한 두 가지 또는 네 가지 몸짓으로 움직이고 있는 부적합한 타자/동일자(Inappropriate Other/Same)이다. 긍정은… 그녀의 차이 안에 지속적으로 존재하고… 도착된 타자성에 대한 모든 정의를 뒤흔든다.52

상품화와 재전유의 위험과 함정을 피하려면 우리는 끊임없이 혼종성의 관점으로 차이를 재확인해야 하며, "공간을 생동감 있게 유지하기 위해 차이를 재개방하고 대체해야 하는데… 이것은 생존의 문제이다… 모든 과정에서 해방적 개념들은 재전유되고 응집될 것이다."53 따라서 여행과 반복적인 순환은 결코 같은 연결 지점으로 돌아오지 않는다. 이러한 여행과 불가피한 반복의 리듬은 혼종성의 개념조차도 '응집'(congealing)과 '재전유'되는 것을 막아준다. 각각의 반복은 동일한 결과를 재생산하지 않고 끊임없는 재생의 형태, 즉 경계(임계성)의 순간이 된다.

지배당하고 소외된 사람들은 "항상 자신들의 관점 이상으로 볼 수 있도록 사회화되었다… 따라서 급진적 '불순성'을 가정하고, 혼종적인 장소로부터 말할 필요성을 인식하며… 적어도 세 개를 한 번에 말하는 것이… 중요하다."[54] 이것은 특히 식민화된 사람들이 식민자의 단점을 항상 '비위 맞추고', '이해하도록' 강요받는 경우에 더욱 그러하다.

예를 들어 아시아계 미국 여성인 트린은 침묵에 대한 서구의 인식을 해체한다. 그녀에게 침묵은 단순한 복종이나 부재가 아니다. 침묵은 전술적이고, 강력하며, 무엇보다도 독해 가능한 것이다.[55] 트린은 가시성의 개념에 대해 다양하고 종종 모순적인 관점을 제시하지만, 그럼에도 불구하고 급진적 불확정성의 정치를 일관되게 역사화하고 정립하는 작업을 계속하고 있다. 트린은 다음과 같은 질문을 통해 이 끊임없는 투쟁을 조명한다.

> 자신과 자신의 종족에 대한 일련의 도취적인 나르시시즘적 설명에 빠지지 않고 어떻게 차이를 새길 수 있는가? 시장성 있는 낭만주의에 빠지거나 자신의 상태에 대한 순진한 징징거림에 빠지지 않고? 전멸하지 않고 어떻게 잊을 수 있는가? 자기 몰두라는 심연과 자기 부정이라는 심연 사이의 땅은 좁고 미끄럽다…. 우리 모두는 자기중심주의란 나병에 감염되도록 자신을 내버려두었다.[56]

이 딜레마는 하이픈으로 연결된 정체성을 가진 사람들을 계속 괴롭힌다. 크리스테바가 지적했듯이, 주체와 타자 사이의 갈등을 다루는 가장 좋은 방법 중 하나는 타자를 찾기 위해 우리 내면을 들여다보는 것이다. 즉, 모순은 외부로부터 올 뿐만 아니라 "내부로부터의 모순도 있는데, '내' 안에는 언제나 부적절한 '내'가 존재하기 때문이다." 이러한 역학 관계는 급진적인 해방 실천과 함께 정체성 정치의 한계를 탐구하면서 페미니스트들을 계속 괴롭히고 있다. 과거에 자신의 목소리를 '억압'당했던 사람들에게 '거대서사'(metanarrative)의 지형을 통한 협상과 탐색은 종종 끊임없이 요구되는 불안정성에 지쳐 절망감과 긴박감의 상태로 끝나는 경우가 많다. 포스트모던/포스트식민주의의 맥락에서 우리가 명분 없는 반역자가 아닌가 하는 질문과 도전은 외부의 비평가들뿐만 아니라 우리 내부의 비평가들에게도 반향을 불러일으킨다.[57]

상품화된 대도시적 개념이나 혼종성의 자본주의적 개념이 아닌 포스트식민주의 정체성은 정치적 정체성을 찾는 중이다. 그런 다음 혼종성은 여러 흔적에 의해서 그리고 여러 흔적을 통해서 고통스러운 자기 생산 행위가 된다.[58] 따라서 포스트식민주의 정체성은 주로 위치의 모호함에 시달린다. 한국계 미국인 이민자로서 나는 자주 '집이 없다'(unhomely)는 느낌을 깊이 느꼈다. 이 감각이 바로 포스트식민주의 경험의 패러다임이다. 이처럼 집 안에서 세계를, 세계 안에서 집을 인식하는 충격은 "개인적이고 심리적인 역사의 트라우마적 양가성을 더 넓은 정치적 존재의 분절(disjunctions)과 연결시킨다."[59] 그러나 이러한 분절된 경험을 기억하면서 나는 그 연결 조직이 연약하지만 질긴 정이라는 실/그물임을 인식할 수 있게 되었다.

틈새적 제3의 공간(Interstitial Third Space)

'틈새 공간'은 이분법적 논리를 거부하는 열린 장소이다. 혼종성과 틈새 공간의 힘은 그들이 출현하는 부분적인 문화가 해방되어 "혼종성과 틈새 공간이 점유하는 소수자적 위치에 서서 공동체의 비전과 역사적 기억에 대한 비전을 구축하고, 내부의 외부, 전체 속의 부분에 서사를 부여"한다는 데 있다.[60] 혼종성, 틈새적 개방, 흉내내기라는 포스트식민주의의 개념은 모두 한국계 미국인 이민자 경험을 분석하는 데 적합하다. 이 개념들은 종종 하이픈으로 연결된 정체성이 가진 양가적인 경험을 명명하는 데 도움이 될 뿐만 아니라 더 중요한 것은 포스트식민주의 이론이 이러한 틈새의 힘을 인식하고 있다는 점이다. 끊임없는 내부와 외부의 도전이라는 불확실한 상태는 한국 이민자들의 집단적 한의 경험에서 뿌리 깊은 소외감과 단절감을 심화시킨다. 그러나 놀랍게도 그 틈새적 사이 공간에서 창조성, 흉내내기, 혼종성을 유지하는 것은 바로 정의 힘이다. 그래서 '광범위하게 확산되고 넘쳐흐르는' 힘으로서의 문화적 정체성 개념은 점점 더 강력해지고 있다.

이 제3의 공간은 그 복잡성과 끊임없이 변화하는 지형 때문에 재현될 수 없지만, 바로 그 점이 발화가 출현할 수 있는 조건을 보장해 준다. 이러한 문화 상징의 발화에는 사전적 통일성이나 고정성이 없다. 게다가 같은 기호라도 다르게 전유되고, 번역되고, 재역사화되고, 새롭게 읽힐 수 있다. 이 분열된 공간, 제3의 발화 공간, 그 사이 공간은 혼종성을 탐구함으로써 '문화의 부담'을 짊어지는 공간이다. 여기서 정체성은 주체 내에서 이중화 및 분열의 과정을 수행한다.

정체성은 '부인'(disavowal)과 '지정'(designation) 사이에서 생겨난다. 이 과정은 단순한 양극성과 이분법을 흔들고 지워버림으로써 "양극성의 정치에서 벗어나 우리 자아의 다른 자아로 등장할 수 있도록" 한다.61 정은 사이의 삶이 번성할 수 있도록 하는 것이다. 틈새 공간은 모든 관계성, 심지어 겉보기에 반대되는 것들까지도 접촉하는 영역이기 때문에 정은 이 공간에서 존재하는 방식이다. 그리고 정은 관계적이기 때문에 이 관계주의 역시 창조적이고 정치적일 수밖에 없다.

일부 학자들의 가정과 달리 아시아계 미국인의 정체성은 균질하지 않으며, 오히려 보편적인 '미국인' 정체성을 가장한 국가 내 이질성을 끊임없이 상기할 필요가 있다. 더욱이 차이의 정치라는 측면에서 이질성은 아시아계 미국인이 지속적이고도 반복적으로 협상해야 하는 불확정적인 입장에 대한 합의에 있어 매우 중요한 요소이다. 예를 들어 한국계 미국인이라는 정체성의 밀고 당기기는 민족주의, 젠더, 사회적, 문화적 기타 다양하고 인접한 경계의 모호함으로 가득 차 있을 뿐만 아니라 그리스도인이라는 것이 무엇을 의미하는지에 대한 질문으로 인해 더욱 복잡해진다.

일부 아시아계 미국인이 경험하는 사이의 삶은 "자신의 민족적… 소속감을 버리는 것이 불가능하다는 강박과 동시에 자신의 특수성을 주장하는 것이 사회 전반에서 일탈로 인식된다는 것을 깨닫는 것 사이의 해결할 수 없는 갈등"과 관련이 있다.62 아시아계 미국인 신학자 후미타가 마츠오카(Fumitaka Matsuoka)는 한 인터뷰 대상자가 북미에서 태어난 아시아인을 가리키는 광둥어 표현이 있다고 언급한 내용을 썼다. 그들이 사용하는 단어는 빈 대나무를 뜻하는 죽싱(jook sing)이다. 내가 생각할 때 더 중요한 것은 죽싱은 양쪽 끝 어느 쪽에도 뿌리가 없다는 것이다. 마츠오카는 이어서 "아시아계 미국인의 정체성을 찾는다는 것은 우리의 임계적인 존재의 '거룩한 불안' 속에서 모호한 세계를 살아갈 자유를 찾는 것이기도 하다"라고 말한다.63 이런 이유로 대부분의 아시아계 미국인들은 편안한 영역에 완전히 동화되지 못한 채, 그들이 충분히 '미국적이지 않다'고 생각하는 미국인들에게서 소외감을 느끼고 있고, 또한 자신이 너무 '미국화'되어 '뿌리'에 대한 충성심을 배반했다고 생각하는 아시아인들에게서도 소외감을 느끼고 있다. 물론 '미합중국' 대신 '아메리카'라는 용어를 사용하는 것은 아메리카 반구(American hemisphere)의 맥락에서 배타주의적인 힘의 논리에 따른 것이다.

아시아계 미국인은 보편주의가 지배의 한 형태라는 주장을 드러낸 탈근대적 인식론을 충분히 인식하고 있다. 한편 아시아계 미국인은 사회적 위치의 특수성을 지나치게 강조하는 탈근대적 인식론에 비판적인데 이는 '모순적 상대주의'의 위험에 빠질 수 있기 때문이다. 따라서 점점 더 많은 아시아계 미국인들은 서로 다른 관점의 '통약불가능성'(incommensurability)에 대한 포스트식민주의적 개념을 적극적으로 거부하고 있다.

한국계 미국인 신학자 이정용은 주변과 중심이 서로 상호 포괄적이고 상대적이라는 점에 주목했다. 그는 도교의 음양 원리에 영향을 많이 받았기 때문에 주변과 중심에 대한 그의 논의에서도 변화와 상호 관련성이라는 개념을 드러냈다. 여러 가지의 주변과 중심이 있다. 또한 주변 안에 중심이 있고 중심 안에는 여백이 있다.64 이 복잡한 사고의 공간에서 적절한 함의가 드러나는데, 바로 가장자리와 경계가 가장 중요하다는 점이다. 더 나아가 문화적, 종교적 가장자리와 경계뿐만 아니라 자아의 경계선도 투과성이 있다고 말할 수 있다. 중심성보다 주변성을 강조함으로써 우리는 양극화된 영역 간의 균형을 회복할 수 있다.

이항대립은 존재하지만 자주 변동을 거듭한다. 대부분의 포스트식민주의 이론이 마니교적 구분을 넘어 혼종성을 강조하는 것과 달리, 도가적 사고는 둘로 구분하는 것이 별개의 영역에 존재하지만 서로 교차하고 이동한다는 것을 시사하는 듯하다. 가장자리는 경계 그 자체에 그치지 않고 '두 개 또는 여러 세계를 아우르는 여러 경계들'이다.65 그래서 가장자리에서 두 개 이상의 세계는 일치하고 병치될 뿐만 아니라 서로 결합되기도 하고 분리되기도 한다. 어느 세계도 그 존재를 위해 다른 세계에 의존하지 않지만, 각 세계는 서로의 이해에 상대적이다. 여기서 우리는 틈새 공간이라는 개념에 연결될 수 있다.

가장자리는 두 개 이상의 세계가 서로 연결되어 있지만 어느 쪽도 중심이 되지 않는 매트릭스인 넥서스로 가장 잘 이해될 수 있다. 따라서 예를 들어 아시아와 미국이라는 두 세계 사이에 있다는 것은 어느 쪽에도 완전히 속하지 않는다는 것을 의미한다.66 대부분의 경우, 이러한 두 세계의 경계 사이에 놓이게 되면 존재하지 않는 자, 즉 '분열증 환자'처럼 느껴진다. 바로 이 '사이'에 있는 부정적이고 종종 비인간화된 감정을 급진적으로 전환시킴으로써 그것을 창조성과 생명 긍정의 틈새 공간으로 재구성하게 된다. 따라서 도가의 둘 다/그리고의 가장자리 개념을 활용하는 것은 창조성을 위한 조건이자 기회이다. 더 나아가 상호 관련성, 즉 '사이'에 있다는 개념은 가장자리를 '둘 다에 있는 것'으로 이해하게 한다. 이는 자아와 타자가 맞닿아 있는 공간, 그 경계가 바로 정의 틈새 공간이라는 것을 함의한다. 이 공간에서 우리는 타자에 비친 자아를 볼 수 있고, 역으로 "네 이웃을 네 자신처럼 사랑하라"는 명령을 이해할 수 있다. 우리는 정으로 살아가면서 종종 자아의 삶이 타자의 안녕과 불가분의 관계에 있으며, 그 반대의 경우도 마찬가지라는 것을 안다. 사실상 우리는 서로의 삶에 갇혀 있는 존재이다. 우리는 투과 가능한 자아이며, 이 투과 가능한 자아의 경계는 불가능을 가능하게 한다.

이러한 긍정은 때때로 가장자리에 있는 사람들을 배타적인 행동으로 이끄는 자민족 중심주의로 나아갈 위험이 있다. 가장자리에 있는 사람들로서 우리는 '가장자리'와 '중심'을 만들어 내는 바로 그 덫에 갇히지 말아야 한다. 포스트구조주의자들이 주장한 바와 같이 우리는 '둘 다'(in-both)에 있을 뿐만 아니라 '모두'(in-all)에도 있다.67 이정용은 "주변성 자체는 진정으로 양쪽 또는 모든 세계에 있다는 것을 의미하기 때문에 주변이 되는 것을 초월하는 새로운 현실을 부과한다"고 주장하며 주변성 자체를 해체적 관점에서 재정의한다.68

이정용은 '둘 다에 있음'을 통해 주변성에 대한 새로운 해석학을 의미하는 '안에서-넘어서는'(in-beyond)이라는 용어를 제안한다. 변화하는 가장자리/중심은 많은 페미니스트들에게 친숙해졌으며, 벨 훅스(bell hooks), 수잔 프리드먼, 트린 민하의 저술에서 가장 잘 드러난다. 이정용은 도교의 도 개념과의 방법론적 연결을 통해 변화(change)/이동(shifts)이라는 개념을 주변성의 유일한 상수적 요소로 강력하게 강조한다. 주변성은 그가 '중심성'이라고 명명한 것의 영역을 대체하는 것이 아니라 변화의 법칙 자체에 의해 변화는 필연적으로 발생한다는 것이다. 그렇다면 주변성은 두 세계를 연결하는 가장자리에 있는 것이다. '안에서 넘어' 있다는 것은 사이에 있으면서 동시에 양쪽 모두에 있다는 것을 의미한다. 포스트식민주의 이론에서는 다중의 정체성과 입장의 수렴을 통해 혼종성이 출현한다고 말한다. 마찬가지로 이정용은 가장자리와 "창조적인 핵심은 새로운 주변성 안에서 분리될 수 없다… 가장자리는 두(또는 여러) 세계가 출현하는 중심점, 즉 새롭고 창조적인 핵심"이라고 말한다.69 이 틈새 공간, 창조적인 핵심은 현상 유지나 중심을 대체하는 역할을 하지 않는다.

궁극적으로 두 세계의 '안에서 너머'에 있으려면 두 세계 모두에 있으면서 동시에 그 사이에 있어야 한다. '사이'와 '둘 다'가 공존하는 역설은 '안에서 너머'라는 개념과 많은 관련이 있다. 아마도 포스트식민주의 이론의 언어로 표현하자면, '안에서 너머' 있음의 양가성은 불확정성과 지속적으로 이동하는 여러 주변의 가장자리들/경계들과 많은 관련이 있다고 할 수 있다. 따라서 "안에서 너머에 있음의 본질은 그 사이에 있음과 둘 다 있음의 부산물이 아니라 어느 쪽도 섞이지 않은 채 둘 다에 있는 상태를 구현하는 것"이라고 할 수 있다.70 차이에 대한 무관심을 초래하는 차이의 다원주의가 아니라 차이를 뚜렷하게 인식하고 구체화한다. 이정용은 그가 사용하는 도가적 해석학의 또 다른 증거로서, 자신의 생각을 극한까지 밀어붙이는데, 이는 '둘 다'(in-both)와 '어느 쪽도 아닌 것'(neither/nor)이라는 개념에서 잘 드러난다. 그는 다음과 같이 설명한다.

> 어느 쪽도 아님과 둘 다 해당됨은 반대이지만 상호 보완적이다…. 총체적 부정과 총체적 긍정은… 새로운 주변인의 사고방식에 공존한다. 이러한 역설적 추론은 신비주의적 사고방식에 가깝다…. 부정은 긍정에 대한 거

부가 아니라 긍정의 필수 불가결한 부분이다.71

사이와 둘 다의 세계라는 개념은 경계에 공존한다. 따라서 가장 포용적일 뿐만 아니라 "가장 관계적인 사고방식이기도 하다." 사이와 둘 다의 세계라는 개념은 항상 관계적인데 "예(yes)는 항상 관계 속에서 존재하는데… 어느 쪽도 아니고(neither/nor) 둘 다/그리고(both/and)의 사고방식은 '둘 중 하나'(either/or)의 사고를 절대화하지 않기 때문이다."72 이 나라에서 아시아계 미국인의 경험을 결정하는 주요 요인 중 하나는 인종차별의 경험에서 비롯된다. 인종은 아시아계 미국인의 경험을 결정짓는 요소이다. 그러나 나는 인종이 결정적인 요소인 만큼 인종은 젠더나 계급과 같은 여러 요소 중 하나에 불과하다고 생각한다. 한국계 미국인 신학자 안셀름 민은 이렇게 말하는데, 주변성은 자연적인 것이 아니라 역사적 범주이며, "인간 존재의 인간으로서의 존재론적 특성이 아니라 권력을 위한 사회적 투쟁에서의 주변성의 결과"이다.73 또 안셀름 민은 우리의 주변성의 경험에 기여하는 요인으로 한인들의 물질적 조건을 꼽는다. 그는 다음과 같이 설명하며 이정용이 주변성을 인종적으로 구체화한 것에 대한 위험성을 지적한다.

> 주변성에 대한 인종적 설명은 극도로 비참한 빈곤, 경제적 착취, 정치적 무력감, 문화적 박탈이라는 정치 경제적 형태로 가장 구체적으로 표현되는 주변성의 현실을 은폐하는 경향이 있다.74

특히 사이구 폭동의 빛에서 볼 때 포스트식민주의적 한국계 미국인 정치/신학이 등장하면서 이러한 비판은 더욱 중요해졌다. 포스트식민주의적 관점에서 볼 때, 그것은 엄밀히 말하면 그중 하나가 아니라 전부이다. 앞서 언급했듯이 젠더와 계급 등 여러 가지 인접한 결정 요인이 있다. 안셀름 민이 올바르게 지적한 것처럼, 주변성(marginality)은 분명히 정치적이고 권력적인 문제를 단지 인식론적 문제, 즉 모순과 명백한 대립을 신비적 직관으로 해결해야 할 문제로 환원시켜 버릴 수 있다. 이는 그 문제를 해방의 정치적 실천을 통해 해결해야 할 권력의 모순과 갈등이라는 정치적 문제로 다루는 대신에 그렇게 해버리는 것이다.75

'포스트식민주의' 논쟁

포스트식민주의 이론은 상당 부분 프랑스 '고급' 이론, 특히 포스트구조주의/해체주의와 밀접하게 연관된 이론과의 방법론적 연관성에 의해 형성되었다. 자크 데리다(Jacques Derrida), 자크 라캉(Jacques Lacan), 미셸 푸코(Michel Foucault) 등이 대표적이다. 사실, 포스트식민주의 이론에 대한 대부분의 비판은 이러한 '고급' 이론의 침입으로 간주되는 것과 많은 관련이 있다. 앞서 언급했듯이 포스트식민주의 이론은 그 개념적 틀, 제도적 위치, 제3세계 중산층 이주와 관련하여 점점 더 많은 논란에 직면하고 있다.76 일부 비평가들은 이러한 주장이 미국 개척지에서 스스로를 발명하는 '자수성가한' 개인에 대한 전통적인 낭만적 비유를 불러일으킨다고 주장하기도 한다. 이러한 혼종성, 혼합주의, 다문화주의에 대한 찬사는 비판적으로 검토되어야 하는데, 문화적 틈새에서 자아 서술의 '재발명'은 본질적으로 현대 부르주아 문화의 자만이기 때문이다. 비평가들에 따르면, 포스트식민주의 이론의 혼종성 개념은 그것이 대체한다고 주장하는 자본주의와 근대성의 일부이기 때문에 혁명적 잠재력이 거의 없다.77

포스트식민주의 이론에 대한 가장 직접적인 비판 중 하나는 아이자즈 아마드(Aijaz Ahmad)가 했다.78 아마드에게 포스트식민주의 이론은 또 하나의 매개체이다. 과거 제국주의 지배를 받았던 지역에 대한 서구의 권위가 최근의 신식민주의의 과정 속에서 재인식되고 있다. 그는 또한 그가 특권적이라고 여기는 포스트식민주의 이론의 제도적 연관성에 초점을 맞춘다. 특권과의 연관성은 이 이론이 제3세계 투쟁의 물질적 현실과 단절되어 있음을 시사한다. 이 이론은 서구 학계 내에서만 접근 가능하고, 주로 유통되는 도전적이지 않은 지적 상품으로 전유되고 길들여진다. 또 다른 주장은 포스트식민주의는 분명하고 공식적인 제국주의의 시대, 즉 과거의 일에 초점을 맞추고 있으며, 구제국주의를 위장한 세계화의 새로운 얼굴인 현재의 신식민주의의 역학 관계는 검토하지 않는다는 것이다.

아마드는 포스트식민주의의 방법론적 절차는 무엇보다도 여러 면에서 주로 정치적으로 '퇴행적'인 현대 유럽-아메리카 비평 이론에서 파생된 것으로 의심된다고 주장한다. 서구의 문화 비평은 문화 정치 운동과 심각하게 분리되어 있는 경우가 많다. 더욱이 포스트구조주의는 물질적 형태의 운동이 텍스트적 참여로 대체되는 가장 분명하고 약화된 사례로 나타난다.79 나는 이러한 비판을 중요하게 생각하지만, 이런 비판은 포스트식민주의 이론을 그 복잡성 전체에서 비판적으로 검토한 것은 아니라고 생각한다.

프니나 베르브너(Pnina Werbner)와 찬드라 탈파드 모한티(Chandra Talpade Mohanty)는 포스트식민주의를 매우 진지하게 받아들여서 포스트식민주의 이론의 방법론적 연관성을 보다 광범위하고 비판적으로 검토한다. 두 사람 모두 혼종성을 예로 들며 포스트식민주의 이론의 주요 위험 중 하나를 지적한다. 베르브너와 모한티는 "모든 본질주의를 동일한 것으로 본질화하는 것, 즉 민족성을 범죄화하고 인종주의에 면죄부를 주는 것으로 귀결되는 혼동을 경계해야 한다"고 지적한다.80 비평가들은 포스트식민주의적 접근이 본질주의를 부정함에도 불구하고 본질주의를 보충할 수 있다고 주장한다. 그렇다면 포스트모던적 해체주의 접근법 역시 본질주의적 구성으로부터 자유로울 수 없는 것으로 간주된다.

스피박은 다른 포스트식민주의 이론가들처럼 자신이 특권을 가진 서구 기반의 비평가라는 입장의 모호성을 인정함으로써 이러한 비판에 지속적으로 대응하며, 신식민주의를 낳는 환경에서 자신의 '공모적인' 입장에 계속 주목한다. 나는 포스트식민주의 비평가가 '생생한 경험'을 통해서나 어떤 순수한 문화적 기원을 통해 접근할 수 있는 분석자의 외부에 존재하는 오염되지 않은 공간이란 없다고 주장하고 싶다.

포스트식민주의 이론은 모호성, 모순, 혼종성을 잠재적으로 강력한 것으로 받아들이고, 더 나아가 틈새 공간의 존재를 인식하기 위해 노력해 왔다. 그러나 여기에는 만족감도 없고, 마침내 목적지에 '도착' 했다는 감각도 없으며, 소속감도 없다. 집과 집이 아닌 곳, 도착과 출발, 인정과 부인을 오가는 진자의 일시적인 사이에서 순간적인 위안의 휴식처를 찾을 수 있을 뿐이다.81 포스트민지주의 이론은 구성과 해체 사이, 인식과 발화 사이, 주관성의 이쪽과 저쪽 사이, 불안정한 거주와 불안정한 '귀환' 사이에 있다. 포스트식민주의 이론은 '어떤 관점도 없는' 입장은 없다는 점을 명심해야 한다. 우리의 앎과 존재 방식은 항상 특정한 위치에 있고 구체적이다. 핵심은 우리의 위치성을 끊임없이 해체하는 것이다. 그리고 나에게 '위치성'(located-ness)이란 투쟁 중인 공동체들의 포스트식민적 저항(살아있는 혼종성/흉내내기/제3의 공간)을 인정함으로써 포스트식민주의 이론이 가능하게 되는 것을 의미한다.

포스트식민주의 이론이 포스트구조주의와 연계되어 식민주의를 다시 각인한다는 비판은, 다른 이론들 또한 겉으로는 지배적인 서사와 연결되어 있다는 점을 고려할 때, 공정하지 않은 비판처럼 보인다. 예를 들어 페미니스트 비평가들이 해체주의와 연관되어 있다고 해서 가부장제를 재인용한다는 노골적인 비판을 받지는 않는다. 게다가 포스트식민주의 이론이 정치적 실천으로부터 동떨어져 있다는 의문들은 근거가 부족한 것으로 보인다. 포스트식민주의가 포스트구조주의와 방법론적으로 유사하고 그것에 일정 부분 빚을 지고 있지만, 포스트구조주의를 비판적으로 극한까지 밀어붙임으로써 그러한 '고급' 이론과 급진적으로 결별하기도 한다. 포스트식민주의 이론에는 정치적 행동주의가 없으며 기껏해야 식민주의에 순응하는 길들여지고 전유된 형태의 행동주의라고 말하는 것은 근거가 없는 것처럼 보인다. 아마도 '대륙'의 이론과 실용주의의 역사에서 비롯된 미국의 이론은 새로운 이론을 생산하기 위해 그 자체의 틈새 공간인 '단층선'(fault line)을 만들어 내는 것일지도 모른다. 포스트식민주의 이론은 탈정치화된 상대주의라고 비판받고 있지만, 그것은 항상 반제국주의와 식민주의에 대한 비판에서 비롯되었다.[82]

포스트식민주의 이론의 원동력은 식민지배자와 피식민인, 억압받는 자와 억압하는 자 사이의 관계가 내부와 외부에서 복잡하게 얽혀있다는 사실을 적극적으로 검토하고 인정하면서 정치적 해방을 추구하는 것이다. 마찬가지로 포스트식민주의 이론은 서구의 인식론과 표상 체계의 권위를 약화시키려는 시도를 한다. 그 기반은 존재론적이면서도 정치적인 것이다. 물론 특히 젠더, 인종, 민족성, 국적, 섹슈얼리티, 계급에 기반한 재현 체계에 대한 비판적 분석이 부재하다는 점에서 형이상학적이고 존재론적인 것을 강조하기 위해 주체성, 저항, 정치성은 때로 뒤로 밀려나는 것처럼 보이기도 하다. 또한 흉내내기와 연결될 때 '교활한 공손함'(sly civility)과 같은 개념이 문제가 될 수 있다는 점도 인정한다. 이것이 왜 문제가 되는가? '교활한 공손함'이라는 개념은 식민지 남성에게는 통할 수 있지만, 한국 페미니즘의 관점에서 볼 때 여성에게는 권장되어서는 안 된다. 남성 중심 사회에서 목표를 달성하기 위한 우회적인 방식은 여성들에게 항상 숨겨진 공간에서 협상하고 전략을 세우도록 부추겨왔다. '숨겨진 대본'(hidden scripts)이 힘과 주체성이 결여되었다는 것이 아니라 이 대본은 종종 남성 그리고/또는 제국주의자/식민 지배자에게만 허용되는 합법적인 수단인 다른 형태의 정치적 반란과 결합되어야 한다는 것이다.

포스트식민주의 이론은 적극적으로 비판하고 정직하게 도전해야 하지만, 아마드와 같은 정치적 '순수주의자'의 비판은 제3세계가 행동하고 제1세계가 생각하는 분업 구조를 구축하기 때문에 위험하다.[83] 다시 말해, 아마드는 이러한 분업이 제3세계는 이론을 만들 수 있는 곳이 아니라는 이미 널리 퍼져 있는 인식을 더욱 강화한다고 가정한다. 여기서 우리는 다시 한번 이론은 하나의 과정으로서 정치적 실천의

한 형태로 볼 수 있다는 점을 염두에 두어야 한다는 점을 명심해야 한다.84

한국계 미국인 페미니스트인 나는 포스트식민주의 이론과 양날의 검과 같은 관계를 맺고 있다. 내가 포스트식민주의적 혼종성을 전격적으로 받아들이는 데 있어 문제가 되는 한 가지 영역은 특히 인종차별의 물질적 표현에 대한 이론화의 부재이다. 포스트식민주의 비평에서는 인종과 민족성이 너무 혼재되어 인종 억압을 비판적으로 분석하는 작업이 어려워지는 것처럼 보인다.

효과적인 반인종주의적 움직임은 인종차별의 피해자들 사이에서 공통되고 단일한 서사의 발전과 문화적 차이의 억제에 의존하는 것으로 보인다. 따라서 나는 반본질주의자적 성향에도 불구하고, 제도적이고 구조적인 억압의 형태에 맞서 싸우기 위해 다양한 사람들을 동원할 수 있는 강력한 혼종화 및 전략적 본질화 범주를 찾고 있다. "모든 형태의 대상화(objectification)를 본질주의로 묶어버리는 것은… 본질주의를 본질화하는 것"처럼 보인다.85 더욱이 단절과 모순을 주장하려는 시도와 총체적인 '기원'에 대한 비판 속에서 나는 다시금 "나는 누구인가?", "나는 어디에서 왔는가?"라는 질문을 던지게 된다. 이러한 '집'에 대한 질문은 심지어 포스트식민주의 이론조차도 여전히 답하지 못하고 있다.

포스트식민주의 이론가들은 자신들을 향한 비판을 무시하지 않는다. 그러나 그들은 "우리는 사회적 적대감과 역사적 모순의 재현이 이론 대 정치의 이원론 외에는 다른 형태를 취할 수 없는 투쟁의 정치에 갇혀 있는가?"라고 반문한다. 그러한 이원론에서 벗어날 수 있는 유일한 길은 타협 없는 대립성을 옹호하거나 급진적 순수성이라는 본원적 대항-신화(counter-myth)를 만들어 내는 길뿐인가?86 바바에게 있어 해답은 정치적 양극성 사이, 이론과 정치적 실천 사이 어딘가에 존재한다. 즉, 우리는 문화가 혼종적일 뿐만 아니라 이론의 방법도 혼종적이라고 인정할 수 있다. 혼종적 접근 방식인 이론은 이제 권력/지식의 이론적 장치를 전복하고 대체하는 것을 동시에 추구해야 한다.87

이론 자체에 대한 이러한 혼종적 이해는 "이론이 모순적이고 대립적인 사례들을 타협하는 과정이 되어, 투쟁의 장소와 목표를 혼종적으로 열어주고, 지식과 그 대상 사이와 이론과 실제 정치 현실 사이의 양극성을 파괴하는" 방식으로 나타난다.88 정치 과정에서 이론은 양날의 검으로 작동한다. 이론이든 문화든, 혼종성은 그 변혁적 기능을 의미한다. "하나도 아니고 다른 하나도 아닌, 양쪽의 용어와 영역을 다투는 다른 것"이라는 번역에서 그 가치를 찾을 수 있다.89 포스트식민주의적 혼종성 개념은 무엇보다도 극심한 고통과 상실감, 고통스러운 탈구와 파편화에서 출발한다고 나는 제안한다.

포스트식민주의 이론은 한국계 미국인 신학을 하는 데 필요하다. 이것은 정체성과 장소의 정치를 깊이 탐구할 뿐만 아니라 한국계 미국인 페미니스트 경험 안에서 정체성과 인식론의 역동적인 혼종적 윤곽을 인정할 수 있게 해주기 때문이다. 이전 장에서는 다양한 관점에서 한과 정을 살펴보았다. 또한 한국계 미국인 이민자 경험 분석의 진입 방법으로서 포스트식민주의 이론을 살펴보았다. 다음 장에서는 그리스도론적 성찰을 다룰 것이다. 위르겐 몰트만의 그리스도론에 대한 명료한 표현을 한과 정에 대한 우리의 논의의 빛에서 흉내내기, 혼종성, 틈새 공간이라는 포스트식민주의 개념과 연결하여 살펴볼 것이다.

4장

십자가에 달리신 하나님
: 정(情)의 길

한국계 미국인 그리스도인은 십자가가 힘을 북돋기도 하고 힘을 빼앗기도 하는 것을 경험했다. 십자가는 이민 생활에서 구체화된 한과 정의 경험에 대한 급진적 연대를 의미하기 때문에 사람들에게 계속해서 힘을 북돋아 주고 있다. 그러나 십자가는 같은 이유로 많은 사람들의 힘을 지속적으로 잃게 하고 있다. 십자가는 많은 이들에게 무력감과 종속을 상기시키는 상징으로 다가온다. 이는 전통적인 해석에서 자기부정과 죽음에 이르기까지의 희생 수용을 강조하기 때문이며, 예수가 십자가 위에서 이를 보여준 것으로 이해되기 때문이다. 여기서 나는 십자가에 대한 전통적인 이해, 즉 십자가가 (1) 그리스도교 제자도의 '진정한' 표징으로서 자기 부정(self-abnegation)에 대한 복종(subjection)과 항복(submission)을 영속화해 왔으며, (2) 복종과 항복과 무력함의 역학 관계에 대한 도전의 표시로 계속 받아들여지고 있다는 것을 복잡한 방식으로 검토하고자 한다.

폭력적인 함의와 급진적 연대

아무리 대단한 대가라고 하더라도, 한 무고한 사람의 피를 요구할 수 있다는 사실이 얼마나 잔인하고 끔찍한가! 혹은 무고한 사람이 죽임을 당하는 것이 누군가에게 조금이라도 기쁨을 준다는 것, 더 나아가 하나님의 아들이 죽는 것이 하나님께 너무나도 만족스러워 그것으로 인해 온 세상이 그와 화해하게 되었다는 생각이 얼마나 잔인하고 끔찍한가!

_ 아벨라르의 피에르(Peter of Abelard)

신학자 앤서니 바틀렛(Anthony Bartlett)은 그리스도께서 "성스러운 폭력적 사랑이 아닌… 급진적으로 새로운 사랑의 연속성"을 계시하셨다고 주장한다.[1] 따라서 신자는 그리스도께서 계시하신 충만한 사랑으로 부름받는다. 십자가는 "성스러움의 신이 부재함과 동시에 성경의 하나님이 그 심연 속에서 그리고 그 심연을 통해 완전히 드러나는" 심연의 계시이다.[2] 나는 '부재'와 '현존'으로서의 십자가 개념이 그 충만함 속에서 아브젝시옹과 정으로 유익하게 해석될 수 있다고 제안한다. 비슷한 맥락에서 "모방적 인류학(mimetic anthropology)을 통해 인간 폭력의 희생자의 얼굴이 우리에게 드러난다. … 심연 속의 그리스도의 장면은 인간 변화의 장소이다."[3] 이 장에서는 그리스도론, 특히 십자가의 상징이 관습적으로 해석되어 온 방식과 그것이 폭력을 승인하는 데 효과적으로 작동해 온 방식을 살펴볼 것이다. 폭력 승인에 대한 이러한 논리는 그리스도론적 성찰의 급진적인 해방적, 전복적 가능성보다는 가부장적 관계 구조와 더 관련이 깊다. 십자가는 '성스러운 폭력'이나 아브젝시옹 그 이상으로 읽힐 수 있으며, 동시에 내가 정(情)의 개념과 연결시킨 급진적 형태의 사랑으로도 읽힐 수 있다. 나는 십자가 처형이 사실상 제국의 처형이었다고 주장하는 마크 테일러(Mark Lewis Taylor)의 정치적 그리스도론을 다룬 다음, 위르겐 몰트만의 작품을 이 장의 그리스도론적 대화에 끌어들일 것이다.

마크 루이스 테일러는 "예수의 십자가 죽음은 그 사건이 구체적으로 무엇이었는지를 고려할 때, 제국의 처형으로 보는 것이 가장 정확하다"라고 주장한다.4 고난은 전통적으로 십자가에 못 박히신 하나님을 영광스럽게 함으로써 '신성한 것으로' 간주되었다. 테일러는 예수의 십자가 죽음이 '파괴적인 가학피학증적 충동'을 성스럽게 만드는 안셀무스의 속죄 이론 유형들이 제시하는 개념으로 해석되어 자주 비판받고 있다고 간주하고, 이러한 십자가 죽음 이해를 거부한다.5 예수의 십자가 죽음을 하나님의 계획으로 승화시키는 것은 로마가 예수를 처형했다는 의미의 중요성을 축소시키는 것이다. 그리스도론을 거룩한 계획의 일부로 인식하는 것은 하나님이 제국의 지배와 처형과 같은 정치적 현실로 고통받지 않는다는 관념을 영속화한다. 나중에 몰트만에 대해 논의할 때, 우리는 하나님의 계획과 정치적 처형이라는 이해 사이에 있는 이 특별한 그리스도론적 경계가 성부수난설의 문제, 즉 십자가에서 처형되는 것은 하나님이라는 질문에 의해 확장되었음에도 위반되지는 않았음을 알게 될 것이다. 나는 몰트만의 십자가 이해에 완전히 동의하지 않지만, 포스트식민주의의 제3공간에서 그리스도론을 독해했기 때문에 테일러 같은 정치해방신학자들의 관점에 더 가깝다. 마찬가지로 나는 십자가의 고난과 사랑에 대한 기존의 강조가 여성에게 해롭다고 보는 다양한 페미니스트 그리스도론적 비판에 동의하지만, 십자가의 고난이 단지 자기 부정에 관한 것이 아니라고 생각한다. 그것은 또한 무력함이 아니라 힘을 전복적으로 길러내는 정(情)의 강력한 요소들로 이루어져 있다.

테일러는 "예수님은 '구속적 죽음'을 당하기 위해 '죽고자 하는 의지'에 사로잡혀 있었던 것은 아니었다"고 주장한다. 테일러의 주장은 예수님이 십자가에서 처형되었다는 것이다.6 '처형'은 '십자가형'을 넘어 어떤 차이를 만들어 내는가? 그리스도교 영성 대부분은 십자가형은 종종 착한 형태의 고난과 죽음을 의미하며, 실제로 고난을 신성화하고 영광스럽게 높이는 경우가 많다. 다시 말해 이는 '파괴적인 가학피하증적 충동'을 신성화하는 고난의 숭배로 해석될 수 있는 것을 영속시킨다.7 전자는 '처형'이 예수의 죽음을 '숭고한 신적 계획'으로 생각하는 것에서 벗어나게 하고, 그 대신 그 시대 제국 체제에 의해 희생당한 그와 수천 명의 사람들과 얽혀있는 물질적 조건의 공포(horror)를 유지하는 데 초점을 맞춘다. 테일러는 처형당한 하나님을 예수의 죽음이라는 특정한 역사적 사건에 국한시킬 수 없으며, 오히려 이 '처형당한 하나님'이라는 문구는 테일러가 '십자가의 길'이라고 부르는 '더 크고, 더 깊고, 더 넓은 힘'을 의미한다고 주장한다. 따라서 이 특별한 사건은 역사적 예수의 모습에만 국한된 것이 아니라 예수 자신이 참여했던 십자가의 길을 드러내는 것이다. 나의 그리스도론은 이 지점에서 공명한다. 즉, 예수의 처형, 곧 십자가 사건은 아브젝시옹/한의 공포와 정/사랑의 힘을 동시에 드러낸다는 것이다. 그러므로 처형은 십자가의 방식이며, 정의 실천에서 비롯된 특별한 삶의 방식이다.

전통적인 안셀무스의 이론은 예수의 십자가 죽음을 신이 인류에게 요구한 대가의 한 형태로 이해한다. 예수가 아버지 하나님의 뜻이 아니라 억압적인 제국에 의해 처형되었다고 말하는 것은 그리스도론을 근본적으로 다르게 조명한다. 전통적인 속죄론은 예수가 세상을 위해 수동적으로 고난을 당한 것으로 묘사한다. 이것은 이전 장에서 언급했던 우울한 정의 형태이다. 이 우울한 정은 해방적이라기보다는 오히려 운명론적이고 수동적이며, 따라서 희생을 강요하는 역할을 한다. 반면 테일러의 그리스도론은 강력한 제국에 의해 처형될 운명에 놓인 예수를 제시한다. 제국에 의하면, 예수는 기존 권력에 위협이 될 만큼 충분한 힘을 가지고 있었다. 그러므로 그의 죽음은 십자가의 길을 살아낸 결과인데 이는 해방적 행동의 핵심에 있는 해방적 정을 실천한 결과이다.

십자가에서의 아브젝시옹의 공포와 힘은 테일러의 관찰을 통해서도 울려 퍼지는데, 그는 예수의 죽음을 '처형'으로 기억하라는 부름은 '십자가형이 지녔던 공적 공포'를 우리가 다시금 자각하도록 일깨우는 것이라고 주장한다.8 이 구분은 자유를 향한 끊임없는 투쟁에서 십자가의 전복적 힘을 주장하는 데 있어 중요하며, 그는 이를 '십자가의 길'이라고 부른다.9 십자가의 길은 예수의 삶과 사역이 강력하게 강조했던 길이다. 결과적으로 십자가는 예수가 과거와 현재에 많은 참여자 중 하나로서 몸소 따랐던 '십자가의 길'을 직접 가리킴으로써 하나님의 복합적이고도 한계 없는 힘을 구현한다.

처형당한 하나님이라는 그리스도론은 정과 공명하는 사랑을 깊이 이해하고 실천할 것을 요구한다. 십자가는 경계를 초월하는 공통점을 상기시키는데 피해자와 처형자가 분명히 존재하기 때문이다. 예수가 실천한 것처럼 혁명적 변화는 본질적으로 적을 포함하는 사랑의 윤리를 구현해야 한다. 그러나 이러한 사랑의 윤리 개념은 억압자에게 굴복하는 형태가 아니다. 오히려 그것은 "적의 힘에 필적하는… 혁명적 변화의 전략"이다.10 십자가의 문제는 "'자기 십자가를 지는 것'이 아니라 '해방적 변화를 위해 십자가를 사용하는 법'을 배우는 것이다."11 테일러에 따르면, 십자가는 강력한 사랑의 윤리를 통해 피해화와 무력함을 정당화하는 도구가 아니라 오히려 원수 사랑을 포함하면서 해방적 행동으로 나아가는 강력한 상징이다. 마찬가지로 정이라는 개념이 전통적으로 길들여진 방식 때문에 문제가 될 수 있지만, 나는 십자가가 정의 빛에서 이해될 때 삶과 죽음, 미움과 사랑의 공존이라는 삶의 양립할 수 없는 측면을 효과적으로 포괄할 수 있다고 제안한다. 강력한 사랑의 윤리를 지닌 십자가는 정이 구현하는 포용적 관계주의의 상징이다. 십자가의 길은 정과 함께, 정 안에서, 정을 통해 살아감으로써 지속되어야 한다.

테일러의 '대항적 저항의 정치'(adversarial politics of resistance)로의 부름은 그가 주장하는 예수의 갈릴리 정체성을 포함하는 오랜 저항의 전통에서 발굴된 것이다.12 사도 바울이 사용한 '대항적 정치'에 대한 테일러의 관찰은 혼종성과 흉내내기의 역학을 통한 혁명적 변화라는 포스트식민주의 전략과 공명한다. 테일러가 포스트식민주의 이론에서 끌어온 것은 아니지만, 그의 주장은 바울이 사용한 이러한 전략적 흉내내기의 뚜렷한 흔적을 통해 충분히 뒷받침된다. 포스트식민주의 이론이 지적했듯이, 흉내내기는 상대방에게 경의를 표하는 동시에 전복적인 위협과 도전으로 작용한다는 점에서 양날의 검 같은 개념이다.

대항적 정치 행위를 통한 흉내내기 형태로, 십자가는 사실상 "제국 권력으로부터 주도권을 빼앗는다."13 예수의 처형은 이런 방식으로 "구원 사건이 아니라… 제국과 종교 권력에 대한 그의 창조적이고 극적인 도전이었다"는 것이다.14 이 주장은 십자가가 상징 체계 내에서 기호적 균열로서 기능하며, 억압된 것이 궁극적으로 돌아오는 것처럼 아브젝트를 온전히 드러낸다는 내 주장과 유사하다. 허버트

마르쿠제(Herbert Marcuse)는 지금 내가 여기서 제기하는 다음과 같은 질문을 던졌다. 억압된 자의 역사적 귀환을 어떻게 이해할 수 있는가? 마르쿠제는 프로이트에게서 이 질문의 답변에 대한 힌트를 얻었는데, 그리스도교인들이 해방을 선포하는 복음을 매우 승화된 형태로만 받아들이고 따르는 한, 그래서 현실이 여전히 이전과 다름없이 자유롭지 않는 한, '제대로 세례받지 못한 자들'이라는 것이다.15 마르쿠제는 그리스도교의 이름에 의하여 그리고 그 이름으로 저지른 가장 극악무도한 범죄의 이름을 거론한 후에 억압된 것의 귀환을 다음과 같이 설명한다.

> 처형자들과 그들의 무리들은 그들이 원했지만 거부할 수밖에 없었던 해방의 유령과 싸웠다. 아들을 향한 범죄는 그 범죄를 상기시키는 실천을 하는 사람들을 죽임으로써 잊혀져야 한다. 억압된 것의 귀환을 통제할 수 있게 되기까지는 수세기의 발전과 길들이기가 필요했으며, 이는 억압된 것의 귀환에 맞서 전면적인 동원(mobilization)을 나타내는 미움과 분노를 방출하는… 힘에 의해 이루어졌다.16

마르쿠제에 따르면, 우리는 이제 다시금 전 세계적인 해방 운동 속에서 억압된 것의 거역할 수 없는 귀환을 마주하고 있다. 제국주의 권력에 저항하는 일은 비폭력적인 저항의 형태를 요구한다. 더 구체적으로 이러한 비폭력은 '창조적이고 전략적인 실천'이어야 하며, 억압자들이 일반적으로 예상하지 않는 방식으로 가장 잘 수행되어야 한다. 즉, 이것은 '상상력이 풍부한 비폭력의 놀라운 힘'이어야 하는데, 이는 정에 대한 우리의 설명과 일맥상통하는 것 같다.17 더욱이 테일러는 저항은 민중 해방 운동에서 가장 눈에 띈다고 단언하면서 '저항의 충만함' 속에서 십자가의 도를 따라 사는 우리의 삶은 "새로운 사랑의 방식을 꽃피워야한다"고 말한다.18 이러한 '새로운 사랑의 방식'은 정을 인식하고, 구현함으로써 꽃피울 수 있다. 마음의 연결성에서 '솟아나는' 정은 자아와 타자 사이의 틈새 공간에서 변혁적인 되어감, 한을 초월하는 되어감 속에서 생겨난다. 여기서 초월은 도피를 의미하는 것이 아니라 고통의 구조 속으로 그리고 그 구조에도 불구하고 움직이는 것을 의미한다.

위르겐 몰트만의 십자가에 달리신 하나님과 삼위일체 그리스도론

> 십자가에 못 박힌 하나님은 사실상 국가도 없고 계급도 없는 신이다. 하지만 그렇다고 해서 그가 비정치적인 신이라는 뜻은 아니다. 그는 가난한 자, 억압받는 자, 굴욕당하는 자의 신이다.
> _ 위르겐 몰트만, 『십자가에 달리신 하나님』(*The Crucified God*)

나는 위 주장을 시험해 보고자, 하나님이 십자가에 못 박히셨다고 주장함으로써 전통적 그리스도론에 강력한 대안을 제시하는 위르겐 몰트만의 그리스도론을 읽어보려 한다. 나는 몰트만이 십자가 사건을 억압에 대한 하나님의 저항과 십자가에 임재하신 하나님의 현존의 표현으로 이해하는 것을 강조하는 것에서 매력과 위로를 느끼지만, 한편으로는 그것이 페미니스트 신학자들이 자주 비판해 온 고전적 대속 그리스도론을 계속 반복하는 것은 아닌지 하는 의구심이 든다.

그의 그리스도론은 신성한 기호계적 존재의 바다 같은 깊이에 발가락을 담그고 있지만, 현재의 독해 관점에서 볼 때, 격렬한 휩쓸림으로 해석될 수 있는 것에서는 여전히 물러서는 것 같다. 다음에서는 페미니스트 신학자들이 몰트만에 대해서 비평한 것과 관련하여 그에 대한 나의 독해를 제시할 것이다. 이러한 대화에 페미니스트의 개입을 끌어들임으로써 그의 그리스도론 틀이 갖고 있는 몇 가지 문제에 주목하고자 한다. 몰트만과의 대화를 통해 나는 몰트만의 그리스도론에 문제가 있다고 생각되는 부분과 더불어 대안적 그리스도론을 향한 결실을 맺을 수 있는 제안을 제시할 것이다.

그리스도로서 예수는 그분의 사역에서뿐만 아니라 힘없는 이들과의 관계에서도, 또한 힘 있는 이들, 두려워하는 이들, 혐오의 대상이 되는 이들과의 관계에서도 정을 온전히 구현해 냈다. 정과 한은 예수의 사역에서뿐만 아니라 십자가에서도 서로 얽혀서 존재한다. 앞 장에서 '흉내내기' 개념을 검토한 것은 우리가 십자가를 읽어내는 데 중요하다.[19] 상징으로서의 십자가는 권력과 순종에 대한 가부장적 관념에 경의를 표하는 동시에 그러한 관념을 '위협'하는 역할을 한다.

로마제국의 통치자들은 사람들을 공포에 떨게 하여 복종시키기 위해 십자가를 효율적으로 사용했다. 초기 그리스도교가 동일한 상징을 제국을 흉내내고 조롱하기 위해 사용했다는 사실은 초기 교회 운동의 일환으로 십자가에 대한 전복적인 이해가 존재했다는 것을 입증한다.[20] 따라서 포스트식민주의적 흉내내기 개념은 십자가가 제국 권력의 억압적인 질서와 법을 흉내내서 강력한 대항해석을 반영할 때 이를 위협으로 이해하는 데 중요한 통찰을 제공한다. 로마제국의 십자가처형 행위는 결코 영광스러운 형벌의 형태가 아니었다.

십자가 처형은 항상 억압받는 사람들이 제대로 복종하도록 공포에 떨게 하는 은밀한 위협이었다. 그러나 흉내내기의 힘을 통해 바로 이 아브젝시옹의 표식(sign)이 가해자를 포용하는 사랑/정의 표식이 된다. 십자가에서의 이중 교차는 다음과 같다. 즉, 십자가 아브젝시옹을 구현하면서도 동시에 예수의 정을 통한 구현으로 아브젝시옹에 저항한다. 전복적인 역동으로서의 흉내내기가 전면에 등장할 때, 혼종성의 개념은 십자가상의 신적 현존에 있어 중요한 요소가 된다.

혼종성 개념은 교리 신학이 변형될 수 있는 간극, 즉 틈새 공간을 인식할 수 있게 해준다. 몰트만의 그리스도론에서 핵심적인 관심사 중 하나는 십자가에 달린 예수의 운명에 대해 하나님이 관심을 기울이시는가 아니면 무관심하신가에 대한 문제이다. 몰트만은 십자가의 삼위일체적 역동성에 초점을 맞추어 "아들은 십자가에서 고난 당하고 죽는다. 아버지는 그와 함께 고통을 당하지만 같은 방식은 아니다"라고 주장한다.[21] 십자가 신학은 삼위일체론적 암시를 나타내야 한다.

> 여기서 아버지의 슬픔은 아들의 죽음만큼이나 중요하다. 아들의 아버지 없음은 아버지의 아들 없음과 일치하며, 하나님이 자신을 예수 그리스도의 아버지로 설정하셨다면 그는 또한 아들의 죽음 속에서 아버지됨의 죽음도 겪게 된다.[22]

몰트만의 그리스도론에서 핵심적으로 강조되는 것은 십자가 사건이 삼위일체적이라는 것이다.[23] 그는 "삼위일체 교리의 내용은 바로 그리스도 자신이 진 실제 십자가이다"라고 극적으로 말한다.[24] 나는 몰트만이 정체성을 융합시킬 정도로 십자가에서 하나님의 파토스를 강조하면서도, 십자가에 나타난 아브젝시옹의 공포를 왜 제안하지 않는지 묻고 싶다. 몰트만을 읽으면서 내가 발견한 것은 하나님과 예수 모두의 고통에도 불구하고 십자가는 오염되지 않았다는 것이다. 십자가 사건은 기호계의 폭발로 인한 피의 범람으로 가득하지 않고 깔끔해 보인다. 십자가의 고통, 완전한 아브젝시옹은 신학적으로 어떻게든 가려지거나 억제되어 있다.

이러한 삼위일체 내적 억제의 논리는 "하나님은 십자가에서 죽으셨지만 죽지 않으셨다"는 역설을 회피한다. 예수의 죽음의 의미는 "하나님 안에서의 삼위일체적 긴장과 관계를 고려하여 성부, 성자, 성령에 대해 이야기해야 한다."[25] 몰트만의 그리스도론에서 예수의 십자가 죽음은 모든 그리스도교 신학의 중심이 된다. 십자가상의 예수를 '구원'하기보다는 예수의 죽음이 완전한 고통과 완전한 아브젝시옹의 표식이 되게 하는 것은 어떠한가? 이는 "십자가에서의 그리스도 사건이 곧 신의 사건"이라는 견해에 의해 저지되는 것 같다. 이러한 접근 방식은 십자가의 철저한 아브젝시옹을 억제하는 기능을 한다.[26] 십자가에서의 사건은 하나의 '신적 사건'이지만, 아브젝시옹의 사건이기도 하다. 십자가는 한 명의 역사적 인물의 죽음과 고통을 상징하는 것이 아니라 억압받는 것의 귀환으로서 타자의 아브젝시옹을 의미하고 가리킨다.

몰트만의 내재적 삼위일체론에서 신이 십자가에 못 박혔다는 주장에 대한 강력한 비판은 아시아 신학자 송천성(C. S. Song)으로부터 나온다. C. S. 송은 성부가 십자가 위에서 성자를 버린 사건이 단지 '하나님 안에서의 반란'(Mutiny within God)으로만 다가온다고 단호하게 주장하며, 몰트만의 십자가에 못 박히신 하나님 개념에서 한 걸음

더 나아가 자신만의 개념인 십자가에 못 박힌 사람들(Crucified People)로 전환해 간다.27 나는 다음 장에서 C. S. 송의 십자가 이해에 대해 자세히 살펴볼 것이다. 그가 한 몰트만에 대한 비판은 몰트만의 십자가 이해에 대한 교정이라고 할 수 있는데 C. S. 송이 십자가의 폭력이 신적 폭력이 아니라 인간의 폭력이라는 점을 지적한 점에서 그러하다. 그는 이어서 십자가는 '나사렛 예수의 고난이며 인류의 고난'이라고 주장한다. 이는 "'인간이 인간을 버린 것'이지, 삼위일체의 '제2위격'이 '제1위격'에게 버림받은 것도 아니며, 한 위격이 다른 위격을 저버린 것도 아니다."28

이전 장에서 우리는 크리스테바와 트린이 자아 내 낯선 존재에 대해 동의한다는 점에 주목했다. 이처럼 자아 속의 낯선 자/비천한 자(abject)와 '나'에 대한 복합적 이해는 더 이상 자아와 타자의 이분법을 유지하지 않으며, 오히려 그러한 단순한 분리를 무너뜨린다. 그리스도론의 관점에서 자아와 타자의 융합—신성과 인성, 초월과 내재, 성스러움과 비천함(abject), 한과 정의 융합—은 신성에 대한 전제들을 의문에 부칠 뿐만 아니라 서로의 관계 속에서 우리의 관계적 이해를 근본적으로 변화시킬 것이다. 제국에 대한 경의와 위협으로서의 십자가의 이중적 몸짓은 그리스도교 신학의 기초가 되는 이원론적 사고의 많은 부분에 근본적으로 도전하는 역할을 한다.

자아/타자, 한/정 이분법의 붕괴는 레오나르도 보프(Leonardo Boff)와 같은 해방신학자들이 그리스도론과 관련하여 말해온 내용을 반영하기도 한다. 보프는 한결같이 십자가가 양면적인 장소라는 점을 주장해 왔다. 십자가는 끔찍한 처벌의 상징인 동시에 '그리스도의 구속을 형상화한 가장 강력한 상징'이라는 것이다. 십자가 사건에서 우리는 사랑의 논리와 폭력의 논리를 모두 접하게 된다는 사실을 목격하고 떠올리게 된다. 이것은 아브젝시옹/한인데 왜냐하면 이는 '예수를 죽게 만든 사람들의 사악함을 기소'하는 것 때문이고, 또한 이것과 동시에 예수가 정을 구현하는 것이기도 하니, 이는 '죽음보다 강한 사랑의 상징'이기 때문이다. 고통과 억압을 진정으로 반대하는 유일한 방법은 사랑뿐이다! 나는 몰트만이 십자가에서 하신 하나님의 연대를 강조하는 것만으로는 충분하지 않다고 생각한다. 몰트만은 구속 사역이 신적 삼위일체 관계 안에서 이루어지도록 놔둔다. 구속 사역에 대한 인간의 참여는 어떻게 된 것인가? 우리의 역할이 필요한가, 아니면 신적 삼위일체가 이미 모든 일을 다 하신 것인가? 구속의 사역은 역사적 영역의 과정에서 이루어지는 것이 아닌가? 십자가 사건이 신적인 사건이 되면 무슨 일이 일어나는가? 몰트만의 그리스도론은 십자가 위에서 하나님을 아들과 급진적으로 연대하게 이끌지만, 아브젝시옹/한과 정 사이의 틈새 공간을 창조할 만큼 충분히 멀리 나아가지 못한 점에서 한계가 있어 보인다.

따라서 몰트만의 신학에서 성육신이 십자가와 분리될 수 없다는 것은 우연이 아니다. 따라서 예수의 십자가는 하나님 안에서 일어났고, 그 십자가 처형은 하나님의 죽음이 된다. 이러한 삼위일체의 내적 역동은 하나님과 예수의 고난 사이의 전통적인 모순을 해결하고, "하나님의 존재는 고난 안에 있고 고난은 하나님의 존재 자체 안에 있다"는 것을 이해하도록 제안한다.[29] 몰트만이 묘사한 것처럼 십자가에서 하나님과 예수가 융합되어 있다면, 예수는 하나님의 자아 안에 있는 타자성을 보여준다. 예수는 하나님 자신의 추방된 자아 (abjected self)일 것이다. 몰트만은 고난 이야기를 마치 "예수는… 자신의 '아바' 기도에서… 스스로를 하나님 아버지의 자녀로 경험했다"는 식으로 읽는다. 몰트만에 따르면, 예수의 자신에 대한 경험과 죽음에 대한 경험 사이의 모순은 너무 심해서 '하나님의 아들이 겪은 하나님으로부터의 버림받음'으로 이해해야 한다. 마가복음 15장 34절에서 예수는 완전히 버림받은 채 아버지께 "나의 하나님, 어찌하여 나를 버리셨나이까?"라고 부르짖는다. 마가복음 기록은 '예수가 죽은 가운데 하나님이 가려진(일식된) 상태'를 묘사하고 있다.30

그런데 왜 신학자들은 예수가 실제로 버려졌다는 가정을 고집하는 것인가? 하나님이 그를 버렸는가? 그것은 하나님이 그를 이 고통에서 구할 수 있었다는 것을 암시한다. 하나님의 침묵을 묘사하는 그리스도교 전통은 종종 그것을 '심연, 무로 가라앉는 것'으로 묘사한다.31 그러나 캐서린 켈러(Catherine Keller)는 "아버지가 아들의 죽음으로 마침내 고통받는 것이 허용되어야 하며, 모든 아버지가 마침내 자신의 고통을 대물림하지 않고 스스로 자신의 십자가를 지는 것이 공평하다"고 지적한다.32 몰트만의 '고난 안에 있음'에 대한 개념은 특히 레오나르도 보프에 의해 비판되었다. 고통과 죽음은 어떻게든 신적 정체성에 내재되어 있으며 따라서 하나님의 본질을 표현하는 것이라고 주장하는 것은 고통을 영속시키는 것이다. 예수가 "고난을 위해 고난을 받으셨다면, 고난이 곧 신이기 때문에… 고난을 극복할 방법은 없다"는 것이다. 결과적으로 예수의 고난은 오로지 고난에 맞선 투쟁의 결과였기 때문에 구속적이다.33 몰트만의 고난 속에 계신 하나님에 대한 이해와는 달리, 보프는 고난이 고난 자체에 대한 투쟁의 결과일 때만 구속적이라고 일관되게 주장한다.

몰트만이 이해한 십자가는 몰트만 그리스도론의 내적 삼위일체 관계에서 인격들을 서로 구분시키면서도 서로를 융합시킨다. 이런 이유로 몰트만은 "예수의 십자가 죽음의 신학적 차원은 예수와 그의 아버지 사이에 유기와 승복(surrender)의 영 안에서 일어난 일"이라고 설명한다.34 페미니스트 신학자 도로테 죌레(Dorothee Soelle)가 비판한 몰트만에게 있는 '유기'와 '승복'의 언어이다. 확실히 억압받고 희생당한 사람들의 맥락에서 이러한 자기 부정의 언어는 '승복'과 '유기'의 수용이라는 억압적 입장을 정당화하는 가부장적 호소력 때문에 반드시 도전받아야 한다. 십자가의 상징은 처형을 뜻할 뿐만 아니라 온전함과 생명을 의미하기 때문에 역설적이다. 따라서 나는 몰트만의 내적 삼위일체론적 관점에 비판적이긴 하지만 죌레와 다른 페미니스트 신학자들이 십자가가 종교적 상징으로 사용되어서는 안 되며, 단지 예수에게만 국한되지 않고 억압적인 권력에 맞서는 모든 사람을 선동하는 정치적 처벌의 수단을 의미한다고 주장하는 것에도 불편한 마음이 든다. 물론 나는 완전한 순종과 자기희생적 사랑으로 선택된 구원의 개념이 지배 관계를 계속 정당화한다는 페미니스트들의 주장에 동의한다. 그러나 십자가가 그것이 의미하는 모든 고통과 함께 왜 전 세계에서 고통받고 억압받는 많은 사람들에게 계속해서 힘을 북돋아 주고 해방의 상징으로 작용하는지에 대해서도 질문할 필요가 있다.

몰트만의 그리스도론에는 사랑에 대한 급진적인 이해의 흔적이 남아 있다. 켈러가 지적하듯, "고통받는 하나님이라는 개념은 이단으로 간주되던 성부수난설로부터 되찾아온 20세기의 위대한 수사적 비유(trope)로 등장하였다."35 다른 해방신학자들과 마찬가지로 몰트만은 하나님과 고통이 더 이상 모순되지 않는다고 간주하는데, "하나님은 사랑이시기 때문에 하나님의 존재는 고통 속에 있고 고통은 하나님의 존재 안에 있다."36 십자가의 고통이 강력한 것은 그것이 또한 하나님의 급진적인 사랑의 표현을 보여주기 때문이다. 그의 십자가 신학의 핵심은 내적 삼위일체 관계뿐만 아니라 십자가의 고난이 급진적인 연대와 사랑을 표현한다는 주장에 있다. 몰트만은 이렇게 말한다,

> 하나님은 저세상에 계실 뿐만 아니라 이 세상에 계시고, 하나님일 뿐만 아니라 사람이기도 하시고, 통치와 권위와 율법일 뿐만 아니라 고통과 해방의 사랑의 사건이기도 한다. 아들의 죽음은… 아들의 죽음과 아버지의 슬픔 속에서 살게 하는 사랑의 영이 솟아나는 그 하나님 사건의 시작이다.37

따라서 역설은 이것이다. 이러한 하나님의 사랑조차도 종종 미화되어 무력한 이들에게 강요되어 억압적이고 숨 막히는 형태들을 조심스럽게 통과해야 한다는 점이다. 사랑과 고통은 모순처럼 보이는 방식으로 나란히 놓인다. 몰트만에게 있어 십자가의 변증법은 부활의 관점에서도 이해되어야 한다. 페미니스트 신학자 레베카 촙(Rebecca Chopp)은 몰트만을 읽어내면서, '예수론'과 '고(高) 그리스도론' 중 하나를 선택하는 것이 아니라 "예수에 대한 역사적 이해는 몰트만이 종말론적-신학적 그리스도 이해라고 부르는 것과 함께 읽어내야 한다"고 지적했다.38 몰트만 자신은 '승복'이라는 표현에도 불구하고 예수가 기꺼이 십자가에서 죽으심을 강조하는 그리스도론에 비판적이다. 또한 몰트만은 예수의 죽음을 '우리 죄에 대한 몸값'으로 강조하는

그리스도론적 정식(formula)도 받아들이지 않는다. 몰트만은 이러한 전통적인 그리스도론을 부정함에 따라, 예수가 십자가에서의 자신의 죽음을 운명으로 수동적으로 받아들인 것이 아니라 고통 속에서 '하나님이 자신을 완전히 버리셨다는 것의 표현'으로 울부짖었다는 것을 이해하도록 이끈다.39 "나의 하나님!"이라는 예수의 외침은 항의이자 인정이다.

내 신학 언어에서 예수의 항의와 인정은 해방적 정을 궁극적으로 살아내는 것을 상징한다. 몰트만은 예수가 자신의 사역 기간 동안 하나님과 매우 친밀하고 긴밀한 관계를 맺었음에도 불구하고 십자가는 "예수와 하나님 사이의 이러한 교제와 동일시를 부정하고, 잊고, 파열"시켰다고 지적한다.40 몰트만의 십자가 신학은 자신이 이해한 '그리스도의 고난'의 중요성에 근거를 두고 있다. 몰트만은 '그리스도의 고난'이 예수에게만 국한된 것이 아님을 인정한다. 오히려 그리스도의 고난은 묵시적 배경 속에서 보편적인 차원을 지닌다. '현재 시간의' 묵시적 고난은 십자가 위에서의 '그리스도의 고난'과 연결되어 있다. 이러한 묵시적 관점들은 몰트만이 그리스도의 고난에 대해 그가 '포괄적' 및 '배타적'이라고 부르는 윤곽을 탐색하는 데 난점에 부딪히게 만든다. "예수의 고난은 자신으로부터 비롯된 것을 겪어내는 개인적인 고난이 아니다. 그것은 그가 세상을 위해 겪어내는 묵시적 고난이며… 필연적인 것이다… 결과적으로 그는 모든 사람을 위협하는 것을 대리하여 고난을 겪어냈다."41 이 신학 논리는 페미니스트 신학자들로부터 고통을 '영속화'한다는 점에서 비판받았다. 이에 대해 다비 레이(Darby Ray)는 "구원의 장소가 하나님의 고난과 죽음이라면(이를 초래한 역사적 상황과 선택과 무관하게) 고난과 죽음은 **그 자체로**

구원적인 것으로 해석될 수 있다"고 반박한다.42 게다가 이러한 '시의 적절한' 묵시는 급진적 변혁을 여는 것이 아니라 오히려 미래를 종결짓는 역할을 효과적으로 한다. 몰트만의 그리스도론은 그리스도의 고난의 배타적 측면과 포괄적 측면을 모두 구현하려고 시도한다. 왜냐하면 그가 성찰하듯이, "예수는 다른 이들과 연대하여 고난을 당하고, 많은 이들을 대신하여 그리고 고난 받는 온 창조 세계를 위해 고난 당했기 때문이다."43

십자가에서의 삼위일체 관계성에 대한 강조에도 불구하고 우리가 십자가에서 발견하는 것은 상호 관계가 아니라 성부가 주도권을 쥐는 일방적인 관계이다. 성자는 여전히 수동적이고 아브젝트로 남아 있다. 성부께서 성자처럼 비천한 모습을 띠고 비천한 존재가 되신다면 삼위일체 내적 관계성이 힘을 얻지 않을까? 여기서 나는 하나님이 십자가에 못 박히셨다는 몰트만의 주장을 강조하고 싶다. 몰트만이 이렇게 주장하더라도 삼위일체 내부의 관계 언어는 여전히 아버지와 아들이 융합되지 않은 상태로 남아 있다. 이것은 예수의 십자가 고난과 관련하여 무엇을 의미할 수 있을까? 몰트만은 그 패러다임 자체가 역기능적이라는 사실을 인식하지 못한 채 아버지와 아들 사이의 해방적 관계성을 구축하려고 무리하게 시도한다. 역기능은 관계적 측면에서 나타나는데, 구체적인 상호성은 보이지 않고 아들이 할 말이 별로 없는 위계적 관계성만 존재하는 것 같기 때문이다. 아들이 십자가에 못 박힐 때에만 수동적인 존재가 되는 것이 아니라 아버지가 등장할 때에도 다시 수동적인 존재가 된다고 주장할 수 있을 것이다. 변혁적이고 위협적인 것은 아버지에 의해 구출되는 아들이 아니라 아브젝트인 아들이라는 것이 나의 주장이다. 그는 자신을 아브젝트로 만든 권력을 되쏘아보며 흉내 내고 조롱하는 아브젝트이다. 이것이 바로 십자가의 변혁적인 힘이다. 아버지가 아들 위에 군림하는 이러한 역기능적인 상징 권력의 손아귀에서 관계적인 삼위일체를 구해내기 위해서는, 몰트만의 삼위일체론에서 부족한 점과 드러나지 않는 부분을 살펴봐야 한다. 몰트만이 의도하지 않은 것처럼 보이는 것은 십자가의 기호계적 파열이라는 통제할 수 없고, 가둘 수 없는 힘을 길들이는 것이다. 십자가의 아브젝트로부터 너무 많은 것이 쏟아져 나오는 것처럼 보이기 때문에 몰트만은 기호계적 홍수의 파열을 막기 위해 교리적 댐을 건설하거나 적어도 의심하지 않고 유지하는 것처럼 보인다.

그러므로 십자가 사건은 테일러가 언급한 십자가의 길이며, 내가 더 나아가 주장하는 바는 이것이 특정한 종류의 삶에 의해 떠받쳐지고 지속된다는 것이다. 그것은 바로 정의 해방적 실천의 방식을 살아내는 삶이다.

정(情)의 해방적 실천(Praxis)

> 우리의 신학적 전통은 하나님을 여성으로 이해하는 데 약간의 어려움이 있다. 여성 하나님도 없고, 여성적 삼위일체(어머니, 딸, 영)도 없다…. 우리에게는 여성적 삼위일체가 없다.
> _ 뤼스 이리가레(Luce Irigaray), 『성과 계보학』(*Sexes and Genealogies*)

페미니스트들은 억압적인 권력 역학이 무의식적으로 유지되는 전통적인 그리스도론적 패러다임의 한계를 비판해 왔다. 몰트만은 아들의 고난 속에 동참하시는 아버지의 연대를 강조하면서, 실제로 이러한 전통적 패러다임의 한계를 밀어붙인다. 그러나 어떤 패러다임들은 그 경계를 확장하기 위해 상당한 압박이 필요하다. 전통적인 그리스도론적 패러다임에 남아 있는 억압적인 가부장주의의 흔적에서 삼위일체 관계를 해방시키기 위해서는 패러다임의 전환이 필요하다. 이것은 단지 삼위일체를 해방시키거나 변호하는 방법을 찾거나 신학에서 성차별적 언어를 제거하는 문제만은 아니다. 오히려 신학이 지배에 맞서 싸우는 공동체들과 관련성을 갖기 위해서 정치적, 사회적, 경제적, 젠더적, 인종적, 문화적, 성적 지향 등 다양한 분야에서 권력과 지배의 존재를 비판해야 한다.

많은 페미니스트들에게 핵심 문제는 아버지와 아들의 관계에 대한 은유적인 언어와 개념이다. 그들은 아버지와 아들 사이의 친밀한 관계를 주장하기 위해 예수가 하나님을 '아바'라고 부른 것을 자주 인용한다. 이 친밀한 경험은 아버지에 의해 버림받은 강렬한 느낌과 함께 몰트만이 십자가를 내적 삼위일체 사건으로 이해하는 것에 힘을 실어준다. 이 하나님께 버림받음은 예수가 그의 마지막 시간 동안 경험한 것으로, 이는 예수가 그의 아브젝시옹을 경험함으로써 나타난 예수의 한으로 해석될 수 있다. 몰트만은 아버지의 버림을 견디고 받아들이는 것을 하나님 나라를 위한 예수의 열정으로 인정하지만, 몰트만의 선한 의도에도 불구하고 여기서 몰트만은 승복, 항복, 순종과 같은 억압적인 개념들을 승인하는 위험에 처할 수 있다. 자신이 버림받은 것을, 수용한 것을 하나님의 나라에 대한 예수의 열정으로 그리고 당연히 한의 체현으로 보는 것보다, 정이라는 개념의 틀 안에서 예수의 '버림받음'이 실제로 한이 아니라 세상에 대한 깊은 정으로 지탱되고 있는 타자에 대한 정으로 타자를 받아들인 것이라고 주장하

는 것이 더 해방적이지 않을까? 몰트만에 따르면,

> 아들의 승복 속에서 아버지께서도 승복하시지만 그 방식은 동일하지 않다. 아들은 이 버림받음 속에서 죽음을 겪는다. 아버지는 아들의 죽음을 겪으신다. 그분은 아들에 대한 사랑의 무한한 고통 속에서 아들의 죽음을 겪는다. 그러므로 아들의 죽음은 아버지의 고통에 상응한다.44

그러나 "그리스도의 고난은 이미 지금 여기에서 신적 고난으로 나타나고 있으며, 하나님의 고난으로 이해되어야 한다"는 진술은 힘없고 억압받는 사람들, 즉 역사의 아브젝트들의 현재적 고난을 다루지 않는다. 그리스도의 고난과 버려짐에서 십자가에 달리신 하나님으로의 전환은 종종 양가적인 방식으로 이루어진다. 그러한 전환은 너무 깔끔하고 질서정연하다. 그리스도의 고난에서 십자가에 달리신 하나님으로 전환하는 것은 아브젝트를 위한 그리스도의 고난의 구속의 힘을 무시하는 것이다.

이것은 하나님의 역할이 중요하지 않다는 말이 아니다. 성육신으로 인해 하나님의 존재가 고난 속에 있다면, 우리는 또한 아브젝트의 신성과 신적 자아의 아브젝시옹을 탐구해야 한다. 앤드류 성 박의 주장대로 만일 한이 하나님이 경험한 상처라면, 하나님은 한과 아브젝시옹에서 분리된 것이 아니며 분리될 수도 없으며, 오히려 하나님은 한과 정을 모두 가지고 계신 분이다. 하나님은 '거룩'하시지만 역설적으로 모든 아브젝트성의 비참, 고통, 아픔 속에 있는 아브젝트이다.

몰트만은 삼위일체 내적 삶의 '신적 일관성'을 강조함으로써 성육신의 구속하는 힘을 온전히 구현하기 위해 가부장적 그리스도론

패러다임에서 완전히 벗어나지 못한다. 몰트만은 아버지와 아들의 관계에 대해 "아들의 자기 내어줌은 그가 자신의 신적 형상을 비우는 것을 의미하며… [그리고] 자기 내어줌은 자기 비하와 '죽기까지, 심지어 십자가에 달려 죽기까지 순종함'으로 이루어진다고 주장한다."45 그는 히브리서를 인용하여 자신의 주장을 다음과 같이 뒷받침한다. "[예수는] 고난을 통해 순종을 배웠고… 그 자신의 입장에서 승복을 배웠다."46 '승복'이라는 언어는 모든 사람이 승복을 실천할 때에만 효과적이며, 관계의 융합(fusion)이라는 언어도 억압적인 관계의 맥락에서 이루어질 때 문제가 된다. 많은 페미니스트들이 몰트만의 신학을 비판하는 것은 바로 이 지점이다. 승복은 억압받고 지배당하는 사람들에게 유익하지도 않고 합리적이지도 않다.

몰트만의 신학에서 내가 강조하고 싶은 것은 몰트만이 가정하는 것 같지만 강조하지 않는 것, 즉 십자가에 나타난 하나님의 급진적인 사랑/정의 현존이다. 그의 신학에서 사랑/정의 출현은 그의 십자가 신학을 더욱 급진화시킬 것이다. 나는 몰트만이 참조한 아브라함 헤셸의 '하나님의 파토스' 개념을 이어받아 십자가 역시 하나님의 심오한 사랑/정의 사건이라고 주장하고 싶다. 십자가의 능력은 아마도 상징적인 아버지 하나님에 의해 예수가 철저히 아브젝시옹 당하는 것을 목격할 때 가장 해방적일 것이다.47 예수가 경험한 이러한 아브젝시옹과 한은 우리의 원초적 분리, 즉 우리의 가장 처음의 한의 경험, 가장 깊은 한의 경험을 표현한 것이라고 나는 주장한다.

십자가에서 구현된 정은 궁극적으로 기호계의 신으로부터 흘러오는 연대의 정일뿐만 아니라 예수로부터 신과 고통받는 피조물에게로 강력하게 넘쳐나는 정이기도 하다. 더욱이 이전 장에서 살펴본 아브젝시옹, 한, 정에 대한 우리의 논의를 고려해 볼 때, 나는 십자가의 신학이 정을 강조하는 것이 유익하다고 제안하고자 한다. 왜냐하면 십자가는 아브젝시옹과 사랑, 한과 정을 구현하고 이를 계속해서 추구하기 때문이다.

몰트만의 그리스도론은 의도적이지는 않지만 위태롭게도 고통이 어떤 식으로든 하나님의 계시의 통로가 된다는 믿음을 고수하고 있다.48 결과적으로 예수의 사역은 부차적인 것이 되어 "진짜 행동은 이 땅에서 일어나는 것이 아니라 하나님의 존재 안에서 일어난다." 예수가 억압적인 권력에 맞서서 투쟁한 것은 인간의 영역에서 벗어나, 쉽게 '주로 하늘의 일'이 된 사건으로 읽힐 수 있다.49 고통받는 이들과 처형된 하나님의 급진적 연대는 고통 자체를 구속으로 보는 전통적인 속죄론에서 벗어난 교리적인 움직임이다. 그러나 "고통은 고통으로 극복된다"와 같은 표현은 우리가 분명히 피하고자 하는 불쾌한 권력 역학의 가부장적 고착화로 해석되지 않도록 더 명확히 다듬을 필요가 있다.

다시 말하지만, 페미니스트들이 동의하듯이 몰트만 그리스도론의 강점은 하나님이 인간의 고통을 무력하게 바라보거나 무감각하게 방치하는 것이 아니라 오히려 그들과 함께 죽고 고통받는다는 점에 있다. 이러한 하나님 이미지에 대한 혁명적인 변혁은 "몰트만이 이를 삼위일체적 사고의 틀에 다시 넣을 때 희석되고 만다."50

몰트만에 대한 비판 중 가장 신랄한 것은 도로테 죌레의 주장이다. 그녀는 몰트만이 하나님을 '가난한 자, 농민, 노예의 하나님'으로 묘사했지만, 그의 의도는 전통적인 가부장적 신학 체계에서 완전히 벗어나지 못했기 때문에 그의 의도를 약화시켰다고 비판한다. 더 나아가 그녀는 이러한 신학은 궁극적으로 '가학적'이라고 비판한다.[51] 하지만 우리가 십자가를 억압적인 권력의 상징으로만 이해해야 하는가? 십자가는 정이 충만한 삶을 살면서 마주하게 되는 위험을 의미할 수도 있지 않을까? 왜냐하면 켈러의 주장처럼,

> 고통을 초래하거나 고통에서 우리를 구하는 신은 없다. 생명의 신적 구원자도 없다. 지혜를 의도적으로 육화하는 것은 사실 십자가의 위험을 높일 수 있지만, 그 목적, 즉 유혹은 새로운 창조를 위한 것이다.[52]

십자가를 신과 세상 사이의 잘못된 관계를 바로잡는 상징으로 강조하는 그리스도론적 공식은 권력과 사랑의 개념을 왜곡할 뿐만 아니라 고통과 억압의 구조에 저항하는 십자가의 정치적 힘을 박탈한다. 페미니스트들의 비판은 그리스도교적 해석에서 고통이 종종 피학증을 정당화하는 데 사용되었음을 드러낸다. 왜냐하면 "거의 모든 그리스도교적 해석은 우리가 끝낼 수 있는 고통과 끝낼 수 없는 고통 사이의 구별을 무시하기 때문이다."[53] 고통에 대한 이러한 전통적인 이해는 피학증의 관점에서 고통을 강조하고 권장하는데, 고통은 '우리의 자존심을 꺾고, 우리의 무력함을 보여주고, 우리의 의존성을 이용'하는 데 사용되며, 그 과정에서 하나님을 위대하게 만들고 우리를 지극히 작게 만들어서 우리를 하나님께로 돌아오게 하려는 의도에서 그렇게 하는 것이다.[54] 고통을 하나님이 직간접적으로 초래한 것으로 보려는 모든 시도는 하나님을 가학증과 연결시킬 위험이 있다. 신에 대한 전통적인 남성중심적 신적 구성과 이에 수반되는 교리를 고려할 때, 가학증이 상상된 신의 일부가 되었다는 것은 그다지

놀랄 일이 아니다. 상징계는 단순히 기호계를 억압하는 것뿐만 아니라 형벌과 응보의 규율을 통해서도 질서와 체계를 유지한다.55 이 논리에 따르면 속죄는 고통의 결과로만 가능하다. 전통적인 고통에 대한 설명 대부분은 하나님의 형벌이라는 개념에서 출발하며, 따라서 고통의 이유를 이 틀 안에서 찾으려고 한다. 그 결과, 정의를 실현하기 위해 고통을 주는 전능한 통치자로서의 하나님이라는 개념이 등장하게 된다. 죌레는 몰트만의 십자가 신학 안에는 예수 그리스도의 아버지가 있으며, 그분은 처음부터 의도적으로 행동했다고 주장한다. 그녀의 말에 따르면, "고의적으로 아들을 죽였다"는 것이다. 이러한 신학은 궁극적으로 사형 집행자를 숭배하는 신학적 가학증의 형태로 이어진다고 단호하게 말한다.56 죌레가 주장하는 것은 이와는 반대로 하나님은 자신의 사역과 죽음에서의 예수 그리스도처럼 생명을 사랑하는 분이라는 것이다. 이 하나님은 "사람들의 고통을 원하지 않으며, 심지어 교육적 장치로서도 사람들의 고통을 원하지 않는다"고 주장한다.57 이러한 비판에 대해 몰트만은 하나님을 유일한 능동적 행위자로, 아들을 수동적 대상으로 볼 때만 이것이 사실이라고 대답한다. 몰트만은 죌레가 자신의 승복의 신학을 잘못 이해하고 있다고 주장한다. 그에게 예수는 하나님의 의를 충족시키기 위하거나 하나님의 진노를 달래기 위한 '희생 제물'이 아니다. 하나님 편의 이런 주체성과 예수 편의 수동성은 둘이 분리된 관계에 있다는 것을 의미한다. 즉, 몰트만의 주장대로라면, "그들은 함께 존재하지 않는다"고 할 수 있다. "그들은 서로 반대되는 존재이다." 몰트만은 전통적인 속죄 신학이 과거에는 그러한 입장을 제시했지만, 몰트만 자신은 아버지와 아들이 서로 깊은 관계에 있다고 주장한다. 두 분의 관계는 매우 밀접하게

연결되어 있어서 아들의 고통이 아버지의 고통이 되기도 한다.58

따라서 십자가는 억압과 고통과 맞서는 반란의 상징으로서 고통의 중심이 된다. 십자가는 억압받고, 불이익을 당하고, 소외된 이들과 연대하는 상징으로 기능한다. 이 점에서 죌레와 몰트만은 서로 동의한다. 그리스도께서 십자가에서 고통을 끝내기 위해 고통받는 자의 편에 서셨기 때문에 우리는 십자가를 통해 고통받는 자들과 연대하도록 부름받았다.

리타 나카시마 브록(Rita Nakashima Brock)이나 들로레스 윌리엄스(Delores Williams)와 같은 다른 페미니스트 신학자들은 주로 힘의 문제 때문에 전통적인 속죄 이론을 비판했다. 전통적인 속죄론은 종종 관계에서 권력의 남용으로 해석되는 것을 고착화한다. 이것은 힘 있는 자와 힘없는 자를 명백한 위계적 관계 속에서 지속시킨다. 마찬가지로 한국계 미국인 페미니스트의 관점에서 십자가에 대한 가부장적 이해는 가부장적 권력 역학의 언어를 강화한다. 또한 쉬슬러 피오렌자(Schüssler Fiorenza)는 다음과 같이 주장한다.

> 그리스도교 사역과 신학은 예수의 고난과 죽음을 의례화하고 사회와 교회의 힘없는 이들에게 예수의 완전한 순종과 자기희생을 모방하라고 촉구함으로써 폭력의 순환을 중단시키기보다는 지속적으로 기르는 결과를 초래한다. 이러한 폭력의 순환은 주인 지배적(kyriarchal) 사회 및 교회 구조 그리고 문화적·정치적 담론에 의해 발생한다.59

다시 한번, 나는 쉬슬러 피오렌자의 주장, 십자가가 여성과 힘없는 이의 지배를 영속화하는 데 사용되었다는 것에 동의하지만, 그녀가 여성, 힘없는 자, 서벌턴을 어느 정도까지 침묵하게 만들었는지에 대해서도 의문을 갖는다. 앞의 인용문에서는 힘없는 이의 주체성이 느껴지지 않는다. 그녀는 이 수사 속에서, 과거에 그리고 현재에도 계속해서 가부장적 지배 구조들이 해왔던 바로 그 동일한 행위를 되풀이하고 있는 것은 아닐까? 쉬슬러 피오렌자는 서벌턴과 아브젝트를 주체성을 상실한 채 말할 수 없는 존재로 만드는 것은 아닐까? 반면에 그녀는 "자기희생적 사랑으로서의 십자가 신학은 가족을 위해 자기희생적 사랑을 요구하는 문화적 '여성성'과 결탁하기 때문에 순종의 신학보다 훨씬 더 해롭다"고 주장한다.60

이와 마찬가지로 한국계 미국인 사회학자 김정하(Jung Ha Kim)는 "그리스도교의 성스러운 영역에서 설파되는 성차별은 교회에 다니는 한인 여성들로 하여금 이타적이고 고통을 감내하는 이미지를 이상적인 그리스도인 모델로 받아들이게 만드는 건강하지 않은 분위기를 조성한다"고 말한다. 이어서 그녀는 "교회 여성들에게 고난을 요구하는 것은 '고난 받는 종'으로서의 그리스도 이미지를 반영할 때가 많다"고 지적했다.61 이처럼 "예수의 삶과 죽음의 의미를 가학피학증적으로 이해하는 것은 이것과 유사한, 만족을 이룬 고난받는 종이라는 내재된 모순이 정당화된다."62 고난과 자기 부정이라는 전통적 개념을 강조함으로써 한국 여성들은 종종 두 가지 메시지를 전달받는다. 즉, 고난은 정당화되고 억압은 현실의 자연스러운 부분이며 그로 인한 고난의 영성화는 '그리스도교적 미덕'이라는 것이다.

십자가 자체의 양가성은 민중 운동의 선구자 중 한 명인 함석헌(Ham Sok Hon)이 지적하고 있다. 그는 "자유 의지를 가진 도덕적 인간의 속죄는 어떻게 이루어질 수 있는가? … 내가 믿는 분은 역사적 인간 예수가 아니다. 나는 그리스도를 믿는다. 그분은 예수 안에 계실 뿐 아니라 본질적으로 내 안에 계신 영원한 그리스도이시다. 속죄는 오직 예수와 내가 더 이상 분리되지 않고 함께 하나됨을 경험할 때만 이 그리스도를 통하여 일어난다"고 주장한다.63 한국 해방 운동의 관점에서 쓴 함석헌의 글은 고난당하는 그리스도와 고난당하는 아브젝트 사이의 연대를 인식할 필요를 주장한다. 그리스도가 우리와 함께 고난을 당하고 우리의 고난이 그리스도의 고난에 반영된다는 인식은 정의 힘으로 이루어진다. 새라 코클리는 몰트만과 다른 남성 신학자들이 '그리스도의 취약성과 신적 자기 제한의 인정'을 찬양하는 것과 페미니스트들이 복종과 순종을 경계하는 것을 동시에 비판하면서, 의존적 취약성과 해방하는 힘과 복종 사이에서 선택해야 한다는 이분법 자체에 의문을 제기한다.64 코클리는 취약성, 연약함, 자기 비움 같은 주제들이 백인 그리스도교 페미니스트의 글에서는 다뤄지지 않거나 소홀히 다루어졌지만, 이 주제들이 비백인 페미니스트의 작품에서는 탐구되고 수용되며 심지어 작품에 녹아들어 있는 이유에 대해 의문을 제기한다. 코클리 프로젝트에서 핵심적인 것은 힘과 취약성이 대립되는 것이 아니라는 깨달음이다. 오히려 그리스도교 페미니스트의 과제는 '비강압적인 신적인 힘이 드러나는' '공간'(제3의 공간?)을 창조하는 것이다. 코클리에 따르면, 어쩌면 그리스도교의 신비, 심지어 그리스도교의 근간은 그리스도교 구원의 관점에서 바라본 이 역설 속에서 발견될 수 있을지도 모른다.65

　예수의 십자가 고난은 한국 여성의 고통의 경험을 반영할 뿐만 아니라 그러한 고통에서 해방되기 위한 여성의 투쟁과도 직접적으로 연대하고 있다. 십자가와 그것에 수반되는 가부장적 오용이 많은 억압받는 사람들을 마취시켰지만, 억압당하고 억제된 사람들이 십자가에 강하게 끌리는 것은 그들이 십자가의 전복적인 힘을 인식하기 때문이라는 것이 나의 관찰이다. 여기서 크리스테바의 아브젝트에 대한 관찰이 떠오른다. 그녀에게 아브젝트는 숭고함과 맞닿아 있으며, 아브젝트의 전복성은 항상 우리를 깊은 기억의 샘으로 불러들이는 데 있다.66 한국 여성은 제국주의적이고 가부장적인 교리적 장막을 넘어서 볼 수 있다. 예수는 권능의 충만함 속에 있었기 때문에 십자가의 고난은 세상의 한과 아브젝시옹을 드러냈을 뿐만 아니라 동시에 정/사랑의 급진적인 면을 드러냈다. 그가 기꺼이 자신의 힘을 고난의 손에 내어줄 수 있었던 것은 그가 이미 정으로 충만했기에 가능했다. 이는 고난을 정당화하거나 승화시키려는 것이 아니라 정이 연결성 안에서, 연대 안에서 육화될 때 고통을 야기하는 힘에 맞서 투쟁해야 한다는 것이다. 우리는 많은 여성과 어린이, 모든 인종의 사람들이 힘을 갖지 못했고 지금도 여전히 힘을 갖지 못하고 있다는 사실을 알고 있다. 우리가 힘을 가지고 있지 않을 때는, 애초에 가지고 있지 않은 것을 자발적으로 포기할 수도 없다. 이럴 경우 우리의 '자발성'은 지배, 두려움 그리고 강압에서 비롯된 것이다. 이러한 이유로 교회의 전통적인 속죄 이론의 지속적인 존재와 타당성은 심각하게 도전받아야 한다. 십자가는 우리를 위한 예수의 한/아브젝시옹과 그의 급진적인 정을 구체화한다. 죌레는 약자의 힘에서 고통을 끝내기 위해 살아 작동하고 있는 십자가의 힘을 발견한다. 그녀는 십자가가 다음과 같다고 말한다.

무엇보다도 현실의 상징이다. 사랑은 십자가를 '필요로 하지는' 않지만 사실상 결국 십자가에 이르게 한다. 사실상 나사렛 예수는 십자가에 못 박혔다… 십자가는 신학적인 발명품이 아니라 해방을 향한 시도에 대한… 세상의 해답이다. 오직 그런 이유 때문에 우리는 십자가에서 죽어가는 예수 안에서 우리 자신을 인식할 수 있다.[67]

예수와 자신의 '아바'와의 친밀한 관계에 대한 언급은 예수 시대의 가부장제를 거부했다. 그러나 "예수 시대 이후 아버지 이미지에 대한 강조는 하나님의 내재성을 사소하게 만드는… 지배의 장치로… 교회와 사회에서 가부장제를 강화하는 데 도움이 되었다."[68] 페미니스트들은 하나님의 힘에 대한 지배적인 모델뿐만 아니라 존슨이 지적했듯이 '하나님의 관대한 뜻'과 연결되어 있는 파괴적이고 급진적인 고통에 대해서도 비판적이다.[69] 여성 대부분이 겪는 고통스러운 현실을 고려할 때, 하나님의 무력한 고통을 강조하는 것은 억압받는 사람들에게 이미 존재하는 무력감과 무능감을 더욱 깊이 뿌리내리게 함으로써 많은 경우 여성들의 정신(psyches)에 위험을 초래할 수 있다. 인간의 고통 경험에 대한 신적 개입의 위치는 십자가에서 찾을 수 있다. 십자가는 "지혜가 **사랑의 힘**을 통해 세상의 고통에 참여하고, 고통과 악을 결국 극복하는 것에 참여하는 것"에 대한 증인이 된다.[70] 이것이 내가 십자가에서 말하는 정의 힘이다. 우리가 신적 고통을 소피아 하나님의 사랑의 행위로 해석할 수 있는 것은 오직 함께 고통당함/공감(compassion)을 통해서 가능하다. 존슨은 "사랑은 여전히 하나님 존재의 관계적 본질의 결정체 역할을 할 수 있다…. 공감적 사랑의 요약으로서 신적 고통이라는 상징은 불완전함이 아니라 최고의 탁월함으로 나타난다"고 주장한다.[71] 신적 공감은 고통 속으로 들어감으로써 그 악을 완화하는 것이 아니라 오히려 위로와 위안을 가져다준다. 페미니스트 신학자 웬디 팔리(Wendy Farly)는 앞 장의 정에 대한 우리의 설명과 매우 유사한 맥락에서 십자가의 고통에 대해 다음과 같이 말한다.

> 공감(compassion)은… 고통받는 사람이 있는 곳, 슬픔과 수치, 절망 속에서 시작된다. 공감은 절망을 가장 현실적인 것으로 느낀다. 공감은 고통받는 사람과 함께하고, 그 사람을 향하거나, 그 사람의 경험에 몰입하여 그 사람의 눈으로 그것을 보는 것이다. 고통받는 자가 고통받는 방식으로 함께 나누는 교감은 상처받은 영혼에 위안을 주는 사랑의 존재이다. 고통을 나누고 공감하는 이러한 관계는 위로와 존중을 매개로 고통받는 자가 아픔을 견디고, 굴욕감에 저항하며, 죄책감을 극복할 수 있도록 힘을 북돋아 준다.[72]

고통과 악은 내면으로부터의 '살아있는 사랑의 사귐'을 통해 극복된다. 고통을 극복하는 것은 힘을 가진 자의 일방적인 '구출'을 통해 이루어지는 것이 아니라 아브젝트와의 교감을 통해 이루어진다. 앞서 언급했듯이 정은 단순히 공감과 동일시할 수 있는 것이 아니지만 공감은 정에서 중요한 부분을 차지한다. 고통은 무시될 수 있는 것이 아니며, 한의 불의는 잊힐 수 있는 것이 아니지만, 우리에게 한을 넘어서 갈 수 있는 지점이 있을 수 있다. 억압받는 자와 억압하는 자의 마음 사이, 마음을 상하게 하는 자와 마음을 상한 자 사이, 처형당한 자와 처형하는 자, 피해자와 가해자 사이의 고문과 같은 공간, 완전한 심연의 공간, 바로 이 틈새 공간에서 정이 생겨난다.

정은 아브젝시옹과 한에서 비롯된 온전함과 치유를 가져오는 데 필요한 것이다. 단을 실천하는 것은 한의 개인적, 집단적 경험을 해체하는 데 중요하지만, 치유는 정의 힘을 통해서만 가능하다. 우리는 불의한 자에게서 정의를 끌어낼 수는 있지만, 사랑/정을 통해서만 가능한 더 심오한 변화를 이끌어 낼 수는 없다. 정의 실천은 억압받는 자와 억압하는 자, 젠더, 인종, 섹슈얼리티 사이의 빗장을 푸는 열쇠가 될 것이다. 정은 혁명적 격변기에 억압적 체제의 급진적 해체를 가져오지는 못하지만, 흐르는 물과 같아서 시간이 지나면서 넘쳐흘러 바위를 변형시키기도 한다. 이 사랑과 정의 개념은 '힘 있는 자'에 맞서는 '힘이 없음'이 아니다. 오히려 권력을 지배하는 힘의 행사로, 공감하는 사랑을 힘의 포기로 동일시하는 이원론적 틀을 비판적으로 검토해야 한다. 대신 우리는 "이 둘을 통합하려고 노력해야 하며, 사랑을 신적 힘이 나타나는 형태로 보아야 한다." 특히 혼종성과 흉내내기의 전복적이고 재창조적인 힘이 정의 존재를 드러낼 때 그렇다.73 이 '힘을 가진' 역학은 사랑에 대한 반대가 아니라 죽음의 힘에 대항하는 사랑이다. 이 사랑은 설득, 돌봄, 관심, 열정, 공감, 취약성, 연대, 상호성을 통해 나타나며 자아와 타자 사이의 틈새 공간에서 발생한다.74

십자가에 대한 페미니스트 정신분석학적 이해는 정의 신학에 대한 급진적인 포용성을 제공한다. 이러한 포용성은 정과 마찬가지로 한과 정을 승화하기보다는 그 존재를 인정한다. 한국적 한의 경험과 정이 지닌 복합적이고 포용적인 깊이를 십자가 신학과 함께 읽을 때, 지극히 백인 남성적인 '고상한 신학'이 지금 여기의 고통과 사랑의 토양에서 그리고 우리의 개인적이고 집단적 몸과 세계 속에서 자란다.

몰트만의 신학은 십자가를 급진화하려고 시도하면서도 동시에 전통적인 패러다임 안에서 작업함으로써 아들과 아버지의 융합되었지만 분리된 정체성이 제기하는 모순에 얽혀있다. 몰트만에게 십자가는 아버지와 아들이 하나로 융합되는 사건이지만 동시에 그는 이것이 급진적인 분리의 사건이라고 주장한다. 즉, "십자가에서 아버지와 아들은 너무도 하나가 되어, 단 하나의 자기 내어줌(surrendering)의 움직임을 보여 준다"는 것이다. 몰트만 신학은 어떤 면에서는 정신분석적 관점과 공명하지만, 페미니스트 정신분석 이론을 통해 해체되어야 하는 권력 역학이 스며있다. 몰트만 십자가의 심리학적 틀에서 빠진 것은 모성 기호계이다.

그럼에도 불구하고 몰트만에게 문제가 되는 것에 희망적인 것이 포함되어 있다. 그의 내적 삼위일체론적 관계성에서 성부와 성자의 정체성은 거의 완전히 융합되어 있다. 내가 제안하건대 연대를 통한 이러한 융합된 관계는 하나님과 하나님의 자아를 상상하는 급진적인 방법을 제공할 수 있다. 이 이중적 존재를 통해 아브젝트는 하나님의 자아 안에 있는 낯선 이/타자라는 것이 바로 내 주장이다. 이러한 전환은 급진적인 포용성을 추구한다. 즉, 타자, 즉 우리 자아의 내부로서의 아브젝트를 포용하는 것을 말한다. 동시에 이 아브젝시옹은 역설적인데 이것이 결코 완전한 추방이 아닌 추방이기 때문이다. 따라서 포용은 자신의 생명의 근원을 추방하는 것이다. 그렇다면 이것은 어떤 방식으로 삼위일체적, 관계적 그리스도론을 변화시킬 것인가? 삼위일체 안에서 삼위가 얼마나 투과적인지를 보려면 어떤 신학적 도전이 따를까? 그렇다면 여전히 우리는 삼위일체론적 언어가 필요한가? 필요하다면 어떤 목적을 위해 그런가? 어쩌면 우리는 초기 교리 논쟁으로 돌아가 최종적인 교회 역사에서 소외된 목소리를 발굴해야 할지도 모른다. 이것이 우리가 우리 자신과 타자, 아들과 하나님과의 우리의 관계를 어떻게 상상하는지에 관해 함의하는 것은 무엇인가?

크리스테바는 이러한 아브젝트적 요소는 결코 완전히 제거되거나 쓸모없어지지 않으며, 오히려 "주체의 정체성의 가장자리를 혼란의 위협, 심지어 해체의 위협으로 계속해서 괴롭힌다"고 지적한다.75 아브젝트는 주체가 상징계로 들어가기 위해 추방해야 한다고 느끼는 모든 것인 만큼, '이 야망의 실패 증상'이기도 하다.76 '비난과 동경' 사이의 타협으로서 아브젝트는 자아의 경계선과 경계를 표시한다. 경계를 넘나드는 아브젝트는 사회가 개인과 집단의 유동적이고 무질서한 측면을 불안정하게 통제하고 있음을 증언한다. 크리스테바가 탁월하게 관찰했듯이, "아브젝시옹은 무엇보다도 모호함이다."77 이처럼 아브젝트는 주체의 내적 경계로서 맴돌며, 원치 않게 그 경계가 넘나들게 되어 아브젝트는 '버려졌지만 결코 완전히 분리되지 않는 것'이 된다.78 따라서 아브젝트의 귀환은 우리가 분열되어 있음을 끊임없이 상기시키고, 더 나아가 아브젝트의 문제는 타자가 아니라 우리 자신 안에 있음을 상기시킨다.

점점 더 많은 신학자들이 십자가의 능력을 표현할 때 신중을 기하고 있다. 이러한 신중함은 그리스도론에 여전히 남아 있는 가부장제와 제국주의의 족쇄를 다시 불어넣을 수 있는 가능성에 대한 우리의 인식 때문에 유지된다. 더욱이 십자가의 해방적 신학을 표현하고자 하는 이러한 열망은 우리가 급진적인 해방적 방식으로 십자가의 능력을 '알고' '경험했기' 때문에 더욱 절실해진다. 그리스도론에 대한 우리의 신학적 성찰은 개인적 의식 속에 있는 한으로서의 아브젝시옹

뿐만 아니라 집단적 의식 속에 있는 한으로서의 아브젝시옹과도 씨름해야 한다. 그 결과, 우리는 신론에 대한 우리의 논의에 수반되는 함의를 검토해야 한다. 또한 아브젝트에 대한 분석을 포함하는 그리스도론은 정신분석학, 신학, 물질 역사학 사이의 경계, 즉 문턱에서 맴도는 경계 상태에 대해 비판적 관심을 기울이게 한다.

다음 장에서는 특히 줄리아 크리스테바의 저작을 통해 한/아브젝시옹과 사랑/정이 갖는 함의를 살펴볼 것이다. 크리스테바의 아브젝시옹과 사랑에 대한 개념은 십자가 의미에 대한 성찰을 통해 정과 한국계 미국인 그리스도론과 연결될 것이다.

5장

정(情) 그리스도론

> 십자가는 인류를 향한 하나님의 사랑의 표현일 뿐만 아니라 억압자에 맞선 하나님의 항의와 진노의 표현이기도 하다.
> _ 앤드류 성 박, 『상처 입은 하나님의 마음』(The Wounded Heart of God)

> 화해적 성격(qualifier)은 그리스도교 해방 실천이 적으로 여겨지는 이들과도 공동체를 형성하려는 목표를 가지고 있다는 것을 의미이기도 하다…. 적에 대한 이러한 사랑은 가장 가난한 이들을 위한 우선적 선택과 이들에 대한 지속적인 적대적 실천 모두와 양립할 수 있다.
> _ 마크 루이스 테일러, 『종교, 정치 그리고 그리스도교 우파』(Religion, Politic, and the Christian Right)

이 장에서는 정 그리스도론을 제시할 것이다. 이전 장에서 우리는 페미니스트 관점에서 한과 정의 심리적 차원을 살펴본 다음, 위르겐 몰트만의 그리스도론을 다루고 나서 그의 그리스도론에 대한 페미니스트적 비판으로 결론을 맺었다. 나는 그레이스 얀첸(Grace Jantzen)이 제시한 페미니스트 신학의 과제에 대한 이해를 바탕으로 이 장을 구성하고자 한다. 그녀의 '이중 운동'(double movement) 개념은 줄리아 크리스테바의 아브젝시옹과 사랑 개념과 대화한 아시아계 미국적 그리스도론을 경유하여 정 그리스도론으로 들어가는 관문을 제공할 것이다. 이 장의 후반부에서는 앞서 기술한 2장에서와 마찬가지로 정신분석학적 범주를 다시 다루는데, 이는 정신분석학적 범주들이 이제 정치적일 뿐만 아니라 신학적으로도 해석될 수 있기 때문이다.

가부장적 신 뒤흔들기

얀첸은 최근 저서에서 페미니스트들이 해체라는 급진적인 작업에 참여해야 한다고 주장한다. 그녀가 설명하듯이 "해체는 파괴가 아니다."

> 종교는… 이 관점에서 최우선시된다. 왜냐하면 서구의 남성 중심적 상징계는 신을 신적 아버지로 간주하는 개념에 의해 지탱되기 때문이다. 이 신은 말씀이시고, 영원히 육체를 초월하시며, 전능하며, 전지한 존재로서 최고의 가치를 구현하는 존재이다.[1]

페미니스트 신학자들은 이러한 현실을 인정하면서 '동일한 남성주의적 종교적 상징을 재구성'하는 데 그치지 않기 위해 해체 이상의 일을 해야 한다.[2] 억압의 역학을 분석하는 데 있어 크리스테바의 아브젝트와 아브젝시옹의 개념은 중요하다. 아브젝시옹은 특정 정체성의 경계를 위협하는 모든 것을 배제/추방함으로써 개인과 집단의 정체성이 형성되는 과정이자 대상이다. 이것은 정신에 의해 깊이 억압되거나 추방된다. 그러나 아브젝트 요소들은 결코 완전히 제거되어 쓸모없게 될 수 없으며, 이러한 아브젝트들은 주체의 정체성 가장자리를 혼란의 위협이나 심지어 해체의 위협으로 지속적으로 '따라다닌다'고 지적한다.[3] 내가 강조했던 것은 전통적인 그리스도론이 통제되고, 체계화되었음에도 십자가에서의 아브젝시옹이 교리 신학의 가장자리를 맴돌았다는 점이다. 아브젝트는 주체가 상징계에 진입하기 위해 반드시 배제해야 한다고 느끼는 모든 것이지만, 동시에 이 야망의 실패를 드러내는 증상이기도 하다.4 아브젝트는 우리가 말하는 주체가 되어 상징의 세계에 들어가도록 이끄는 과정에서 필사적으로 억압하거나 추방하려고 하는 우리 자신의 일부분이다. 아브젝트는 주체가, 말하는 주체가 되는 상징계로 진입할 때 삭제되고/억압되고/근절되어야 하는 기호계를 의미하고 구현한다. '비난과 동경' 사이의 타협으로 아브젝트는 자아의 경계선과 경계를 표시한다. 아브젝시옹은 경계를 위반하면서 사회가 개인 정신과 집단 정신의 유동적이고 무질서한 측면을 불안정하게 통제하고 있음을 증언한다. 아브젝트는 주체의 내적 경계로서 주체를 맴돌며, 원치 않게 그 경계가 넘나들게 되어 '버려졌지만 결코 완전히 분리되지 않는 것'이 된다.5 아브젝트에 대한 분석을 포함하는 그리스도론은 정신분석학, 신학, 물질 역사학 사이의 경계, 즉 문턱에서 맴도는 경계 상태에 대해 비판적 주의를 기울이게 한다.

어머니와 아이의 관계에 대한 줄리아 크리스테바의 연구는 우리를 어머니와 아이 사이의 심리적 단절로 안내한다. 그러나 크리스테바는 두 영역, 특히 기호계(전前주체성)와 상징계(자아의 형성)의 영역은6 항상 서로 얽혀있기 때문에 그렇게 단호하게 구분해서는 안 된다고 주장한다. 상징계는 대략 라캉의 상징적 영역에 해당하며, 이는 이성과 표상(representation)의 방식과 연관되어 있다.7

반면 기호계는 어머니와 아이의 미분화된 결합의 시간을 의미한다는 점에서 라캉의 '상상계'와 유사하다.8 누군가는 쉽게 기호계를 여성성과 상징계를 남성성과 연결 짓고 동일시하는 함정에 빠질 수 있다. 그러나 이 두 영역이 가부장적 담론에서 소외되어 왔지만, 두 영역 모두 젠더화되지 않았다.9 예를 들어 크리스테바는 임신을 기호계의 시기나 장소라고 강조하고 있지만 기호계의 영역이 여성/여성성의 유일한 특성을 가져야 한다고 생각하지 않는다. 이는 정을 강조함으로써 가부장적으로 여성화된 개념을 구체화하는 것이라는 주장과 유사하다.10 여기서 얀첸이 상징계를 사용한 것은 자크 라캉과 크리스테바에게서 받은 영향이 크다는 점에 주목하는 것이 적절해 보인다. 여기서 나는 해체란 기저에 깔려있지만 인정되지 않는 가정을 드러내기 위해 특정한 사고의 구조를 '해체'하여, 그 불안정성을 이용하여 다르게 생각할 수 있는 통로를 열어주는 새로운 가능성을 창출하는 '이중 운동'의 과정이라는 얀첸의 주장에 동의한다.11 이미 많은 페미니스트 학자/이론가들은 기존의 패러다임을 불안정하게 만드는 동시에 새로운 패러다임을 구축하는 '이중 독해'(double-reading) 과정을 수행하고 있다.

로고스 중심 신학에 드러난 남성주의의 우세는 페미니스트 신학자들의 비판을 받았는데 이들은 부활, 또는 어쩌면 억압된 것의 '소생'(re-suscitation)을 옹호했다. 얀첸은 뤼스 이리가레를 비판적으로 읽으면서 이리가레의 주장, 즉 "남성이 항상 자신의 젠더에 따라 신을 투사했던 것처럼 여성도 우리의 젠더에 따라 신을 의도적으로 투사하기 시작해야 한다"를 지지한다.12 우리는 더 이상 가부장적 종교 투사에서 '구원 가능한' 측면을 찾는 것이 아니라 페미니스트 관점에서 우리의 에너지를 여성 신을 창조적이고 상상력 있게 구성하는 데 쏟아야 한다. 간단히 말해서, 페미니스트들은 억압적인 가부장적 구조가 신학과 예전의 실천에서 신의 여성적 측면을 선포하고 재구성하는 페미니스트 신학자들을 사냥하고 이단으로 정죄하는 상황에서도, 이제는 두려움 없이 기호계의 심연으로 뛰어들어야 한다.13

페미니스트들은 '소피아'(그리스어: '지혜') 개념을 다양한 방식으로 활용해 왔다. 성경에 나오는 신적 지혜는 하나님과 공생하여 살아간다.14 유대인의 지혜 문헌에서 초기 그리스도교 문헌에 이르기까지 신적 지혜의 모습이 등장하는 것처럼 보인다. 그러나 자세히 읽어보면 감춰져 있던 지혜 또는 '소피알로지'(sophialogy)의 신학은 그리스도교 성경에 스며들어 있음을 알 수 있다.15 그럼에도 불구하고, 페미니스트 신학자 쉬슬러 피오렌자는 자신의 신학에서 성경의 위치를 계속해서 특권화함으로써 자신의 이론 안에 긴장이 있다는 것을 드러낸다.16 얀첸은 쉬슬러 피오렌자가 해방을 위한 전략으로 성경을 계속 특권화하고 있지만 이러한 전략은 '의도치 않게 억압을 회복의 도구로 제시'하는 함정에 계속 빠져들게 한다고 지적한다. 얀첸은 성경과 페미니스트들이 성경에 특권을 부여하는 것을 '회복'을 의미한다고 생각하는 것이 문제가 있다고 주장하는데 왜냐하면 성경이 본질적으로 지배구조를 구현하기 때문이라는 것이다. 얀첸은 종교 담론에 "상징계가 상당히 침투"해 있으며 그 반대도 성립한다고 주장한다.17 얀첸의 쉬슬러 피오렌자 페미니스트 신학에 대한 비판적 독해는, 그러한 신학이 암묵적이지만 깊이 뿌리박힌 성경과 전통에 대한 의존으로 되돌아간다는 결론에 이르게 한다. 이 전통은 남성 중심 상징으로 "철저히 관통되어 있다."

쉬슬러 피오렌자는 '소피아의 메신저로서의 예수' 전통이 페미니즘에서 신학적으로 중요하다고 믿는데 이는 이 전통이 배타성과 우월성에 의존하지 않고 예수의 독특한 특수성을 주장하기 때문이다. 그러나 얀첸은 쉬슬러 피오렌자가 여성 해방과 그리스도교에 대한 이중적인 헌신을 가지고 있다고 의심한다. 얀첸이 지적했듯이, 쉬슬러 피오렌자는 얀첸이 보기에는 구원할 수 없는 그리스도교의 측면을 너무 빨리 구원하는 것처럼 보인다. 얀첸은 이리가레의 말을 인용하며 쉬슬러 피오렌자가 결국 "전통적인 남성주의 종교적 상징계에 충분히 도전하지 않고 그것을 대체하지 않는다"고 지적한다.[18] 쉬슬러 피오렌자는 사회학적 관점에서 많은 기여를 했지만 "비판적이고 불편한 태도를 취하더라도, 존재론의 차원에서는 여전히 그리스도의 남성성과 독특성을 선언하는 일신론적 삼위일체 교리 체계 안에 머물러 있다."[19] 얀첸은 자신의 탈그리스도교적 관점에서 볼 때 쉬슬러 피오렌자가 최근 저서 『미리암의 아이/소피아의 예언자』(*Miriam's Child/Sophia's Prophet*)에서 그리스도 상징을 되찾은 것에 대해 비판적일 수밖에 없었을 것이다. 나의 포스트식민주의 그리스도론은 얀첸과 같은 탈그리스도교 사상가와 쉬슬러 피오렌자 같은 페미니스트 신학자 사이의 제3공간에 위치한다. 나는 십자가에 대한 관습적인 이해에 대한 얀첸의 비판적 견해에 동의하지만, 쉬슬러 피오렌자와 마찬가지로 십자가에 구속성이 전혀 없다고 주장하고 싶지는 않다.

얀첸은 예수가 실제로 "성육신 개념, 즉 하나님이 육신이 되었다는 개념을 통해 여성이 신이 된다"는 생각을 가능하게 하는 것으로 이해될 수 있다고 주장한다.[20] 예수의 성육신은 부분적인 성육신일 뿐인데 남성성은 성별 중 하나에 불과하기 때문이다. 따라서 "그의 성육신은 다른 성육신, 다른 삼위일체, 다른 섹슈얼리티를 위한 여지를 남긴다. 무엇보다도 이 필멸의 상태로부터의 구원으로 향하는 남성적 상징계는 내부로부터 전복적이다"21 나는 페미니스트 신학자들이 신에 대한 남성주의적 상징을 파악하고 도전할 뿐만 아니라 여성 신을 창조적이고 상상력 있게 구성하기 위해 기호계의 깊이로 뛰어들 용기를 가질 것을 제안하고 싶다. 예수의 성육신이 부분적일 뿐이라면 다른 성육신은 가능할 것이다.22 하지만 성육화된다는 것은 정확히 무엇인가? 무엇이 남성주의적 상징계를 내부로부터 전복시키는가? 상징에 신빙성을 부여하는 힘의 대부분은 기호계의 아브젝시옹이다. 더 정확히 말한다면, 크리스테바의 주장처럼 상징계는 기호계의 모든 징후를 완전히 근절할 수는 없다. 기호계는 내부에서조차 그리고 그것을 억압하려는 상징계의 노력에도 그 존재감을 드러낸다. 시, 예술, 음악, 예전적 의식은 종종 여전히 지워지지 않고 상징계의 일부로 남아 있어 기호계적 요소를 구현한다. 사실 상징계는 기호계의 암류(暗流)나 흔적 없이는 존재할 수 없다. 내부로부터 전복할 수 있는 잠재력을 가진 것은 이러한 잔재/흔적이다.23 십자가에서 우리가 목격하는 것은 상징계가 아브젝트를 억압하고 제거하려는 힘과 공포일뿐만 아니라 억압된 것이 되돌아옴으로써 가시화되는 것이다. 이 경우 정이라는 기호계적 흔적은 한, 즉 아브젝시옹과 함께 존재하게 된다.24

페미니스트 신학은 기호계의 신에 대한 이러한 억압뿐만 아니라 그 억압이 구원에 대한 신학적 교리로까지 넘쳐흘러 들어가는 현상 또한 비판해 왔다. 여기서는 캔터베리의 안셀무스에서 파생된 속죄 이론을 중점적으로 살펴보겠다. 이전 장에서 속죄에 대해 살펴보았으므로, 나는 안셀무스가 가장 강조하는 것에 대한 페미니스트 비판을 개괄하기 위해 그의 주요 주장을 짧고 간단하게 상기시키겠다. 안셀무스는 죄에 초점을 맞추어 다음을 주장했는데, 예수는 죄가 없으며,

그의 자발적인 죽음으로 인간이 하나님께 지은 죄가 만들어 낸 빚을 갚았다고 주장했다. 따라서 예수의 죽음은 우리의 죗값을 치렀고, 이로써 하나님과 인간의 관계는 회복되었다. 속죄에 대한 정통 교리의 가장 큰 문제 중 하나는 예수의 죽음에 의존하여 "하나님의 화해 사역인 성육신 사건을 정의"하는 것이다.25 또한 페미니스트 신학자들에게 문제로 여겨지는 또 다른 점은 예수를 '완전한 희생'으로 이해하는 안셀무스의 예수의 무죄성 강조이다. 예수의 무고한 삶만이 인간의 끝없는 죄로 깊이 분노한 하나님을 달래기에 충분하다는 것이다.

많은 페미니스트 신학자들이 지적했듯이, 고난과 자기희생, 순종에 이러한 구원적 가치를 부여하는 것은 지배와 정복의 도구로 너무 쉽게 왜곡된다.26 따라서 '신적 희생자'는 억압받는 사람들에게 희생의 멍에를 영속화한다. 또한 우머니스트 신학자 들로레스 윌리엄스는 예수를 신적 희생양으로 보는 관점이 그리스도교가 '비주류 사람들'에게 모든 사회적 문제의 책임을 전가하는 경향과 관련한 불편한 질문을 제기한다고 강력히 주장한다. 대리모와 희생양에 비추어 고난과 구원에 대한 안셀무스식의 관념을 강조하는 것은 신도 그렇게 했다고 상상함으로써 권력자들이 그러한 관념을 정당화할 수 있게 한다.27 다양하고 많은 페미니스트 및 우머니스트 그리스도론 중에서 나는 예수와 소피아의 관계를 보다 구체적으로 참조한 몇몇 학자들로 언급을 제한할 수밖에 없었다. 그중에서도 엘리자베스 A. 존슨과 리타 나카시마 브록은 정의 포스트식민주의적 페미니스트 그리스도론을 제안하는 나에게 가장 만족스러운 그리스도론을 제시한다. 여기서는 '에로스적 힘'의 그리스도론에 대한 브록의 연구에 집중하고자 한다.

브록은 그리스도론에 대한 또 다른 페미니스트 관점을 제시하는데 이것은 내가 생각하는 정 개념에 가깝다. 브록을 읽으면서 레이는 "상호성을 특징으로 하는 체현된 사랑인 에로스가 관계의 기준으로 이해된다…. 단순히 아무 관계나 화해하고, 구속하고, 치유하는 것이 아니라 상호 존중을 기반으로 한… 관계만이 그것을 가능하게 한다."28 그 안에서 자기 희생의 최고의 표현은 사랑이다. 페미니스트의 관점에서 볼 때 이것은 문제가 있다. 레이에 따르면, 브록은 이 개념이 여성과 아동의 주체성을 약화시키고, 가부장적 문화 안에 이미 존재하는 희생을 더욱 심화시키기 때문에 거부한다.29 전통적인 그리스도론의 표현은 현재 '우주적 아동 학대'(cosmic child abuse)로 알려진 것을 반영한다.30 전통적인 그리스도론은 종종 암묵적인 아동 학대의 요소에 기반을 두고 있다. 인간적 측면의 예수는 완벽한 한 아이로 희생되었다. 브록은 인간의 무력함과 우리를 구원하기 위해 외부에 절대적으로 의존하는 것을 특권화하는 구속 개념에 대해 비판적이다. 브록에 따르면 속죄의 만족 이론은 '완벽한 아버지'가 '완벽한 자녀 한 명을 처벌' 함으로써 원죄가 해결할 수 있다고 가정한다. 이러한 속죄 이론은 바로잡는다는 것은 벌을 준다는 가정에 기초한다. 이 신적이지만 학대하는 아버지 이미지는 '가장 사랑스러운 외아들'의 고통을 통해 만족을 요구하면서도 아버지로서의 징벌적 성격을 면제하려는 삼위일체 공식 속에 내재된 것처럼 보인다.31 필연적으로 "우리 자신의 고통은 다른 사람의 고통에 의해 그리고 신적인 생명 안에서의 우주적 거래에 의해 제거되었다."32 예수 안에서 성육신된 하나님의 정은 예수와 접촉하는 사람들에 의해서도 성육신하여 현존한다. 예수가 살아있는 정을 구현한 것, 즉 그가 정을 실천한 것은 그로 하여금 정의 해방적 충동을 살아낸 결과로 십자가 고난의 위험을 감수하도록 이끈다. 브록은 일방적인 힘, 특히 구속의 신학적 언어를 거부하면서 그 대신 관계적이고 에로스적 힘을 요청한다. 그녀가 제안하는 그리스도론의 기본은 에로스적 힘은 '생명의 힘'이라는 주장이다. 브록에게 에로스적 힘은 사랑일 뿐만 아니라 해방하는 전복적인 힘이기도 하다.

실제로 브록이 제시하는 에로스적 힘에 대한 개념은 정에 대한 우리의 잠정적 정의(working definition)와 일치한다. 그녀가 시작한 출발점의 중심에는 마음의 은유가 있다. 그녀는 다음과 같은 글을 쓴다.

> 마음은 모든 생명 활동의 중심이며, 자아, 에너지, 사랑, 공감, 양심, 부드러움, 용기의 자리이다.[33]

정이라는 단어를 구성하고 있는 한자어의 어근은 마음이다. 이는 정의 다양하고 복잡한 윤곽을 이해하는 데 핵심적인 역할을 한다. 브록에게 관계적 존재란 '우리 존재, 우리 생명의 근원, 우리 본래적 은혜의 중심(마음)'이다. 죄는 우리의 '원초적 상호 관련성'에서의 단절이다. 브록이 말하는 죄에 대한 신학적 언어는 크리스테바의 아브젝시옹 개념과 이재훈의 '원초적 한'이라는 개념과 잘 어울린다. 아브젝시옹과 한이 브록의 단절과 죄 개념과 연관된다면 마음과 원초적 은혜는 모성적 기호계의 힘과 정과 공명한다. 그러나 나는 해방적 정이 브록의 에로스와는 구별된다는 점을 강조하고 싶다. 브록은 상호 관계에서 비롯되고 상호관계를 가능하게 하는 에로스적 힘을 강조하는 것 같다. 정은 유사한 에너지로 이루어져 있지만 상호성에 기반하지 않는 관계에도 존재한다. 정이 가진 전복적인 힘의 핵심은 대립적이고 적대적인 관계의 지형 속에서도 정의 존재감과 현존이 드러난다는 데에 있다.

정은 복잡한 개념이기 때문에 분류하기가 훨씬 더 어렵다. 정은 억압자와 피억압자 사이에도 존재하며, 그 모습과 구현이 문화, 젠더, 인종, 사회 계층의 차이에 의해 결정되거나 제한되지 않는다. 포스트식민주의 입장에서 보면 정이 가진 가능성의 일부는 그것이 경계를 알지 못한다는 데에 있다는 것이다. 정은 자유롭게 움직이고 다양한 경계와 한계를 넘나들며 구현되기 때문에 삶 자체가 더욱 복잡해진다. 정이 가진 힘은 억압받는 자와 억압하는 자 사이의 아주 작은 균열과 틈새에 끼어들 수 있다는 것이다. 연민, 이해, 애정 등, 정이 가진 유동적인 특성은 궁극적으로 삶을 아이러니하게 만들고 삶의 모호함과 복잡성을 단순화하려는 우리의 경향을 견제하는 역할을 한다. 아마도 양자 모두(both/and)의 철학이 널리 퍼진 이유 중 하나는 이러한 정의 경험과 관련이 있을 것이다. 정은 억압하는 자와 억압받는 자의 경우처럼 단순한 이원론으로 환원된 관계에서도 해방적이고 치유하는 힘을 발휘하기 때문에 강력하게 느껴질 때가 많다. 명확한 체계적 억압은 비판적으로 분석되고 적극적인 단을 통해 저항해야 하지만, 정은 억압하는 자의 상처와 아픔도 인식한다. 관계 안에 정이 존재할 때, 한 사람은 구조적인 강요로 인해 '적'으로 보일 수 있지만, 일대일 관계에서는 그 동일한 적과의 관계가 연민, 인정, 심지어는 수용과 궁극적인 용서로 가득할 수 있다. 궁극적으로는 타인에게 비친 자신에 대한 이러한 친밀한 실존적 인식이 마음의 변화를 이끈다. 정의 힘은 특정한 경계, 경계선, 분열, 이분법 안에 국한되지 않기 때문에 정은 사랑의 구원 작용을 통해 한/아브젝시옹을 극복할 수 있다. 마찬가지로 브록은 마음의 은유를 사용하여 "가부장제를 뒤집어 황폐하고, 희미하고, 두렵고, 상한 마음을 드러내고, 마음을 치유하는 힘을 조명하여… 삶에서 성스러운 것을 더 크게 경험할 수 있도록" 한다.34 성스러움이란 삶이 그 자체와 관계를 맺고 있는 상태이다. 삶은 오직 서로 간의 필수적인 상호 의존을 통해서만 유지된다는 것을 알고 있다.

브록은 고전적인 삼위일체 신학을 부모와 자녀의 융합이라는 맥락에 배치함으로써 속죄 그리스도론에 내재된 처벌적 아버지의 유령을 드러내고자 한다.35 이러한 전통적인 틀에서는 구속 역시 일방적인 권력 지향의 왜곡과 사랑을 고통과 혼동하는 것을 반영하며, 이는 결국 인류의 영웅으로서 우리의 죄악을 위해 희생되어야 했던 예수라는 인물에서 정점에 이른다. 그는 우리의 죄악을 위해 희생되어야 했던 존재이다. 브록은 예수를 상호연결성의 원리로부터 분리시키는 이러한 그리스도론적 모델들을 비판한다. 진정한 그리스도론적 의미는 개인이 아닌 사람들 간의 연결성, 즉 에로스적 힘의 실재 속에 존재한다. 그녀가 이해하는 그리스도론은 관계성이 정의와 사랑의 핵심이라는 중요한 통찰에 기반하고 있다. 그리스도는 그녀가 창조적으로 만든 용어인 '크리스타/공동체'(Christa/Community)의 역학 관계 안에서만 가능하다. 따라서 초점이 예수 개인에서 그가 속한 공동체로 옮겨진다. 이는 그녀가 제시한 그리스도론적 신화의 해석을 통해 설명된다. "예수는 마치 파도 위에 떠 있는 하얀 포말 같다… 그분은 바다의 거대하게 밀어내는 힘 위에 떠 있다."36 바다는 아마도 '십자가에 못 박힌 사람들'에 대한 C. S. 송의 은유라고 할 수 있다.

나사렛 예수의 중요성은 그가 이 마음의 에로스적 힘의 출현과 드러남을 대표했다는 사실에 있으며, 그는 이 힘을 홀로 드러내거나 구현하지 않았다는 점에 있다. 대신 예수는 자신의 공동체와 함께 이 에로스적 힘에 적극적으로 참여한다. 크리스타/공동체가 구현하는 에로스적 힘은 남성과 여성이 상상계적 상징을 상상하고 형성하는 대안적인 방식을 창조하면서 신적 존재를 만들어 낸다. 크리스타/공동체에 의해 실천되고, 인정되며, 양육되는 이 응집력 있는 힘이 정일 수 있지 않을까?

브록의 주요 주장은 상호 관계는 해방적이며 강력한 변화를 포용하고 그 변화를 가져올 수 있는 능력을 가지고 있다는 것이다. 그녀는 관계가 새로운 비전의 가능성을 창출한다고 말하는데, 진정한 현존의 힘 속에서 에로스적 힘, 즉 신적 성육신의 힘이 작동하기 때문이다.[37] 상호 연결과 행동의 그리스도론은 관계성의 힘에 대한 인식에 기초하며 그녀가 읽어낸 마가의 기적 이야기에 의해 뒷받침된다. 크리스타 공동체 내부와 그 가운데 존재하는 에로스적 힘은 성령-소피아의 성육신이다.[38] 브록과 마찬가지로 얀첸은 구원의 신이라는 은유가 '재앙적인 상황에서 외부로부터 개입하여 구원을 가져오는 구세주'로 간주된다고 주장한다.[39] 이와는 반대로 브록의 그리스도론은 페미니스트적이고 생명 지향적인 신학이 '신적 원천과 근거, 우리 안과 우리 사이에 성육신한 내재적인 신'으로 이어져야 한다는 얀첸의 주장에 공감을 표한다.[40] 나는 브록의 크리스타/공동체가 에로스적 힘을 통해 이 목표를 달성한다고 생각한다.

얀첸은 많은 페미니스트 신학자들이 예수에 관해서는 종종 곤경에 처한다고 주장한다. 얀첸은 브록의 '물결'(wave) 개념과 유사한 개념으로 예수를 정의를 위해 열정적으로 투쟁하고 지혜가 충만하며 연민으로 충만한 삶을 살았던 분으로 이해할 수 있다고 제안한다. 얀첸은 이어서 전통적인 속죄 교리가 필요하지 않다고 설명한다. 대신 얀첸은 이리가레의 제안을 인용하며 "예수는 성육신의 한 사례로 볼 수 있으며, 젠더화된 살과 피를 입고 자신의 구체적인 상황에서 신이 된다는 것이 무엇을 의미하는지를 어느 정도 보여 주었다"고 제안한다.41 이는 "남성주의 헤게모니를 붕괴시키고 새로운 지평으로 나아갈 수 있는 틈을 열어 남근의 지배로부터 우리를 해방시키는 중요한 움직임이 될 것"이라고 설명한다.42 페미니스트들이 상징계에서 벗어나려는 움직임은 신에 대한 페미니스트적 상상계/기호계를 향한 움직임이다. 그것은 아브젝트의 심장부, 즉 우리 자신을 들여다보는 것이다.

여성 신을 향한 이러한 상상의 움직임은 아시아 페미니스트 구성신학에서 수행된 논의의 일부였다. 아시아 페미니스트 그리스도론의 출현은 다양하고 창조적이었으며 지금까지도 그렇다. 한국 신학자 정현경은 한국 여성들에게 예수는 여성과 같아야 하며, 특히 자녀를 먹이고 돌보는 어머니와 같아야 한다고 주장했다. 또 다른 한국 여성신학자인 최만자는 한 많은 한국 여성들에게 예수는 그들의 한을 풀어주는 무당과 같아야 한다고 주장했다.

포스트식민주의 이론을 연구하는 아시아 페미니스트 학자 중에 곽푸이란이 있다. 그녀는 그리스도교의 승리주의와 배타성은 종종 예수 그리스도의 유일성에 대한 신화에 뿌리를 둔 경우가 많다고 주장했다.43 포스트식민주의 이론은 신학을 수행하는 데 있어 중요하다. 이는 그리스도에 대한 백인 중심적이고 식민주의적인 구성물을 해체함으로써 그리스도를 '혼종적 존재'로 제시할 수 있게 하며, 이를 통해 주변화된 사람들이 그리스도론을 해석할 수 있는 자신들만의 공간과 권한을 창출할 수 있게 하기 때문이다. 따라서 곽 퓨이란은 우리가 그리스도에 대해 생각할 때 인식론적 경계의 한계를 넘어서도록 도전한다. 대담한 포스트식민적 상상력과 혼종성 이론을 통해 곽 퓨이란은 예수 그리스도의 정체성이 항상 전이적이고 혼종적이었다는 점을 지적한다.44 그녀에게 그리스도론의 핵심은 "이전에 식민 지배를 받았던, 억압되고, 종속된 서벌턴이 어떻게 그리스도의 상징을 생명, 존엄, 자유를 긍정하는 방식으로 변혁시킬 수 있는가?"라는 질문에 있다.45 그러한 변혁을 위해 내가 제안하는 것은 십자가에서 아브젝시옹/한 그리고 정/사랑을 모두 인정하는 것이다. 곽 퓨이란에 따르면 그리스도교에서 가장 혼종화된 개념은 예수/그리스도이다.46 그녀의 이해에 따르면 예수와 그리스도 사이의 공간은 '불안정'하고 '유동적'이며 '폐쇄'에 저항하는 공간으로, 이 공간은 신과 인간 사이의 '접촉 영역'이라고 선언한다.47 곽 퓨이란은 포스트식민주의적 혼종 개념을 사용하여 예수와 하나님 사이의 간극, 개방, 틈새를 찾아내지만 나는 교리 신학의 정치성 안에서도 존재한다고 제안한다. 혼종성 개념은 교리 신학의 정치성 내부와 주변에 존재하지만 보이지 않았던 간극들을 활짝 드러낸다. 이 간극들은 여성들뿐만 아니라 아브젝트로 여겨지는 모든 사람이 자신의 다양한 틈새에서 신성을 상상하며 참여할 수 있는 열린 공간이다. 이러한 틈새적 간극은 아브젝시옹의 공포와 아픔이 온전히, 선명하게, 두려움 없이 존재하고 인식될 수 있는 공간을 만들어 낸다. 이러한 아브젝시옹/한의 존재는 정/사랑의 존재를 함께 불러오는 경우가 많다. 그렇게 되면 교리 신학 내에서도 혼종성 개념은 무질서, 혼돈, 복잡성, 혼란을 만들어 낸다고 볼 수 있다. 그렇지만 이 혼종성은 우리의 신학적 구성에서 넘어야 하는 또 다른 흥미로운 경계를 만들어 낸다.

그리스도교는 서구 세계의 식민지화 과정에 이용되었다. 그리스도교 역사 속에서 이 과거를 정당화하려는 시도 없이도, 피식민인은 오히려 뜻밖의 방식으로 이를 해석하고 받아들여 왔다. 그리스도론적 묘사는 종종 예수의 인내와 복종, '주님'에 대한 순종을 강조함으로써 예수의 고난과 죽음을 미화해 왔다. 또한 콱 퓨이란은 예수의 십자가 고난을 이해하기 위해서는 억압받는 사람들의 목소리에 귀 기울여야 한다고 말한다. 예수의 십자가가 어떻게 이 공동체에 힘을 불어넣어 주는 원천이 되었는지 들어야 한다는 것이다. 따라서 그녀는 전통적인 속죄 이론에 대한 비판뿐만 아니라 '상황적 지식'이 상징에 대한 인식에 미칠 수 있는 차이를 창조적이고 비판적으로 표현한 학자들에 대해서도 주목한다. 그녀는 전통적 속죄론이 끼친 피해를 염두에 두는 만큼, 예수의 고난은 아시아적 맥락에서 "미묘하고 다층적인 방식으로 이해해야 한다"는 것을 우리에게 상기시킨다.[48] 그녀는 브록처럼 속죄론을 단정적으로 거부하는 것 같지는 않다. 더욱이 그녀는 그리스도론과 예수의 이미지를 재구성하려는 페미니스트의 시도에 동의하면서도 예수에 대한 유기적인 은유를 요구한다. 그녀는 십자가의 상징이 폭력적인 의미를 담고 있는지에 대한 관심보다는 십자가가 아시아에서 억압받는 사람들에게 전복적인 기능을 해온 방식에 더 관심이 있는 것 같다. 그녀에게 예수를 하나님의 현현(epipany)으로 상상하는 것은 '현현적 그리스도'에 대한 가능성을 여는 것이며, 이는 우리가 "다른 인간, 자연, 온 우주 등 다양한 방식으로 하나님을 만날 수 있는 가능성을 열어주는 것"이라고 말한다.49 그녀의 십자가 이해는 많은 아시아 신학자들이 우머니스트 신학자들과 마찬가지로 십자가가 환기하는 모호하고 복잡한 층위, 특히 십자가가 고통받는 사람들에게 힘을 주기도 하고 힘을 잃게 하는 기능을 해왔다는 점에 진지하게 주목해야 한다는 점을 일깨워준다. C. S. 송은 "예수는 십자가에 못 박힌 사람이다! 예수를 아는 것은 십자가에 못 박힌 사람들을 아는 것이다"라고 단언한다.50 십자가에 달린 예수, 십자가에 달린 사람들… 이는 억압된 것… 파문당한 자, 자아, 기억, 역사에서 배제된 자의 귀환이 아닌가?

그렇다면 십자가는 무엇을 의미하는가? 나는 십자가에서의 예수의 주체성이 그의 저항적(confrontative) 행동뿐만이 아니라 그가 체현한 정에서 비롯된다고 주장했다. 정의 방식으로 살아냄으로써 예수는 십자가가 상징하는 진노를 감수했다. 페미니스트 신학자들은 십자가에는 어떤 구속적 원리도 찾을 수 없다고 하면서 오히려 예수의 가르침과 사역에서 해방적 원리를 찾으며 십자가가 억압과 학대와 처형의 도구를 의미한다고 주장한다. 나는 몰트만이 십자가를 삼위일체의 내적 활동으로 구성하는 방식에 동의하지 않지만, 그가 십자가의 힘을 환원할 수 없이 깊은 신적인 고통을 드러내는 것으로 이해한 것에서 그가 말하고자 한 바가 예수가 정의 힘을 체현하면서 경험했을 법한 감정에 가깝다는 것을 발견했다. 정을 실천하는 삶에는 정치적 결과도 수반되었을 것이다. 정치적 형벌은 십자가였을 것이다. C. S. 송에게 십자가는 인간이 인간을 거부한 것을 의미한다. 십자가에서 하나님이 예수를 버린 것이 아니라 오히려 인간이 예수를 버린 것이다.

C. S. 송은 우리가 예수의 사역과 죽음을 목격할 때 우리도 그분이 우리에게 그랬던 것처럼 그분과 동일시된다고 제안함으로써 자신의 그리스도론을 더욱 발전시킨다. 그는 "고통스러워하는 예수 안에서 우리도 고통스러워한다. 분노하는 예수 안에서 우리는 분노하는 사람들을 만난다. 고통받는 예수 안에서 우리는 고통받는 사람들을 목격한다…. 예수는 한마디로 십자가에 달린 사람이다."51 그러므로 예수의 십자가 고난은 아브젝트와의 연대 속에서 그가 구현한 정을 의미하며, 동시에 십자가는 정을 억압하는 권력에 맞서는 것이다.

경계에서 출현한 그리스도론은 억압되거나 무시당하는 경우가 많았다. 예를 들어 흑인 그리스도, 옥수수 어머니(Corn Mother)52, 샤먼, 여성 그리스도(Christa)의 이미지는 종종 남성중심주의와 제국주의 종교 담론에 의해 거부당한다. 남성과 여성이 신이 되는데 필요하고 중요한 것은 남근 중심적이고 제국주의적인 그리스도론의 무게를 전복적으로 제거하여 틈새적 간극, 단층선, 공간을 여는 것이다. 이러한 틈새는 기호계적 교란의 분출뿐만 아니라 새로운 혼종, 즉 위반하는 정을 구현하여 살아감으로써 페미니스트적인 신적 상징을 허용해 준다.

한(恨)/죄와 정(情)/구원

'죄'와 '구원'을 어떻게 신학화하느냐는 그리스도론을 이해하는 데 매우 중요하다. 라틴아메리카, 아시아, 아프리카, 북아메리카의 소외된 집단에서 해방신학이 등장하면서 죄는 집단적으로 다루기보다는 개인적으로만 다룰 수 있다는 기존의 관점을 해체하는 데 많은 기여를 했다. 따라서 구원은 사회적, 생태적 변혁의 측면을 포함해야 한다. 구스타보 구티에레즈(Gustavo Gutiérrez)와 혼 소브리노(Jon Sobrino) 같은 라틴아메리카 해방신학자들에게 죄는 하나님 나라를 거부하는 것이다. 이런 이유로 죄를 개인적이자 사회적인 해방으로 이해할 때 하나님 나라를 향한 우리의 움직임에는 개인적 억압과 구조적 억압으로부터의 해방 모두를 포함해야 한다.

해방신학은 다양하지만, 대부분 속죄론을 비판적으로 검토해야 한다는 데 동의한다. 해방신학에서 그리스도의 십자가는 인간뿐만 아니라 하나님에 대한 중요한 통찰을 드러낸다. 십자가는 해방이 무엇을 수반할 것이라는 기존의 기대와 상반된다. 십자가는 아브젝트의 상징, 즉 내면화된, 기이한 억압의 고통을 상징하는 동시에 해방의 힘을 드러내기도 한다. 몰트만의 그리스도론이 보여준 것처럼, 하나님은 인류와 고통으로 연대함으로써 고통받는 아들과 연대한다. 더 나아가 해방신학자들은 예수의 인류와의 연대가 십자가에서 드러났고, 그로 인해 하나님 또한 아들과 연대할 뿐만 아니라 인류와도 깊은 연대를 이루고 계심이 밝혀진다고 주장한다. 이러한 함께 고통당함(com-passion)으로 하나님께서 우리와 함께하시는 것이다. 하나님이 동행하심으로 우리는 고통과 억압, 죽음의 압도적인 권세와 정권에 맞서 사랑을 실천할 수 있는 힘을 얻게 된다. 십자가 상징에 존재하는 흉내내기는 해방신학자 레오나르도 보프가 십자가가 '예수를 죽음에 이르게 한 사람들의 사악함에 대한 기소'이면서 동시에 '죽음보다 더 강한 사랑의 상징'이기도 하다는 것을 말하면서 명쾌하게 설명한 바 있다.53 보프에 따르면, 십자가의 비판적이고 변혁적인 힘이 존재하기 위해서는 이 역설적인 모호성이 보존되어야 한다. 그리스도의 십자가는 세상의 악과 그 비극적 악을 분명하게 드러내려는 신적인 의지를 생생하게 상기시켜 준다. 예수 그리스도의 구원의 의미가 속죄 과정에서 중요하듯이, 인류 또한 구체적인 역사적 상황 속에서 실천을 통해 이에 참여해야 한다.54 보프의 그리스도론은 십자가에서 한/아브젝시옹과 정을 모두 포용하고 인정하는 것처럼 보인다. 그의 그리스도론은 십자가의 중심인 혼란, 공포, 복잡성을 구현한다.

한국 신학자 앤드류 성 박은 죄와 한국적 개념인 한의 얽힘에 대해 폭넓게 탐구한다. 그에게 죄와 한은 그 자체로 한의 근원적인 원인이다. 죄는 한을 낳고, 한은 더 많은 죄를 낳으며, 이는 더 많은 한을 낳는 악순환을 이룬다. 그러나 "죄는 억압하는 자의 것이고 한은 억압받는 자의 것이다."55 이렇게 쉽게 분류하는 것이 해방을 실천하는 데 도움이 될지 모르지만, 나는 이 평가에 대해 그의 의견에 동의하지 않는다. 죄와 한은 억압자와 피억압자 모두에게 있는 부분이다. 정이 없는 폭력적인 순환에서 앤드류 성 박이 인정하듯 한은 종종 더 많은 죄를 낳는다. 억압자들 대부분은 한을 경험했기 때문에 억압자가 되었다. 이는 억압자에게 면죄부를 주거나 피해자를 비난하기 위한 것이 아니라 앞서 이재훈과 크리스테바의 논의에서 보았듯이 한은 우리가 의식하고 말하는 몸이 되기 전부터 깊이 뿌리내리고 있다는 사실을 인식하기 위함이다. 이 두 가지 측면, 즉 죄와 한은 순환적인 관계에서 서로 영향을 주고받는다.

앤드류 성 박은 한이 신학적 담론에 크게 기여했다고 언급하는데 이는 서구 신학이 종종 죄인의 상태에 매몰되어 죄로 인해 피해를 입은 자, 즉 죄인의 피해자들의 처지에 충분한 관심을 기울이지 않았기 때문이다.56 죄로 인해 고통받는 피해자들이 축적한 감정이 한이고,

"집단적인 의식적-무의식적 한은 관련된 공동체의… 이해와… 함께 고통당함과 대면을 통해서만 해결될 수 있다"라는 것이 앤드류 성 박의 주장이다.57 그는 정신분석학적 관점에서 한이란 부모로부터의 구조적으로 상속될 가능성을 내포하고 있음을 지적하면서도, 죄(guilt)의 생물학적 유전은 단호히 거부한다.58 한을 해소하기 위해 구원은 '관계적이며 역동적'59이어야 한다. 구원은 궁극적으로 관계 안의 '신적 현존의 강렬함'에 관한 것이다. 또한 그는 관계 안에서 에로스적 힘이 구원을 가져온다는 리타 나카시마 브록의 주장을 의도적으로 인용한다. 그에게 구원은 관계적 사건이다. 크리스테바의 작업에 관여하지는 않았지만, 그럼에도 불구하고 그의 작업은 크리스테바의 '이단/여성윤리(herethics)' 개념, 즉 기호계의 윤리적, 정치적 차원에 공명하는 것처럼 보인다. 여성윤리의 중요한 차원은 크리스테바가 '법을 넘어서는 사랑'(outlaw love)이라고 명명한 것에 있다. 크리스테바에게 새로운 윤리의 기초가 되는 것은 '아이에 대한 어머니의 사랑, 즉 자신에 대한 사랑인 동시에 자신을 기꺼이 포기하는 사랑'이다. 어머니라는 주체와 객체/자녀 사이의 모호함이 가장 고조되는 임신 기간 동안 어머니와 아이의 관계에서 윤리의 기초를 찾을 수 있다. 이 시기는 타자와 자아가 분리될 수 없음을 가장 심오하게 보여주는 지점이다. 종종 자아를 타자와 분리하지 못하는 것을 정신병으로 해석하지만, 임신 중에는 이러한 '정신병'이 사회에서 받아들여진다. 이 점을 명심해야 하는 이유는 어머니/기호계는 닿을 수 없거나 초월적인 타자와의 관계 안에 있지 않기 때문이다. 어머니/자녀 관계는 어머니가 인식하기 위해 애써야 하는 것이 아니며, 여기서 주체와 객체는 한 몸이고 타자는 그 안에 있으며 타자와의 간격은 절대적이지 않기 때문이다. 강제가 아닌 이 사회적 유대는 상징적 질서를 위협하는 것이다. 이 어머니의 사랑은 적절히 타자화된 타자가 없는 나르시시즘이다.60

앤드류 성 박은 죄와 한에 대한 자신의 논의를 바탕으로 십자가를 인간을 위한 하나님의 배타적인 고통의 표현으로만이 아니라 '억압자에 대한 하나님의 항의'로 접근한다.61 이전 장에서 우리는 십자가를 아브젝트의 상징이자 구현으로 논의했다. 이와 같이 앤드류 성 박은 '성육신과 십자가에서 온전히 드러나신 하나님'에게로 시선을 옮긴다.62 그는 죄가 인간뿐만 아니라 하나님에게도 상처를 준다고 말한다. 다른 사람에게 저지른 죄는 하나님에게도 상처가 된다. 그는 하나님은 인류와 연대하시며 상처받으실 수 있는 분이기에, "하나님께서 아들에 대한 사랑뿐 아니라 인류에 대한 사랑으로도 십자가에서 고통받으신다." "십자가는 희생자들의 고통에 하나님이 온전히 참여하시는 것을 상징한다"고 주장한다.63 또한 하나님은 고통 속에서 우리를 만나신다. 앤드류 성 박은 아들에 대한 아버지의 사랑이 하나님께서 십자가에서 아들과 하나가 되는 것이라는 몰트만의 주장에 동의한다. 이런 이유로 그의 신학은 몰트만의 신학과 유사하다. 앤드류 성 박이 고찰한 하나님과 인간의 한(恨) 경험의 연관성은 하나님이 인류와 함께 고통받는 모습을 묘사한 부분과 함께 좀 더 비판적이고도 면밀하게 분석되어야 한다. 그는 젠더화된 고통의 성차별적 역학을 고착화하지 않는 한의 신학을 형성하는 데 신중한 태도를 보이지만, 몰트만과 마찬가지로 여전히 패러다임 자체의 한계를 인식하지 못하는 전통적인 교리의 제약에 갇혀 있다.

앤드류 성 박은 해방적 그리스도론에 대한 대안적 이해, 특히 십자가와 관련된 이해를 형성하지만, 고통의 이면—주로 여성과 무력한 이들을 억압하는 데 사용되어 온—에 대해 충분히 비판적으로 고찰하지 않는다. 그는 고통 자체를 미화하지 않으려는 분명한 의도를 가지고 있음에도, 십자가의 고통에 관해서는 그러한 의도와 달리 거의 다른 접근을 하지 않는다. 그의 신학은 해방신학뿐만 아니라 특히 페미니스트적 관점에서 등장한 해방신학에도 귀를 기울여야 한다. 그는 페미니스트 입장을 분명히 염두에 두고 있지만, 브록의 에로스적 힘의 가능성, 특히 한국 여성들이 그 힘을 어떻게 구현하는지에 대해 그가 좀 더 면밀히 탐구했으면 하는 아쉬움이 남는다. 그의 십자가와 고난에 대한 이해는 전통적인 삼위일체 신학의 범주 안에 머물러 있는 듯하지만, 그가 다음과 같이 말할 때 급진적인 해방적 관점을 엿볼 수 있다.

> 하나님의 한(恨), 즉 상처 입은 하나님의 마음이 십자가에서 드러난다⋯. 십자가는 하나님과 우리 사이의 만남의 장소이다⋯. 십자가는 하나님이 인간의 고통을 경험하는 곳이자 인간이 하나님의 괴로움을 이해하는 곳이다. 죄는 예수 그리스도를 십자가에 못 박히게 한다⋯. 죄는 사람들에게 한을 강요한다⋯. 성육신은 신적 한의 표현이고 그 한은 십자가에서 온전히 드러났다. 64

앤드류 성 박의 도발적인 한의 신학, 즉 한을 하나님의 마음의 상처로 간주하는 신학에서 완성된 급진적 신학으로 발전할 수 있는 가능성을 조금이나마 엿볼 수 있다. 그러나 '억눌린 것의 귀환'이 십자가에서 드러나는 것을 주저하는 그의 태도는 십자가에서의 아브젝시옹/한의 공포가 정의 힘을 동시에 구현한다는 것임을 무의식적으로 인정하지 않으려는 몰트만의 주저함과 유사해 보인다. 이러한 주저함은 아버지가 고통받는 아들을 구출하는 그리스도론적 구조의 체계적 문제를 보여주는 것 같다. 이전 장의 한, 정, 십자가에 대한 논의에 비추어 볼 때, 이 질문은 그리스도론적이라기보다는 하나님의 내적 자아에 관한 것으로 보인다.[65]

한국계 미국인 페미니스트 그리스도론은 한의 깊이와 아브젝시옹과의 연관성을 진지하게 검토해야 할 것이다. 앞서 지적했듯이 한과 아브젝시옹 경험으로 인한 인간의 고통은 개인과 집단의 관점 모두에서, 사적 관점에서 구조적 억압까지, 물질적 억압에서 정신적 억압까지, 상징계의 깊이에서 기호계의 깊이까지 검토되고, 비판되고, 해체되어야 한다. 그리스도론은 항상 우리의 신학적 딜레마의 중심에 놓여 있다. 예수 그리스도의 십자가는 위로와 힘을 주고 희망을 주는 동시에 무섭고, 위협적이며, 숨 막히고, 모순적이고, 불쾌한 것이기도 했다. 앞서 언급한 페미니스트 그리스도론에 비추어 페미니스트 포스트식민주의적 정신분석학 연구를 읽으면서 나는 십자가의 상징이 이중 제스처를 하고 있으며 이중의 읽기가 필요하다는 것을 깨닫게 되었다. 예수는 십자가에서 아브젝트였고 우리는 하나님을 좀 더 창조적으로 이미지화하는 방법이 필요하다고 주장함으로써 나는 그리스도론 담론이 남성주의와 제국주의 담론에서 벗어나야 한다는 것을 설득력 있게 주장하길 희망한다.

그리스도론을 접할 때, 페미니스트 성찰은 남성주의적 상징, 특히 종교적 상징을 고착화하는 작용을 하는 모든 상징에 가정되어 있는 중립성을 의문시해야 한다. 나는 전통적인 그리스도론, 심지어 몰트만과 앤드류 성 박의 그리스도론에서조차도 사용되는 언어가 십자가를 아브젝트/기호계의 기표로 급진적으로 재구성하는 것을 일관되게 회피해왔음을 강조해 왔다. 십자가는 아브젝트를 단순히 타자로서가 아니라 우리 자신의 일부로 급진적으로 인식함으로써 하나님에 대한 포스트식민주의적이고 페미니스트적 기호계를 위한 틈새 공간을 열어주는 자원이 된다. 우리가 아무리 많이 하나님의 연대에 대해 말하더라도 전통적인 그리스도론의 지속적인 반복은 여전히 남성주의적인 담론, 살균 처리된 담론, 추상적인 담론의 틀 안에 머문다. 이러한 그리스도론이 여성적, 모성적, 기호계적 심연의 경계 안으로 그리고 그 경계를 넘어 그 그리스도론의 비전을 형성하는 것을 주저할 때, 이들 안에 뿌리 깊은 두려움, 어쩌면 혐오감까지도 분명히 드러난다.

정(情)의 힘과 한(恨)의 공포

종교는 귀환으로 경험하게 된다. 종교에서는 잊혀졌다고 생각했던 어떤 것이 다시 나타나고, 잠자고 있던 흔적이 다시 깨어나고, 상처가 다시 열리고, 억압된 것이 돌아오고, 우리가 극복(Uberwindung)이라고 여겼던 것이 사실상 단지 감내(Verwindung), 즉 그 병의 지울 수 없는 흔적과 다시금 타협해야 하는 긴 회복 과정일 뿐이다.
_ 잔니 바티모(Gianni Vattimo), "흔적의 흔적"(The Trace of the Trace)

지난 장과 이 장의 앞부분에서 나는 십자가가 전통적인 그리스도론에서 오랫동안 억압된 기호계의 흔적을 지니고 있다고 주장했다. 게다가 이 억압된 것의 귀환은 아브젝트의 귀환이기도 하다. 잔니 바티모는 위의 인용문에서 "잠자던 흔적이 다시 깨어나고, 상처가 다시 열리고, 억압된 것이 돌아온다"라고 말한다.66 예수의 수난에서 하나님은 고통받는 하나님으로 계시된다는 해방주의자들의 주장은 그 자체로 문제가 되지 않는다. 문제는 하나님의 고난 속에서 그리고 그 고난을 통해 구원이 이루어진다는 함의이다.

십자가를 삼위일체 내적 투쟁으로 해석하는 것의 문제점은 그 사건을 신성 내부의 일로 만들어 예수의 고난을 비역사화한다는 것이다. 십자가의 내적 삼위일체 사건에 대한 강조는 종종 구속을 받는 사람들의 참여를 배제하는 것처럼 보인다. 그러나 그럼에도 불구하고 고난을 끝내기 위해 십자가에 못 박힌 이의 힘이 살아서 작용하고 있다고 해석할 수는 없는가? 죌레의 다음과 같은 말처럼,

> 십자가는 아버지 하나님과 그의 아들 사이의 관계를 표현하는 상징도 아니고, 사랑을 확신하기 위해 고통이 필요한 피학증의 상징도 아니다. 그것은 무엇보다도 현실의 상징이다.67

십자가는 그 자체로 구속적인 것이 아니며, 사랑의 상징으로만 존재해서도 안 된다. 죌레에게 사랑은 결국 십자가에 못 박히는 것으로 끝난다. 그렇다면 십자가는 사랑의 상징이 아니라 그 위험, 즉 벼랑 끝에서 평생을 살면서 감수해야 하는 위험의 상징이다. 십자가는 정의 충만함 속에서 살아가는 이들에게는 잠재적인 위험이다. 그것은 십자가에서 터져 나오는 사랑을 인식하면서 동시에 아브젝시옹의 공포를 나타낸다. 십자가는 오랫동안 억압된 기호계가 그 모습을 드러내는 동시에 아버지 법의 힘과 공포의 상징으로 작동한다는

것을 알 수 있다. 그렇다면 십자가에서 중요한 것은 예수가 십자가에서 죽었다는 것이 아니라 그가 정을 실천하며 살았기 때문에 결국 사실상 십자가에 이르게 되었다는 점이다.

정은 아브젝시옹과 한으로부터 빠져나와 온전함과 치유를 가져오는 데 필요한 것이다. 단은 개인과 집단의 한 경험을 해체하는 데 매우 중요하지만, 치유는 오직 정의 힘을 통해서만 이루어질 수 있다. 우리가 부정의한 것에서부터 어느 정도의 정의를 이끌어 낼 수는 있겠지만, 사랑/정을 통해서만 추구할 수 있는 부정의의 원인에 대한 근본적인 변혁을 이끌어 낼 수는 없다.

줄리아 크리스테바의 아브젝시옹과 사랑

분리, 아브젝시옹, 우울, 사랑을 통한 자아 형성에 관한 페미니스트 정신분석 이론은 한국계 미국인 포스트식민주의 정 그리스도론에 깊은 함의를 가지고 있다. 십자가가 한/아브젝시옹과 정의 현존 모두—포스트식민주의적 용어로 경의와 위협—에 대한 이중 제스처를 수행하기 위해 작용한다고 주장하기 위해서 줄리아 크리스테바의 아브젝시옹과 사랑에 대한 관점을 살펴보는 것이 중요하다. 크리스테바의 아브젝시옹 개념은 이재훈의 '원초적 상처'와 공명하기 때문에 유익한 대화 파트너가 될 것이다.

페미니스트들은 프로이트의 자아 형성에 대한 분석에서 어머니의 중요성을 절대적으로 생략한 채 아버지에게 우선권을 부여하는 "남성은 생명의 진정한 저자며 그의 보호 능력만이 인간의 취약성에 대한 해답"이라는 주장을 광범위하게 비판해 왔다.[68] 상징계로 들어가기 위해서는 기호계를 아브젝트로서 단절해야 한다. 결코 완전하지 않은 이 분리가 일어나기 위해서는 내적 자아가 물질적 기호계와의 연결을 끊어야 한다.69

전통적인 자아 형성 이론은 유아-어머니 관계에 내재된 원초적 자기애의 중요성을 인정하지 않음으로써 여성을 삭제하는 데 효과적으로 작용한다. 전반적으로 이러한 자아 형성 이론은 모성과 애착의 원초적 대양감(primal oceanic feelings)을 인정하기보다는 고통스럽고 파괴적인 단절을 통해 자아가 이루어지기 때문에 건강하고 관계적인 내적 자아로 이어지기 어렵다. 이미 논의했듯이, 분리를 통해 이드(id)를 광범위하게 형성하는 것은 결과 없이 이루어지지 않는다.

자아의 성립이 기호계를 아브젝시옹하는 대가로 이루어질 때, 상징계의 관점에서 볼 때 '건강한 자아'의 형성은 무의식적인 모친 살해 충동이 드러남으로써 이루어진다는 것이 나의 주장이다. 한 사람이 상징계로 수용된다는 것은 기호계의 추방/억압과 함께 일어난다. 기호계는 상징계의 일부가 될 수 없다. 다만 크리스테바가 지적했듯이, 우리는 상징계에 숨겨진 기호계 존재의 돌입을 알아차리는 경우가 있다. 단절은 상징적 영역으로 진입하는 분리 과정에 내재되어 있다. 분리는 아브젝시옹을 통해 가장 깊고 가장 초기 수준에서 획득된다. 아이러니하게도 이재훈의 분석을 빌리자면, 이 아브젝트는 우리의 '원초적 상처'의 십자가가 된다. 기호계로부터 단절되는 이 특별한 과정은 여성뿐만 아니라 남성의 자아 형성에도 본질적으로 위험하다. 이러한 초기 왜곡은 일생 동안 유지되어 거짓되고 손상된 자아를 계속 영속시킨다. 손상된 자아는 무의식 수준에서 우울감(melancholy)을 불러일으킬 뿐만 아니라 우리의 가장 깊은 상실감, 아브젝시옹에 대한 감각, 한의 감각 그리고 개인적 및 집단적 무의식적 폭력을 생산하고 재생산하는 역할을 한다.

아브젝시옹/한/우울감을 통해 신학적으로 작업하기 위해, 나는 우리가 기호계적, 모성적 하나됨의 깊이, 즉 전(前)객체이자 전(前)주체인 정이라는 대양감으로 돌아가야 한다고 주장한다. 삼위일체에 대한 전통적인 이해 안에서 우리는 성령이 성육신하신 말씀으로서 기호계적 현존이라고 주장할 수 있는가?

아마도 이것이 전통적인 교리 신학에서 성령이 아버지와 아들 모두에게 종속되는 이유이기도 할 것이다. 그렇다면 도발적인 질문은 "예수와 동일시되기도 했던 이 신적 소피아는 왜 억압받게 되었는가?"이다. 이 성령을 길들이고 통제하려는 엄청난 노력의 배후에는 무엇이 있는가? '아버지들' 중 일부는 이 기호계의 그녀가 아버지의 자리를 빼앗을지도 모른다고 걱정했는가? 버지니아 버러스(Virginia Burrus)가 다음과 같이 핵심적인 통찰을 제시한다.

> 아버지의 비밀은 자신이 훔친 자궁이다…. 여성을 삭제해서 아버지와 아들 관계를 통해서만 신적 생성성을 구조화하는 것은 초월성을 구성하는 데 필수적이다…. 신학 담론에서 어머니의 자궁을 제거하는 것은 그 '첫 번째 장막'을… 여성의 비가시성의 수의(shroud)로… 변형시킬 수 있다. 그렇게 함으로써 오직 하나의 성만 남게 된다.[70]

이것은 항상 자궁으로 되돌아가야 하는 것 같다. 버러스가 암시했듯이, 상징계에서 기호계의 모든 흔적을 지우고, 특히 십자가에서 기호계/아브젝트의 모든 흔적을 억압함으로써 우리의 심리-신학적 구성에서 여성의 생성성(generativity)을 제거할 수 있게 영향을 미친다. 크리스테바의 모성 기능에 대한 연구는 주체가 상징계로 진입하기 전에 위치하며, 그녀의 이론을 점점 더 모성의 자궁으로 깊이 파고들게 한다. 크리스테바는 플라톤의 '코라'(chora) 개념을 끌어오는데 이는 양육하는 공간이자 어머니의 공간이다. 그 결과 크리스테바는 명백하게 보이지만 종종 무시되는 사실을 되짚어 본다. 즉, 여성 없이, 어머니의 몸 없이는 말하는 주체도 있을 수 없다.

인간의 주체성에 필수적인 부정과 동일시 욕구는 주체가 언어의 세계로 진입하기 전부터 이미 모성 기능 내에서 작동하고 있다. 이와 관련하여 이재훈의 '원초적인 한' 개념은 멜라니 클라인의 유아기 정신분석 이론에 큰 영향을 받았다. 실제로 크리스테바의 이론적 틀의 대부분은 클라인의 어머니-자녀 관계에 대한 페미니스트 정신분석학적 비판에서 출발한다. 클라인의 대상관계이론은 유아기에 초점을 맞췄지만, 이재훈의 '원초적 상처'와 '원초적 한'이라는 개념은 어머니에 초점을 맞춘다는 점에서 클라인과 어느 정도 일치한다.

크리스테바와 클라인을 함께 읽는 것은 '정신적 폭력'(psychic violence)이라는 그들의 개념을 결합하여 "무의식적 정신과 사회정치적 정신이 서로 얽혀있는 구조적 설명을 제공한다"는 점에서 유용하다.71 크리스테바는 클라인의 이론을 정신, 즉 '원초적 정신을 어머니로부터 분리한 것에 대한 내적 폭력'으로 재구성한다.72 클라인은 어머니의 가슴으로 돌아가는 반면, 크리스테바는 어머니의 자궁으로 돌아간다. 크리스테바의 어머니로부터의 원초적 정신적 분리는 이재훈의 '원초적 상처'와 '원초적 한'이라는 개념을 매우 잘 반영하고 있다. 이재훈의 '원초적 한'은 한의 깊이를 이해하기 위해서 그리고 십자가가 우리 정신에서 어떻게 작용하는지 이해하기 위해 검토해 볼 필요가 있는 중요한 개념이다.

> 아브젝시옹은… 개인의 잠과 사회의 숨 고르기를 지탱하고 있는 종교적, 도덕적, 이념적 규범들(codes)의 또 다른 얼굴이다. 이러한 규범들은 아브젝시옹을 정화하고 억압한다. 그럼에도 불구하고 억압된 것의 귀환은 우리의 '종말'을 구성하며, 이것이 바로 우리가 종교의 극적인 격변을 피할 수 없는 이유이다…. 우리의 유일한 차이는 아브젝트와 마주 대면하기를 꺼려한다는 점이다…. 여러분에게 묻겠다. 누가 스스로를 아브젝트로, 아브젝트의 대상이자 주체로 부르는 것에 동의하겠는가?[73]

십자가와 같은 종교적 규범이 아브젝시옹의 '정화'이자 '억압'으로 작용한다면, 나는 이렇게 묻지 않을 수 없다. 그렇다면 정화되고 억압되어야 한다고 여겨지는 그 아브젝시옹이란 도대체 무엇인가? 아브젝시옹의 무엇이 그렇게 위협적이어서 그것을 지속적으로 억압하기 위해 '종교적, 도덕적, 이데올로기 논리적' 영역에서 그러한 협력이 필요한 것일까? 한때는 상징계의 기표였던 십자가에서의 아브젝시옹은 억압의 한 형태로서 기능하기보다는 아브젝트/억압된 것의 귀환을 현재화하는 역할을 한다. 이 행위가 예수를 희생자로 만들었다고 인식할 수도 있다. 그러나 십자가에서는 한과 정 모두의 깊이가 적나라하게 드러난다. 드러난 것은 아브젝시옹으로서의 한의 깊은 심연이며, 동시에 잠재된 정을 드러내고 구현하는 것이다. 더욱이 서벌턴은 자신을 위해 말할 수 없다는 스피박의 최초의 선언과는 반대로, 서벌턴인 아브젝트는 상징계 안의 모성적 기호계의 힘의 파열을 통해 말하고 있고, 말할 수 있다.

따라서 아브젝시옹은 극복해야 할 것이 아니라 우리 자아의 돌이킬 수 없는 일부인 낯선 이/타자로 인정하고 구체화해야 하는 것이다. 크리스테바는 "아브젝시옹의 시간은 이중적인데, 망각과 천둥의 시간, 감춰진 무한의 시간과 계시가 터져 나오는 순간"이라고 극적으로 말한다.74 이것은 십자가에 대한 포스트식민주의적 흉내내기이다. 이것은 복종/희생과 해방/혁명 둘 다를 의미한다.75 이처럼 십자가는 한과 정 모두를 구현한다.

우리가 정이라는 개념을 정의하고 분류하는 데 어려움을 겪는 것은 정의 기호계적 불투명성에 기인한다. 따라서 기호계적 욕구의 표현인 정은 종종 상징계/아버지의 법이라는 범주 아래 진압, 무시, 억압당한다. 앞서 주장했듯이 '원초적 한'과 유사한 기호계가 파괴적인 에너지와 '생명 에너지'로 구성되어 있다면, 모성적 기호계는 상징계의 질서 내에서 속박과 창조적 파괴를 동시에 제공한다. 여러 측면에서 상징적 질서 내의 기호계 차원의 창조적 무질서는 경계선과 경계의 문제가 모호하고 다양한 영역에서 자주 발생한다. 결과적으로 상징계는 기호계의 힘으로부터 그리고 그것을 통해서만 전복될 수 있다.76 이를 위해 해방적 실천의 규범적인 조건(codified terms) 안에서 단과 정이 동시에 작동해야 한다.

우리는 상징계의 헤게모니를 파괴적 기호계의 창조적 반란을 통해 조롱하고 모방할 수 있다. 인간에게 창조, 친교, 새로움, 쾌락, 위반의 가능성을 확립하는 것은 존재의 과잉과 잉여이다.77 크리스테바는 상징계 내부에서도 기호계가 나타나는 전복적 장소인 어머니의 몸에 주목하는데 이것이 페미니스트 그리스도론의 핵심이기 때문이다.

얀첸이 지적하듯 놀랍게도 "그러나 전통적 그리스도교는 어머니의 몸과 그 몸과 함께 기호계를 받아들여… '신학적 계략'을 통해 이를 남성 중심의 상징적 질서에 복무하게 만들 수 있다"고 한다.[78] 우리가 정이 나타날 수 있는 틈새적 장소를 상상하고 창조하더라도, 이 장소가 상징적 질서에 의해 식민화될 가능성을 항상 경계해야 한다.

그리스도론에 대한 페미니스트 신학적 재구성은 유망한 여성적 신의 형상들을 제안해 왔다.[79] 크리스테바의 기호계 개념과 사랑/에로스에 대한 그녀의 이해는 주체와 객체의 분리라는 전통적인 이분법적 관념에 도전한다. 마찬가지로 앞서 반복했듯이 정의 힘은 자아와 타자의 경계를 복잡하게 만들고 모호하게 만든다는 것이다. 상징계 안에서 모성적 기호계를 되찾으려는 크리스테바의 탐색은 "네 이웃을 네 몸과 같이 사랑하라"는 말씀의 더 깊은 의미로 우리를 안내한다. 이 급진적인 사랑은 임신 중에 주체와 타자의 구분이 하나 안에서 그리고 하나로서 공존하는 경험을 하게 된다. 크리스테바가 기호계에 대해 취하는 급진성은 자신에 대한 사랑이 타자에 대한 사랑과 융합된다는 개념에서 도출된 결과이다.[80]

크리스테바는 아브젝트가 대상과 단 하나의 속성만을 공유한다고 주장하는데, 그것은 바로 '나에 대립된다는 점'이다.[81] 따라서 아브젝시옹이란 '정동과 사고의 뒤틀린 결합'이다.[82] 이와 마찬가지로 모든 대상은 "자기 존재의 토대를 놓은 최초의 상실에 기초할 뿐이다… 아브젝시옹은 그것과 동질적인 것을 인식하지 못하는 실패를 통해 정교화된다. 그 어떤 것도 익숙하지 않고, 기억의 그림자조차도 익숙하지 않다."[83] 창조된 타자를 희생시키면서 주체가 형성되는 역설은 바로 초기 상실과 아브젝시옹의 과정 그 자체이다.[84]

따라서 어떤 사회적 형태의 억압이 있기 전에도 주체는 이미 어머니와 자아의 아브젝시옹을 통해 '원초적 한'을 만나고 경험한다. 사회적 존재는 추방의 힘을 통해 구성된다. 그러나 이러한 아브젝트된 물질들은 결코 완전히 소멸되지 않는다. 오히려 그들은 "혼란이나 심지어 해체의 위협으로 주체의 정체성의 가장자리를 계속 맴돌고 있다."85 따라서 "아브젝시옹은 무엇보다 모호함이다."86 즉, 아브젝트는 자아로부터 거부된 것이지만 동시에 완전히 떠나지 않는 어떤 것이다.87 아브젝트는 자아로부터 강제로 폐기되는 다루기 힘든 어떤 것이다. 아브젝트는 폐기되는 순간, 이것은 동시에 '쓰레기', 즉 상징계를 '어지럽히는' 환영받지 못하는 폐기물이자 오물이다.88 요컨대 아브젝트는 '거부된 쓰레기'이며, 엘리자베스 그로스(Elizabeth Grosz)가 말했듯이 '주체의 기원과 소멸의 장소'이다.89 크리스테바는 아브젝시옹은 나르시시즘적 위기의 한 형태인데 이것은 잃어버린 대상에 대한 극도의 슬픔을 경험한 결과라고 주장한다. 모성은 원초적 아브젝트인 동시에 비극적인 상실이다. 그러나 이 기호계적/모성적 근원의 단절과 궁극적 아브젝시옹이 바로 손상된 단절이며, 이재훈이 말한 '원초적 상처/한'에 대한 표현을 정확하게 설명해 주는 것이다. 이 '원초적 한'은 개인의 정신뿐만 아니라 타인과의 관계에까지 스며들어 간다. 이러한 손상은 개인 무의식과 집단 무의식 모두에서 우리의 원한과 정한의 순환에서 분명하게 드러난다. 크리스테바의 경우, 아브젝시옹의 내밀한 측면은 고통이며, 공포는 '아브젝시옹의 공적인 특징'이다.90 그녀에게 아브젝시옹은 '고통과 공포를 외치는 주체'이다.91

크리스테바에게 억압받는 사람과의 만남은 모성적 기호계와의 만남이다. 그녀는 아브젝트는 사회적, 상징적 질서를 위협한다고 주장한다. 상징계는 그 경계를 유지함으로써 자신과 그 힘을 유지하지만, 아브젝트는 그 경계의 취약성을 상기시켜 준다. 따라서 올리버(Oliver)는 '상징계는 경계, 차별, 차이의 질서'라고 말한다.92 십자가상의 아브젝트로서의 예수는 상징계의 영역과 대면한다. 십자가는 상징계의 힘에 경의를 표하는 동시에 그 질서에 대한 위협으로 다가온다.

나는 십자가가 일부 페미니스트 신학자들과 정치해방신학자들이 암시하는 것처럼 제국 권력에 의한 기호계/정의 죽음이 아니라 새로운 형태의 권력으로 넘어가는 것이라고 제안한다. 이것이 바로 '이단/여성윤리'의 힘, 즉 정의 힘이 될 것이다. 십자가는 경의와 조롱이 모두 구현되는 틈새 공간이다. 십자가는 아브젝시옹과 주체성이 만나는 틈새적/혼종적 장소이다. 타자와 자아가 자율성을 유지하는 동시에 자아 안의 타자와 자아의 존재를 인식하는 장소이다. 죽음과 삶이 공존하고 고통/한/아브젝시옹, 해방/사랑과 정이 서로 도전하는 현장이다. 고통과 공포라는 주제는 십자가에 대한 우리의 이해에도 존재한다. 이 주제는 크리스테바가 '신적인 공포'라고 부르는 것을 구성한다. 그녀는 영적인 것과 실체적인 것 사이의 삼투가 그리스도 안에서 일어난다고 말한다.93 이러한 전환은 빚과 불평등과 같은 죄를 속죄하기 위한 율법주의적 수단을 뛰어넘는다. 전통적인 그리스도론에서 그리스도교의 통찰력 중 하나는 "하나의 동일한 체계 안에서 일그러짐과 아름다움을 안감과 겉감으로 함께 모은 것"이다.94 따라서 십자가는 상징계의 폭력의 공포를 구현하는 동시에 기호계의 존재를 알려준다. 십자가는 한과 정, 아브젝시옹과 사랑을 구현한다. 십자가는 모성적 기호계가 가부장적 상징계에 맞서면서 폭력의 논리에 대항하는 사랑의 논리를 상징화한다. 이러한 나의 입장은 그리스도를 크리스타로, 여성을 아브젝트로, 고통받는 '사람들'을 아브젝트로 재구성한 곽 퓨이란의 혼종적 그리스도론[95]이 가장 잘 뒷받침하고 있다. 이처럼 아브젝트, 따라서 십자가는 아버지의 상징적 질서에 위협이 된다.[96]

정과 한이 같은 마음의 두 가지 측면이듯, 크리스테바의 아브젝시옹과 사랑은 모두 사랑의 일부이다. 그녀는 사랑이란 숭고한 것과 아브젝트가 결합된 것이라고 말하기 때문이다.[97] 사랑에는 자아와 타자라는 두 가지가 필요하며, 이를 통해 주체는 자아의 경계를 넘어 타자가 '될 수' 있다.[98] 이러한 사랑은 차이를 폐지하거나 동화시키지 않고 차이를 통해 동일성을 제공한다. 흥미롭게도 크리스테바에게 사랑은 단순히 기호계적인 것도 아니고 단순히 상징계적인 것만도 아니다. 사랑은 '항상 그리고 동시에 둘 다'이다.[99] 그것은 정이자 한이다. 이 사랑에 대한 크리스테바의 강조는 사랑을 정신의 생명이라고 선언할 정도로 두드러진다. 이런 이유로 "사랑이 없으면 우리는 죽음을 살고 있다."[100] 결론은 기호계의 전복적 흔적이 없는 상징계는 살아있지 않다는 것이다. 그것은 살아 있지만 생명이 없다. 기호계는 상징계에도 생명의 원천이다. 상징계는 아브젝트인 기호계와 단절하는 것을 요구하지만, 그 생명의 근원은 기호계의 깊이에서 나온다. 기호계의 관점에서 읽은 십자가는 '원초적 한'의 정신적 상처를 치유하는 기능을 한다. 흥미로운 점은 크리스테바에게 종교는 대부분 특정한 금기를 통해 아브젝트를 배제하는 데 기반을 두고 있으며, 이는 기호적 요소로부터 오는 모든 위협에 맞서 상징계의 질서를 유지하는 데 복무한다는 것이다.[101] 그녀가 종교에 대해 관찰한 바는, 종교가 그 의미가 형성되는 이질적 과정을 덮어버리는 균질적인 의미를 제공한다는 것이다.102 그러나 종교적 의미는 종종 분리를 극복하기 위해 상징계의 요소보다는 기호계의 요소를 사용한다. 그리스도교에서 하나님과 인간 사이의 궁극적인 분리는 십자가상의 상징계/아버지의 법 안으로 기호계가 침입함으로써 극복된다.

대상 이전(pre-object)의 전이적 사랑은 사랑을 모성의 기호계적 자궁 안으로 가져와 십자가 위의 모성을 읽고 볼 수 있는 길을 열어준다. 그리스도교인의 성육신하신 하나님과의 동일시는 원초적 상실로 고통받는 상처 입은 주체를 지지하는 역할을 한다. 이러한 정신분석적 관찰을 통해 우리는 '원초적 한', '원초적 상처'를 아브젝시옹과 모성적 기호계의 상실로 읽을 수 있게 해준다.

십자가에 대한 전통적 설명은 죄에 대한 대가를 지불해야 한다는 가부장적 안셀무스적 개념을 고착화하는 역할을 했을 뿐만 아니라 동시에 주변부에서 전복적으로 기능하면서 아브젝트의 존재를 다시 불러오고 이를 자각하게 해왔다. 이는 전 세계의 해방신학자들에 의해 매우 설득력 있게 설명되어 온 바 있다. 아브젝트의 관점에서 이해되는 십자가는 우리 자신의 고통과 아브젝시옹을 반영한다. 많은 사회적 약자들에게 십자가는 전이적 사랑과 연대의 힘으로 인해 강력한 힘을 발휘한다. 그리스도교의 문제는 사랑과 영양을 제공하는 어머니의 몸을 가부장적인 신으로 대체한다는 것이다.

이 모성적 흔적을 인식함으로써 우리는 그리스도론적 성찰에서 기호계의 현존의 흔적을 재발견할 수 있는 더 나은 준비를 갖추게 된다. 앞서 잠깐 언급했듯이, 크리스테바의 아브젝시옹은 그녀의 '여성윤리'라는 개념, 즉 분리에 의존하지 않는 사랑 개념을 통해 극복된다. 실제로 어머니는 이러한 사랑을 창조한다. 이 어머니의 사랑은 제삼자가 분리와 통합 사이에 서 있을 필요가 없다. "그녀의 사랑은 아버지의 법 밖의 사랑이 될 것이다."103 크리스테바는 이것을 '법을 넘어서는 사랑'이라고 상상한다. 어머니의 사랑은 아이에 대한 사랑인 동시에 자신에 대한 사랑이며, 자신을 기꺼이 내어주는 것이 새로운 윤리의 기초이다.104 나는 어머니와 자녀의 관계가 매우 밀접하게 얽혀있는 임신 기간만큼 기호계적 '여성윤리'의 흉내내기와 이단성이 강하게 나타나는 곳은 없다는 것을 강조하고 싶다.105

하나님의 사랑/에로스/정은 우리 삶 속에 성육신한다. 십자가는 피조물인 이웃과 하나님 자신이 기호계적으로 하나됨을 의미한다. 십자가의 아이러니한 이중성, 즉 키아스무스(chiasmus)는 성육신으로 구현된 정을 통해 하나님과 인간이 서로 연결되는 신성한 기호계적 힘을 드러낸다. 십자가 위에서 기호계적 차원을 억압하는 교리적 상징계의 집착은, 신적 기호계가 고통에 참여하는 것을 모호하게 만든다. 포스트식민주의 이론적 관점에서 보면 십자가는 기호계의 포스트식민적 장소가 될 수 있다. 상징계가 배치한 대로 십자가는 모성적 신의 사랑을 배제함으로써 급진적 출발점을 만들어 낸다. 따라서 십자가에서의 고통은 억압된 것/아브젝트의 귀환이다.

상징계의 정통성에 대한 '이단' 안의 '그녀의/윤리'는 실제로 "네 이웃을 네 몸과 같이 사랑하라"의 실천이다. 크리스테바는 자기 자신과 타자에 대한 이러한 의무는 임신과 출산의 모호성에서 비롯된다고 주장한다.106 크리스테바에 따르면 타자를 자기 자신과 분리할 수 없는 것은 임신 중일 때이다.107 자기와 타자를 이렇게 분리하지 못하는 것은 정신병의 증상이지만 대부분 임신 중일 때만 사회적으로 허용된다. 이어서 크리스테바는 모성의 기호계적인 힘을 인식한 상징계는 그 힘을 억압하거나 신화와 환상으로 치부함으로써 그것을 다룬다고 말한다.108 그 결과 타자는 '저 밖에 있는' 자율적인 타자가 아니라 우리 자신의 일부가 된다. 크리스테바에 따르면 어머니는 초월적인 타자가 존재하지 않는다는 것을 알고 있다. 분명 타자는 '자신의 살 중의 살이요, 사랑하는 자'이다.109 그녀는 타자가 다른 곳에 있는 것이 아니라 내 안에 있다는 것을 알고 있다. 그런 사랑은 상징적 질서를 위협한다. 올리버는 크리스테바의 사랑 개념이 정신병에 대한 우리의 이해를 위협한다고 지적한다.

나는 십자가의 힘이 상징계의 행위의 공포 안에 있는 이러한 기호계의 균열을 구성한다고 제안하고 싶다. 십자가에서 우리는 상징계에 의해 구축되고 유지되는 경계가 무너지는 것을 목격한다. 십자가에서 우리는 상징계의 억압적인 힘에 대항하는 '여성윤리'가 본격적으로 등장함을 목격한다. 기호계의 모성적 렌즈를 통해 읽은 십자가는 아브젝시옹의 공포일 뿐만 아니라 사랑의 힘이기도 하다. 아브젝시옹도 포용하는 것은 사랑이다. 십자가는 처형에서 작동하는 상징계의 힘인 동시에 정의 힘으로서 기호계의 침입이기도 하다. 십자가는 아브젝시옹과 기호계의 법을 넘어선 사랑/정 모두를 드러내는 기능을 한다는 점에서 혁명적 시적 언어의 한 형태로 작동한다. 따라서 크리스테바의 아브젝시옹과 모성 개념은 정의 그리스도론을 향한 나의 여정에서 포스트식민주의 이론과 한국의 정과 한 개념을 구체적으로 연결하는 데 도움이 될 것이다. 이재훈의 '원초적 한'은 크리스테바의 아브젝시옹과 멜랑콜리 개념과 일맥상통한다. 마찬가지로 혼종성과 틈새 공간에 대한 포스트식민주의적 이론은 기호계의 공간과 상징계/아버지의 법의 공간 사이의 모호한 공간에 대한 크리스테바의 개념과 연결될 수 있다.

　탈식민지주의적 틈새 공간은 사회적, 문화적, 정치적 영역에 국한되지 않고 기호계적 공간과 상징계적 공간 사이, 아브젝시옹과 자아 사이의 틈새적 정신적 공간도 포함해야 한다. 이를 포스트식민주의 페미니스트 그리스도론적 성찰로 읽어낼 때, 십자가는 억압받는 것의 귀환이라는 그리스도교적 사건이 된다. 예수는 기호계의 존재를 구체화하거나 오히려 다가갔다. 기호계에 대한 그의 인식이 그의 콘텍스트에 있는 아브젝트를 인식하고 포용할 수 있게 한 것은 결코 우연이 아니다.

　나의 그리스도론적 주장은 십자가가 아버지와 그분의 사랑하는 아들의 죽음에 대한 착한 이야기가 아니라 억압받는 자/아브젝트의 완전한 현존의 사건이 아닌가라는 것이다. 그렇다면 십자가는 생명의 종말이 아니라 오히려 아브젝트들의 부활이며 귀환이다. 여기서 아브젝트들은 탄압받고, 추방당하고, 박해받고, 처형당하고, 억압받는 모든 사람, 즉 한 맺힌 모든 사람을 말한다. 이러한 존재는 상징계의 영역 안에서 강력하고 전복적인 방식으로 작동한다. 십자가는 상징계/아버지의 법의 기능으로서 그 힘의 공포를 드러내는 동시에 전복적인 기호계의 존재로 인해 그 공포의 힘을 약화시킨다는 점에서 양날의 검이다. 십자가는 상징계/아버지의 법의 질서 안에 있는 기호계의 침입이다.

　십자가는 사랑의 논리와 폭력의 논리 사이의 대립을 상징하기 때문에 흉내내기의 힘을 통해 양날의 검이 된다. 크리스테바에게 그리스도교의 '신과의 융합(fusion)'은 상징계적이라기보다는 기호계적인 측면이 더 강하다. 신앙이 타자를 향한 이러한 '기호계적 도약을 가능하게 하려면, 모성적 품에 가까운 원초적인 부모의 극과의 일차 동일시가 억압되거나 전치되어서는 안 된다.110 다른 어떤 종교보다도 그리스도교는 "부성적 기능에 대한 집착을 통해… 인간 삶에서 부성적 기능의 상징적, 물리적 중요성을 풀어냈다." 하지만 그 내적 욕망은 사실 기호계적 모성과의 융합을 향한다.111 그리스도교의 핵심에서 이러한 융합의 시도를 가장 잘 드러내는 상징은 십자가이다.112 그 후 십자가는 "억압된 것/아브젝트를 드러내고 동시에 승화시킨다… 그리스도의 고난의 표현은 아들에게 전가된 죄를 의미하는데, 그 아들은 결국 죽음에 이르게 된다."113 십자가의 스캔들은 그것이 "우리의 삶을 적시지만, 더욱 근본적으로는 우리가 접근할 수 있도록 조건을 마련하는 본질적인 소외 안에서… 정신적 삶의 새벽을 동반하는 애도의 과정 속에서" 정신적이고 육체적인 고통을 구현했다는 점이다.114 크리스테바는 거의 신학자처럼 글을 쓰며, 이 신학을 위한 '정점'인 삼위일체적 접근을 다음과 같이 선보인다.

> 버려진 그리스도, 지옥에 계신 그리스도는 당연히 하나님께서 죄인의 상태를 공유하신다는 표징이다…. 삼위일체 그 자체는 신학적 정교함의 최고 보석으로서, 그 특정 내용 너머에서 그리고 그 표현 방식의 논리에 의해 정신적 삶의 세 가지 측면인 상징계(the symbolic), 상상계(the imaginary), 실재계(the real)의 복잡한 얽힘을 불러일으킨다.115

십자가의 한과 정과의 연관성 측면에서 볼 때, 이것은 억압의 물질적 형태를 '심리화하려는'(psychologize) 의도는 분명 아니었다. 한과 정의 응집성은 그 표현의 물질적 형태와 개인 및 집단 무의식 모두에서 살펴봐야 한다. 따라서 한은 억압을 통해서뿐만 아니라 아브젝시옹에 대한 우리의 초기 정신적 경험 안에서도 경험된다. 따라서 한을 풀기 위해서는 단의 실천뿐만 아니라 정의 실천도 포함해야 하는데, 정에 대한 의도적인 집중을 통해서만 고통과 악을 극복할 수 있기 때문이다.

    정은 차이 속에서도 마음과 연결해서 한을 풀어내는 힘이 있다. 한은 정치적 억압이나 사회적 억압으로만 발생하는 것은 아니다. 또한 '원초적 상처'로 이해되는 한은 한을 풀어내는 작업이 개인과 집단의 무의식의 더 깊은 차원으로 들어가야 가능하다는 내 주장을 뒷받침할 수 있게 한다. 마찬가지로 이러한 한풀이는 혼종성의 제3의 공간으로의 진입을 요구하며, 십자가 위의 그리스도는 바로 그 제3의 공간으로 들어가는 입구가 된다. 마찬가지로 한편으로는 삼위일체 내적 관계 역동으로서의 십자가에 대한 몰트만의 주장과 다른 한편으로는 십자가에는 구속적인 것이 전혀 없다는 페미니스트의 비판 사이에서 정의 그리스도론 역시 제3의 공간을 차지한다. 정 그리스도론을 포함하여 아시아계 미국인 그리스도론은 이러한 신학적 구성에 기여할 수 있다. 나는 십자가의 고난을 미화하는 전통적인 그리스도론적 토대를 경계하는 페미니스트들의 우려에 공감하며, 이는 몰트만이 부분적으로 재인용한 전통이기도 하다. 그러나 십자가의 고통에 구속이 없다고 말하는 것은 고통의 현실을 지우고 부정하는 것이기도 하다. 정의 그리스도론은 십자가를 처형 도구로 이해하는 테일러와 송의 이해 옆에 자리 잡고 있으며, 그리스도교 전통에서 십자가가 힘을 북돋아 주는 효과와 억압하는 효과를 모두 인식하려고 씨름하는 존슨과 레이의 그리스도론과 유사한 페미니스트 그리스도론 옆에 자리 잡고 있다.

결론
십자가의 심장

우리는 사랑에 대한 공적이고 정치적인 개념을 회복해야 한다…. 우리는 오늘날 물질적이고 정치적인 사랑의 감각, 즉 죽음만큼 강한 사랑의 감각을 회복해야 한다…. 이 사랑이 없다면 우리는 아무것도 아니다.
_ 마이클 하트와 안토니오 네그리(Michael Hardt and Antonio Negri), 『다중』(Multitude)

오늘날 생명을 위한 싸움, 에로스를 위한 싸움은 정치적 싸움이다.
_ 허버트 마르쿠제, 『에로스와 문명』(Eros and Civilization)

관계는 우리가 누구이며 무엇이 될 수 있는지를 결정짓는 요소이며… 우리를 만들기도 하고 파괴하기도 한다.
_ 엘레자르 페르난데스(Eleazar Fernandez), 『인간을 다시 상상하기』(Reimagining the Human)

우리는 마음과 함께, 마음에 의해, 마음을 통해 꿈꾸고, 희망하고, 살아간다. 우리는 마음보다 정신을 중시하는 문화에서 그리스도교에도 있고, 유대교에도 있는 마음 은유의 중요성에 주목해야 한다.

예언자들은 마음이 움직였기 때문에 예언의 메시지를 전할 수 있었다. 하나님도 백성들의 고통과 아픔을 마음으로 보고, 듣고, 느끼기 때문에 예언자들을 부르신다. 야훼는 '눈물과 함께 고통당하시는(compassion) 하나님이시며, 고통받는 백성과 함께 아파하시고, 그들의 한숨과 탄식에 감동하시고, 그들의 무정한 마음에 진노하시는 분'이셨다.[1] 하나님과 이스라엘 백성의 관계는 파토스, 열정, 에로스, 마음으로 가득 차 있다.[2] 예수도 마음이 움직였기 때문에 예언자의 부름에 응답하셨다. 그분은 마음으로 사역하셨고, 마음의 충만함으로 살아가셨기 때문에 사실상 십자가에 달려 돌아가시기까지 하셨다. 우리가 마음으로 살아갈 때, 우리는 타인의 존재에 무관심할 수 없다. 타인의 고통이 나의 고통이 되고, 타인의 기쁨이 나의 기쁨이 되는 관계는 종종 호혜적이지만 반드시 그런 것은 아니다. 우리에게 마음이 없으면 생명도 없다.

정이라는 개념은 서양의 단순한 범주적 번역을 거부하기 때문에 나는 정이라는 개념의 오용 가능성을 피하면서 정의 다양한 차원을 조명하기 위해 이 책의 긴 분량을 할애했다. 이제는 정의가 더 명확해졌기를 바라지만, 여전히 정의 내리기 쉽지 않다. 이 마지막 장에서 나는 이전 장들보다 더욱 충실하게 정을 제시하고자 하는데 이는 정이 신학적 구성을 위한 도구를 제공할 수 있는 대안적 포스트식민주의 개념이라고 생각하기 때문이다.

십자가의 전통적 의미에 대한 페미니스트의 비판을 근본적으로 고려한다면 '십자가'를 여전히 구원의 행위를 상징하는 기표라고 말할 수 있을까? 이러한 비판을 염두에 두면서도 우리는 여전히 십자가의 힘에 대한 구속적인 의미를 말할 수 있는가? 그렇다면 한국적 개념인 한과 정의 개입은 어떻게 사유해야 할까? 정은 십자가에 담긴 역사적 한을 부정하지 않으면서도, 십자가를 바라보고 감동받는 이들에게 그 안에서 모방적으로(mimetically) 터져 나오는 전복적인 정/사랑을 탐구하는, 대안적 포스트식민주의 그리스도론을 제안할 수 있을까?

나는 포스트식민주의적 관점에서 십자가가 이중 제스처를 수행한다고 제안해 왔다. 십자가는 탄압하고 억압하는 상징계의 힘에 경의를 표하는 동시에, 흉내내기를 통해 십자가 위에 드러난 한의 공포뿐만 아니라 그것을 넘어서는 기호계적 정/사랑, 즉 전복적인 힘을 현존하게 만든다. 이는 전복적인 힘이다. 십자가는 정의 의미를 내포하고 있지만 한의 공포에서 자유롭지 못하다. 따라서 십자가는 교리적 자기 울타리를 넘어서고 그 대신에 하나님과 세상 사이에 있는 신적 존재로서 정을 특권화한다. 십자가는 억눌린 것의 귀환의 현장이다. 십자가에서 아브젝트의 존재는 지배와 추방의 수단인 공포를 상징한다. 아브젝트는 추방된 쓰레기로 정의된, 우리 정신의 난민이라고 할 수 있다. 아브젝트의 귀환은 그 존재로 인해 우리 자신의 구원의 가능성을 가져온다. 결과적으로 십자가의 변혁적 힘은 일부 페미니스트들이 주장하는 것처럼 내적 삼위일체 관계에 대한 강조나 일부 페미니스트들이 주장하는 것처럼 아브젝트/한의 부정을 통해 한을 억제하는 정화된 관점에 기초하지 않는다. 오히려 십자가의 위반적이고 변혁적 힘은 복잡하고 어지러운 속성에 있다.

앞서 언급했듯이 앤드류 성 박은 한을 '심연의 고통의 경험'이라고 말했고, 이재훈은 더 나아가 개인적 차원에서는 한은 '원초적 상처'라고 주장한다.3 한국계 미국인의 관점에 의하면 한은 내부로부터 뿐만 아니라 외부로부터의 계급주의, 성차별, 인종차별에 의해 형성된다. 더 나아가 북미 지역의 한인들에게 지배적인 한의 감정은, 페르난도 세고비아(Fernando Segovia)가 다른 곳에서 언급한 것처럼 설 수 있는 장소가 두 곳이나 있지만 정작 설 곳이 없는 경험, 즉 혼종성의 경험과 깊이 연결되어 있다고 주장한다. 인종차별, 성차별, 계급주의의 경험은 모두 북미 지역의 한국계 미국인 이민자의 맥락에서 다양하게 복합적으로 경험된다. 이러한 다양한 한의 경험은 레이 초우가 지적한 것처럼 아브젝시옹의 경험으로도 표현될 수 있다. 우리 자신의 민족성은 우리가 그것을 지우기 위해 백인 문화에 철저히 동화되든, 순수한 뿌리에 대한 향수 어린 회귀로 그것에 집착하든, 종종 우리를 겨냥하는 수단으로 사용된다. 민족성은 보편적이고, 설명적이고, 중립적인 것으로 가볍게 설명되지만, 경계를 표시하는 용도로도 사용된다. 따라서 민족이란 백인조차도 민족성을 주장할 수 있을 만큼 보편적인 특성을 갖고 있기도 하지만, 동시에 '지역적인 것, 이질적인 것, 외부적인 것'으로 표현되어 어떤 민족들을 명백히 다른 존재로, '타자'로 규정하는 기준이 되기도 한다.4 '민족'이라는 표식의 이러한 이중 제스처는 한국계 미국인 맥락에서 한/아브젝시옹의 경험을 심화시키는 기능을 한다. 이는 아시아계 미국 작가들의 자전적 문학에서 더 분명하게 드러난다. 이들은 자신의 혼종적 정체성을 주장하는 과정이 축하할 만하고 단순한 일이 아니라 한 맺힌 양가감정으로 가득한 감정임을 보여준다. 그렇다면 우리는 개인적인 한('원초적 한')과 집단적 한(영화 <공동경비구역 JSA>와 <사이구>에서 보여준 것처럼)의 이러한 복잡한 경험들을 어떻게 풀어낼 수 있을까?

민중신학자들은 단의 실천을 통해 한의 외적 원인을 제거하는 것이 한풀이의 주된 방법이라고 주장했다. 여기서 우리는 한을 유발하는 요소들의 '제거'와 관련된 남성적 군사 용어의 사용을 목격할 뿐만 아니라 이러한 무의식적 남성 중심적 궤도 안에서 민중운동이 억압받는 자들 중에서도 가장 억압받는 존재인 여성을 지배한다는 사실이 매우 아이러니하다는 점도 확인할 수 있다.5

한의 제거는 대부분 단(斷)의 실천과 관련이 있다. 단(斷)의 문자 그대로의 의미는 '끊다'이다.6 개인적 차원에서 단은 불의와 억압 체제의 일부가 되고자 하는 유혹에서 벗어나기 위한 자기 부인의 실천이다. 단의 내재적 의미는 한을 유발하는 억압 시스템에서 깨끗하게 벗어나겠다는 약속이다.

이러한 가부장화된 개념(한을 단으로 풀어내는 것)은 종종 변혁에 대해 수동적이고 약한 방식이면서 여성화되고 길들여져 온 개념과는 대립되는 것으로 인식되었다고 말하는 것이 공정해 보인다. 한풀이를 위한 이러한 여성화된 방법은 지속적으로 '정돈되지 않은' 것으로 묘사된다. 그럼에도 우리가 예수의 사역을 살펴보면, 특히 성전 안의 매매 현장에서 예수가 단을 실천하고자 하는 분노의 순간을 포착할 수 있다. 그러나 예수는 자신의 사역에서 단을 실천하지 않았다. 오히려 그는 정을 구현해 냈다. 그가 보여준 정의 급진적 실천은 본래 '단절해야 할' 이들에게까지 그 정을 확장한 방식에서 드러난다. 예수의 정은 피해자에게만 국한된 것이 아니라 억압의 가해자에게도 확장된다. 그의 정 실천이 그를 십자가의 고난과 죽음으로 이끈다. 왜냐하면 억압적인 상징 권력의 분노를 감수하기 때문이다. 예수는 단을 통해 세상을 변화시키려 하지 않고 오히려 끊임없는 자기 성찰을 통해 정을 통해, 세상을 변화시키려 한다. 나는 단이 해방의 필수

구성 요소이기는 하지만, 궁극적으로 단은 현재 진행 중이지만 결코 완전히 완성되지 않은 해방의 충만함에 미치지 못한다고 주장한다. 한을 유발하는 요소들로부터 해방되기 위한 유일한 길로서 단의 실천만을 고집하는 것은 페미니스트적 관점에서 실망스러울 뿐만 아니라 복합적인 억압의 축들에 대한 비판적 성찰이 본질적으로 결여되어 있다는 점에서도 문제가 있다. 단이 억압을 해체하는 데 중요한 역할을 한다면, 정은 관계를 변화시켜 억압 체계를 변화시킨다.

정은 관계성의 중요한 부분을 표현하는 만큼 명확한 범주적 번역에 저항한다. 정은 시, 문학, 미술, 영화를 통해 주로 표현되며 민요와 유행가는 물론 일상 대화에 스며들어 있고 관계성의 삶의 에너지이다. 정은 그 다양하고 변화무쌍한 윤곽의 깊이를 놓치지 않고는 간결하게 정의할 수 없다. 더군다나 앞으로 이어질 내용을 보면 정을 단순히 사랑과 동일시할 수 있다고 생각할 수도 있다. 그렇지 않다. 정은 연민(compassion)과만 완전히 동일시할 수 있는 것도 아니다. 한국인은 정이 사랑보다 훨씬 더 강력하다는 것을 이해한다. 정은 아가페, 에로스, 필리아적 사랑에 연민, 공감, 연대, 이해가 더해져 관계 속에서 연결된 마음 사이에서 생겨나는 것을 뜻한다. 정은 관계주의의 틈새에 들어오는 보충물이다. 정은 관계주의에 뿌리를 두고 있다. 그것은 연결성 사이에 생겨나기 때문에 윤활유 역할을 하며, 한이 최종 단어가 아니라는 끈질긴 믿음으로 작용한다.

정이라는 한자를 펼치면 그 다차원적인 의미가 드러난다. 정의 의미는 주로 마음, 맑음, 취약성 같은 개념들에서 파생되었고, 명사로 쓰일 때는 생명을, 동사로 쓰일 때는 '무엇인가 솟아오르는 것'(something arising)을 의미하는 글자에서 파생된 것으로, 다양한 의미의 음영을 지니고 있다.7 이 모든 요소는 정의 다양한 경험에서 중요한 역할을 한다.8 정은 연결성, 마음과 밀접하게 연관된 되어감의 기원을 의미한다. 그것은 육화의 지속적인 과정을 의미한다. 정은 서로의 연결성 속에서 한을 풀어낼 희망으로 피어나며, 되어감이라는 과정, 곧 새로운 창조 속에서도 솟아난다. 이는 하나님 나라의 과정을 비유할 때, 누룩이 더해져 부풀어 오르는 무교병의 은유와 맞닿아 있다. 관계성 안에서 (작은 누룩처럼) 정이 싹틀 때, 그것이 곧 해방적 실천의 힘을 발생시킨다.

리타 나카시마 브록은 "우리는 마음으로 가장 잘 안다"고 말한다. 그녀는 우리가 마음의 충만함 속에서 살아갈 때 우리 삶의 깨어짐이 온전해지고 치유된다고 말한다. 이러한 '마음의 충만함'은 우리의 관계적 상호연결성 감각을 만들어 내고 유지시켜 준다. 그러므로 정의 신학은 브록이 제시한 에로틱한 힘의 그리스도론과 유사하지만 다른 읽기이다. 브록 그리스도론의 핵심은 에로틱한 힘이 '생명의 힘'이라는 주장이다. 따라서 관계적 존재는 '우리 존재의 핵심, 우리 생명의 원천, 우리 본래의 은총'이다. 실제로 에로틱한 힘에 대한 그녀의 개념은 정에 대한 우리의 잠정적 정의와 일치한다. 정은 한과 사랑이 병치되어 만들어지는 사이 공간이다. 에로스는 미움과 사랑 사이의 역설적이고 모호한 공간에서조차 나타난다. 초기 서양 문헌에서 에로스는 쓴맛과 단맛을 동시에 지닌 것으로 묘사된다.9 에로스가 쓴맛 단맛을 모두 갖고 있는 것처럼 정은 억압자와 억압받는 자, 미움과 사랑, 자아와 타자, 기호계와 상징계, 신과 세계 사이의 설명되지 않는 공간에서 불확실성을 만들어 낸다.

에로스와 마찬가지로 정은 관계성에 뿌리를 두고 있다. 에로스는 종종 자아의 상실을 요구하는 것으로 이해되어 왔기 때문에, 에로스에 대한 일반적인 은유를 녹는 경험에서 찾았다. 많은 남성 학자들에 따르면 이 '녹는다는 것'은 모호한 개념이다. 장 폴 사르트르(Jean-Paul Sartre)는 에로스를 꿀단지에 손을 집어넣는 아이에 비유해서 설명한다. 그는 불만이 가득한 어조로 "그것은 부드럽고, 잘 휘어지며, 눌리면 푹 들어간다. 그 끈적임은 함정 같아서 거머리처럼 달라붙어 거머리와 나 사이의 경계를 침범한다…. 물속으로 뛰어드는 것은 다른 인상을 준다. 나는 여전히 단단한 고체로 남아 있다. 그러나 끈적임을 만지는 것은 나 자신이 점성으로 녹아들 위험을 감수하는 것이다."10 여기서 점성이란 매력적이고, 밀어내고, 끌어당기는 힘이다. 한국의 가부장적 문화에서 정이 '끈적끈적하다'는 경멸의 의미로 자주 언급되듯, 서양에서도 에로스를 '끈적끈적하다'고 표현한다. 하지만 정에 지속력을 부여하는 것은 바로 이 '끈적끈적함'의 측면이다. 에로스/정의 힘에 의해 촉발되어 자아와 타자 사이의 경계가 해체되는 데에는 남성 히스테리까지는 아니더라도 잠재된 두려움이 존재한다. 이러한 특정 관점에서 에로스의 녹고 끈적이는 은유는 접촉의 위기를 드러낸다. 왜냐하면 그 은유는 정처럼 포착하기 어렵지만 그 자체를 자아 내면의 틈새 공간과 연결성 사이에 놓기 때문이다. 이러한 '끈적끈적함'을 거부하는 사람들에게 에로스의 유입은 "구체적으로 개인적인 위협이 된다."11 개인주의와 분리를 중시하고 공동체적 상호의존성과 모든 사람의 상호 연결성을 평가절하하는 문화에서 에로스는 위협이 된다.

피터 하지슨(Peter Hodgson)의 에로스 사용은 동일한 방식으로 정과 깊이 공명한다. 하지슨은 에로스를 '삶의 물질적 에너지와 타자와의 관계 속으로 진입하고 있는 독특한 영적 특성을 결합하는 일종의 사랑'이라고 명명한다.12 내가 신적 실재의 일부이기도 하다고 주장할 일상적 관계의 내재적 현실 곳곳에 정이 스며들어 있듯이, 하지슨은 '원초적 에로스'(primal eros)라는 용어를 사용하여 모든 사물과 모든 관계에 존재하는 하나님의 에너지를 지칭하는데 이 에너지는 그것이 접촉하는 모든 것을 유지하고 소중히 여긴다. 모든 존재와 모든 만남 속에 깃들어 있는 이 원초적 에로스가 곧 정의 현존이다. 심지어 십자가의 고통 속에서도, 심지어 아브젝트의 존재 안에서도 이 원초적인 에로스/정은 그 존재감을 강력하게 드러낸다.

하지슨이 정과 연결 짓는 에로스처럼 정은 종종 주어진 한계, 경계, 규범을 침범하는 기능을 한다. 경계와 차이의 장소 모두에 도전하는 정은 간극과 균열, 불편하고 종종 고통스러운 틈새 공간에 존재한다. 정은 다양한 경계와 경계선을 넘나들며 자유롭게 움직이고 구현되기 때문에 삶은 훨씬 더 복잡해진다. 정의 힘은 억압받는 자와 억압하는 자 사이의 아주 작은 틈새에 끼어들 수 있는 능력에 있다. 이재훈은 정과 한은 동전의 양면과 같다고 주장했다.13

서구적 관점에서 보면 정은 억압을 지속시키는 힘으로도, 혹은 해방을 지속시키는 힘으로도 해석될 수 있다. 정을 강조할 때 즉각적인 해방의 확실성이 희미해 보일 수도 있지만, 정이 충만한 삶은 치유를 가져오고 한의 악순환을 끊어 준다. 무엇보다 정은 우리 자신에게 연약함을 드러내기를 요구하고 도전한다. 사실, 나는 정의 취약성 요구가 우리가 타자라고 인식하는 이들과 자신을 동일시하도록 도전하고 있음을 주장한다. 정은 우리로 하여금 우리 안의 부정적으로 여겨지고 그늘진 부분들을 인식할 뿐만 아니라 수용하도록 이끄는 성스러운 존재이며, 궁극적으로 정의 충만함 속에서 살아가는 방식을 깨닫고 실천하도록 깨우쳐 준다. 관계성 안팎에 있는 정의 존재는 우리 자신을 우리에게 드러내 준다.

정은 또한 명료함(clarity)을 포함한다. 아마도 서양의 개념화에서는 이것이 문제가 될 수 있다. 서양에서 말하는 명료함은 종종 분류화, 정리되고 직접적인 답을 암시하는 경우가 많았기 때문이다. 반면 내가 여기서 제안하는 것은 복잡성과 모호함을 인식하는 명료함을 말한다. 즉, 한과 정이 서로 밀접하게 연결되어 있다고 보는 명료함이다. 마음이 돌처럼 굳어졌을 때는 관계 속에 정을 허용하기 어렵지만, 마음이 살처럼 부드러워지면 연결 속에서 정이 생겨난다.

타자 안에서 자아를 인식함으로써 정을 적극적으로 불러내는 것은 분명한 형태의 협력적 연민(함께고통받음)이다. 연민과의 이러한 협력은 기존 질서를 추구하거나 억압을 영속화하려는 것이 아니다. 연결에서 비롯된 이런 협력은 모두를 위한 해방적 실천을 위해 노력한다. 억압으로부터의 해방을 위한 협력은 정이 가진 다양한 표현 중 하나인데, 연대와 밀접한 관련이 있다. 서구의 개인주의적 감성으로는 불편할 수 있는 집단적 연대를 한국의 속담과 정서가 정확하게 구현하고 있다. "네가 죽으면 나도 죽고, 네가 살면 나도 산다"는 말은 관계성 속에서 발현되는 극단적인 정의 의미를 담고 있다.

정은 파생된 형태로도 다양하게 쓰인다. 가장 중요한 것은 한국인들은 두 종류의 정을 언급하는데 그것은 미운 정과 고운 정이다. 후자는 상호 만족스러운 관계에서, 전자는 매우 불만족스러운 관계에서 나타난다. 이 관계는 한과 정이 섞여 있을 때가 많다. 긍정적이든 부정적이든 어떤 상황에서도 정은 존재감을 드러낸다. 한국인에게는 "무정보다는 미운 정이 낫다"라는 말이 있다. 정이 없다는 것은 관계의 부재를 의미하고, 관계의 부재는 상대방뿐만 아니라 자기 자신에 대해서도 완전히 무관심하다는 것을 의미한다. 정은 한국인의 정서에 스며들어 있지만, 그 존재는 명확히 정의되지 않았다. 정을 다음과 같이 세 관계 유형으로 분류할 수 있지만 이 셋으로 한정되거나 제한시킬 수는 없다. 그 셋은 모정(부모와 자식 사이), 애정(연인 사이), 우정(친구 사이)이다.

존 키넌(John Keenan)은 정에 대한 글을 쓰지는 않았지만 '연기緣起의 세계'(dependently co-arisen world)라고 부르는 불교의 무아(無我) 개념, 즉 자아를 비우는 수행을 통해 얻은 결과를 바탕으로 마가복음을 읽어낸다. 십자가는 불교의 관점에서 보면, 우리가 정을 충만히 채우며 살아갈 때 만날 수 있는 결과 중 하나이다. 일부에서 단순하게 주장하는 것처럼 정이 너무 쉽게 길들여진다는 생각은 잘못된 것인데, 정의 길을 따라 사는 삶은 종종 갈등을 초래하며, 그 밖에도 다양한 정치적 파장을 불러일으키기 때문이다. 키넌은 예수가 궁극적인 의미를 깨달음으로써 "절대적이라는 관습의 허상을 비우고, 연기의 세계에 완전히 다시 참여하게 된다…"고 주장하는데 이는 "보살의 지혜는 자비 없는 침묵 속에 머물 수 없기 때문이다."[14] 예수는 정을 통해 무아를 깨우친다. 그는 사역을 시작하기 전 광야로 떠난 여정에서 자아의 유혹에 맞서 무아를 선택한다. 정을 통해 무아에 눈을 뜬 그는 십자가를 지는 위험까지 감수하면서 타자를 위해 정을 베풀 수 있는 능력을 갖추게 된다. 수난 이야기에서 그는 다시 한번 물러나는데, 이번에는 광야가 아니라 정원으로 들어간다. 이는 죽음을 마주한 상황에서도 계속해서 자기 비움을 실천할 수 있도록 다른 이를 위한 정의 깊은 곳에 다다르기 위해 자신의 마음을 깊숙이 탐구하기 위함이다. 정을 실천하는 것은 참으로 연기의 세상을 약속한다. 비슷한 맥락에서 캐서린 켈러는 "신과 세계는 서로의 되어감의 조건을 형성한다"고 주장한다.15 무아 또는 자기 비움의 실천이 억압적 역학을 승인한다면, 이 실천은 지배적이고 억압적인 힘에 의해 종종 무아로 여겨져 온 사람들에게는 분명히 부정적인 결과를 초래할 것이다. 그러나 불교적 관점에서 자기 비움의 수행은 자기 충만함을 향한 과정이다.

마찬가지로 앤드류 성 박은 자아를 비우는 행위, 즉 케노시스는 "타인에 의해 부정된 자아를 부정하는 것을 의미한다"고 말한다. "자신의 자아를 비우면 비울수록 자아의 신적 중심이 더욱 투명해진다"고 말한다.16 역설적이게도 이러한 자기 비움의 무아는 그가 '자기 충만'이라고 부르는 상태에 도달한다.17 "정이 연결 속에 존재할 때, 우리는 삶의 복잡성을 명확히 볼 수 있게 되어, 자기 비움을 실천하는 동시에 우리 자신과 타인을 발견할 수 있다."18

정은 모든 관계를 위험할 정도로 복잡하게 만든다. 쉬슬러 피오렌자(바실레이아)와 브룩(크리스타/공동체)과 같은 페미니스트들은 예수 운동은 예수 없이는 상상할 수 없다고 주장했다. 그러나 그들은 또한 예수를 따르는 사람들 없이는 이 운동을 상상할 수 없다고 지적한다. 예수의 사역을 통해 그는 자신에게 이끌린 사람들과 관계를 형성했을 뿐만 아니라 자신도 사람들에게 이끌리는 존재였다. 그의 사역에서 우리가 목격하는 것은 예수가 정을 깊이 인식하고 실천했다는 것이다. 이것은 그의 치유와 사람들과의 교제에서 분명하게 드러나지만, 수난

이야기에서 명백하게 드러난다. 여기서는 특히 마가복음과 마태복음을 중심으로 성경의 수난 내러티브를 살펴보고자 한다.

예수가 자신이 정을 살아낸 결과에 대해 깨달았다는 것은 최후의 만찬을 나누는 장면에서 독자에게 매우 분명하게 드러난다. 마태복음 26장에서 예수는 자신과 친밀한 관계에 있던 사람이 자신을 배신할 것을 알고 계신다. 31절에서 예수는 "오늘 밤 나 때문에 너희 모두는 나를 버리고 떠날 것이다"라고 선언한다. 그는 자신의 임박한 죽음을 알고 있을 뿐만 아니라 제자들과 맺어온 친밀한 관계가 앞으로 닥칠 일을 견디지 못할 것임을 알고 있다. 겟세마네로 들어가는 예수의 모습은 사역 초기에 광야로 들어가는 그의 여정을 반영한다. 광야에 홀로 들어갔을 때와 마찬가지로 제자들이 함께 있지만 그는 겟세마네에서도 다시 한번 홀로 있다. 그러나 그는 임박한 배신을 앞두고 세 차례나 제자들의 동행을 구한다.

존 키넌은 예수가 하나님께 간절히 호소하신 "이 잔을 내가 마시지 않으면 아버지의 뜻이 이루어지지 않는다. 당신의 뜻이 이루어질 것이다"(마 26:42)는 대속을 요구하는 하나님의 뜻에 대한 예수의 항복이 아니라 오히려 예수의 마지막 자기 비움으로 해석할 수 있다고 주장한다. 왜냐하면 세상을 향한 예수가 가진 깊은 정은 무아(無我)의 소명을 통해 자신의 자아 의식의 한계와 만나기 때문이다. 마가복음 14장 33절은 예수께서 고민하고 동요하기 시작했음을 우리에게 알려준다. 키넌이 읽어낸 마가복음에서 알 수 있듯이, 특히 마가복음에 나오는 수난 이야기는 '신적 프로그램'이 아니며, "그렇기 때문에 예수가 괴로워하는 것이다. 단순히 미리 정해진 신의 뜻이 펼쳐지는 것이라면 고통과 죽음을 피하기 위해 기도할 필요가 없었을 것이다."19 예수의 겟세마네 기도는 연기적 사건들을 피할 수 있도록 변화시키는 것이 아니라 오히려 그의 기도는 "극도의 자기 비움으로 인해 위험에 처한 피할 수 없는 과정을 자각하도록 우리를 인도한다. 이 예리한 인식은 예수가 '내 마음이 괴로워 죽을 지경이다'고 말씀하시게 한다."

나는 여기서 예수의 자아가 무아와 겪는 갈등과 마주하게 되었다. 또한 나는 제자들이 자신을 버릴 것이라는 사실을 알게 된 것이 예수 자신이 가진 한의 원인이 되었고, 이것은 동시에 예수가 가진 깊은 정의 힘을 통해 극복된다는 사실과 마주하게 되었다. 예수가 등장한 역사적 장소는 갈릴리이다. 갈릴리는 강력한 제국에 의해 식민화된 사람들의 한과 치열하게 씨름했던 지역이다.20 따라서 예수의 삶에서 개인뿐만 아니라 집단적 한에 대한 경험도 있었을 것이라고 생각한다. 예수는 식민지에 살았던 사람이었다. 그는 식민화로 비롯된 고통을 경험했다. 그와 그의 공동체는 제국에 대해 어떻게 대응할 수 있었나? 식민 지배자에 대해 어떻게 느꼈나? 그의 사역에서 그는 종종 식민지의 식민지배자와 피식민인 사이에 위치했다. 따라서 그 한의 깊이를 경험하고 알면서도 동시에 정을 맛보고, 목격하고, 받아들였을 것이다. 서벌턴의 일부로서, 예수는 자신의 입장에 대해 어떻게 반응했을까?

그가 제3의 공간을 인식하고 구상했다는 것이 나의 주장이다. 한을 충분히 알고 경험했으면서도, 그는 왜 단의 실천을 선택하지 않았을까? 다시 한번 강조하건대, 그는 한이 단으로 기울 수 있는 많은 상황에 직면하지만, 그 대신 한(恨) 많은 사람들에게뿐만 아니라 한을 초래하는 사람들에게도 정 실천하기를 선택했다. 예수는 관계에 존재하는 복잡성을 인식하고 있었기 때문이다. 그러한 식민지적 맥락에서 일어난 다른 혁명가들과는 달리, 예수는 단을 실천하는 것이 아니라 관계 속에서 정의 힘을 통한 변혁을 선택했다. 세상을 향한 그의 깊은 정은 무아를 향해 나아갈 수 있는 힘을 부여한다. 왜냐하면 키넌이 주장하듯이 "예수도 인간 역사의 연기적 사건에 어느 누구 못지 않게 깊이 몰두해 있다"는 점에서 마가복음의 독자는 제자들의 관점과 예수의 관점을 왔다 갔다 하다가 33절에서 결국 선택을 해야 한다. 독자는 이제 예수의 연기적 세계에서는 고난과 죽음이 불가피하다는 것을 알고 있다. 친밀한 관계였던 유다가 배신하는 상황에서도 예수는 유다를 위한 정을 완수하기 위해 모든 자아를 비워야 한다. 마태복음 26장 50절에서 유다가 배신자임을 알면서도 예수는 여전히 유다를 '친구'라고 부른다.[21] 47절에서 유다가 군중과 함께 등장하자 예수는 52절에서 "칼을 제자리에 꽂으라 칼을 가지는 자는 다 칼로 망한다"고 말하면서 곁에 있는 사람들에게 끊어버리는 반응인 '단'을 버리라고 말한다. 예수에게 다시 한번 단을 실천할 수 있는 기회가 주어졌지만, 예수는 이를 거절한다. 대신 그는 정의 실천을 선택한다.

나는 또한 예수가 자신과 접촉한 사람들에게 정을 많이 나눈 것처럼 그의 주변에 있는 사람들도 그를 향해 정을 실천한 사람들이 있었다는 점을 강조하고 싶다. 마가복음에 나오는 향유 옥합을 가진 여인의 이야기가 대표적인 예다.[22] 마가복음 14장에 따르면 예수가 베다니 나병환자 시몬의 집에 있을 때 한 여인이 값비싼 향유가 든 옥합을 들고 와서 예수의 머리에 부어드렸다고 기록되어 있다. 예수와 가장 친밀하고 가까운 관계에 있던 사람들은 화를 내며 그녀를 꾸짖었다. 그러나 이름 모를 이 여인은 예수가 나누어준 깊은 정과 가까운 미래에 치를 그 정의 대가를 알 수 있는 통찰이 있었다. 이는 예수와 친밀한 관계에 있었던 제자라기보다는 한과 정의 깊이를 모두 알고 예수가 실천한 정의 구현을 알아본 여인이다. 이 여인의 정은 그녀로 하여금 예수의 정을 알아볼 수 있게 해주었고, 죽음 앞에서도 예수가 정을 선택할 것임을 직감적으로 알면서도 그에게 기름을 부을 수밖에 없게 만든다. 또한 제자들이 도망치고 예수를 버릴 때, 본문에서 주변부에 있던 여인들은 예수와 함께하게 된다. 힘없는 여인들이지만 예수를 향한 그들의 정은 예수를 버리려는 욕망마저 이겨낸다. 그들의 정은 그들이 예수의 한과 정을 모두 인정할 수 있게 해준다.

원수를 사랑하라는 예수의 가르침은 정에 대한 깊고 친밀한 인정에서 비롯된다. 간음하다 잡힌 여인과의 만남, 버림받은 자들과 억압에 순응하는 자들과의 교제, 십자가 위에서 "자기들이 하는 것을 알지 못하니 저들을 사하여 주옵소서"라고 외치신 예수의 사역은 예수가 온전함을 가져오는 정의 힘을 인정하셨음을 보여준다. 타인의 마음속에 있는 우리 자신의 다양한 모습을 엿볼 때, 우리는 억압적인 관계 속에서도 정이 존재할 수 있는 공간을 허용하기 시작한다. 타자에 대한 예수의 개방성과 정을 실천하는 그의 선택은 한국의 판소리꾼을 떠올리게 한다. 판소리는 한과 정의 마음에서 우러나오는 목소리이다. 한과 정은 개념화하는 것이 어렵다. 그러나 한국인에게 판소리는 한과 정의 기호계적 깊이를 표현하는 데 가장 가깝다. 예수는 한의 깊이를 통해 정을 끌어당기며 노래하는 판소리꾼과 같다.

판소리는 한과 정을 모두 담아내는 한국의 전통 창법으로 아프리카계 미국인의 블루스와 유사하다.[23] 한국에서 판소리의 소리는 한이 가장 심오하고 효과적으로 표현되는 창법으로 인정받고 있다. 따라서 판소리꾼은 정을 아는 동시에 한을 최대한 체험하고 체화해야 한다. 소리꾼은 한과 정이 복잡하게 얽혀있는 것을 목소리를 통해 구현해야 한다. 최근 개봉한 영화 〈서편제〉는 이러한 한국 전통 창법을 잘 보여준다. 〈서편제〉에서 소리꾼으로 가르치는 과정에서 제자에게 많은 한을 품게 한 주인공이 "네 목소리에서 원한이 한 가닥도 들리지 않으니 나를 용서해야 한다… 네가 나를 너의 적/억압자로 만들었다면 너의 목소리에는 원한이 묻혀있을 것이기 때문이다. 그러나 너에게는 그런 것이 없다. 동편제가 해결되지 않은 오래된 한으로 가득 차 있다면, 서편제에는 정한이 많다."[24] 그러나 그는 가르치는 제자에게 그녀의 목소리에 동편제도 서편제도 모두 체화하지 않도록 깊이 파고 들어가 자기 비움에 이르라고 말한다. 그 대신 남은 것은 불경/열반이며, 그것만이 한을 풀 수 있는 유일한 방법이기 때문이다. 앤드류 성 박은 한풀이는 초월을 통해 가능하다고 주장했는데, 이는 초월은 자비로운 대면을 통해 생겨나기 때문이다. 이는 사실이다. 그러나 분별 안에서 애착을 형성하기 위해서는 한을 비워내는 자기 비움의 과정도 반드시 존재해야 한다. 이것이 한을 풀어낼 수 있는 유일한 방법이다.

내가 예상했던 반론 중 하나는 정이 피억압자와 억압자 사이의 경계를 모호하게 만드는 강력한 힘을 가지고 있기 때문에 해방의 실천이 방해받을 것이라는 주장이다. 이에 대해 나는 피억압자와 억압자 사이의 세워진 경계를 넘어서는 것을 통해 한의 변혁이 일어날 수 있다고 답했다.[25]

특히 여성이나 자기 부정과 레비나스가 말하는 타자를 위한 자아의 잠재적 '혈루증'을 경험한 피해자들에게, 에로스가 단순히 자아를 유혹하고 배반하는 존재라는 전형적인 비판을 받는 것처럼, 나는 미래의 신학적 구성의 중요한 측면으로서의 정의 전유가 유사한 비판에 직면할 것임을 의심하지 않는다.26 가부장적인 관점에서 정을 비판할 때 정이 지나치게 집착하거나 소유하거나 알기를 추구한다고 비판하지만, 정은 결코 나와 타자 사이의 공간을 붕괴시키지 않는다. 이는 정이 엠마누엘 레비나스가 에로스라고 주장한 것처럼 소유, 집착, 앎의 요소를 추구하는 권력의 동의어들을 실천하지 않기 때문이다. 오히려 정은 동화가 아닌 관계 속에서 형성되고 육성되며, 바로 이러한 이유로 정은 자아와 타자 사이에 깊은 유대감을 형성하는 데 강력하게 작용한다. 정은 '관계적 자율성'을 실천할 수 있는 틈새 공간을 만들어 낸다.

정에 대한 페미니스트적 전유는 정이 가진 약화시키는 측면을 완전히 경계해야 한다. 가부장적 정의 길들이기는 건강하지 않고 권한을 박탈하는 관계적 융합을 정당화해 왔다. 따라서 정의 힘에 대한 페미니스트적 전유는 정체성의 구별을 유지하면서 타자 안에서 자아를 인식하는 힘과 균형을 이루어야 한다. 페미니스트적으로 정을 전유한다는 것은 한을 '풀어내는' 데 있어서 단의 필요성을 간과하지 않는 것이다. 오히려 단에 비추어 정을 전유하는 것은 급진적 전복적 저항이 창조적으로 출현할 수 있고 내가 '복잡성의 해석학'이라고 부르는 것을 구현할 수 있는 간극, 즉 틈새 공간을 재협상하고 개방하는 것이다.

정을 수동적이고 여성적인 관계성의 형태로 가부장적으로 본질화하여 오용하는 것과 달리, 나는 여성의 정 구현은 역동적이고, 힘을 북돋우며, 전복적이고, 파괴적이고, 교활하고, 반항적이며, 대부분 삶을 지속하는 것을 지향한다고 이 글에서 제안한다. 나는 여기서 정을 본질화하거나 여성화한 개념을 피하면서, 한의 원인을 풀기 위한 가능한 대안으로 정의 정치화된 수용을 제안한다. 정의 현존은 자아와 타자의 경계가 갈등적으로 맞닿는 지점에서 나타난다. 나는 포스트식민주의 신학적 성찰에서 정의 현존이 우리의 신학적 구성에 마음을 불어넣어 주는 데 도움이 될 것이라고 주장한다. 결국 우리는 항상 마음을 통해 그리고 마음에 의해 움직이기 때문이다.

존슨은 우리가 그리스도론적 성찰에서 하나님의 무력한 고난에 대해 말할 때 여성이 위험에 처할 수 있다고 지적한다. 그러나 그녀는 또한 "현재 제1세계 문화에는 인간 경험 속의 고통과 죽음을 부정하려는 병리적 경향이 존재한다"는 것을 주장한다. "…이러한 맥락에서 구속적 고난과 고통받는 하나님의 능력에 대해 말하는 것은 본질적으로 대항 문화적(counter-cultural)이며, 고통으로 가득 찬 잔을 자신의 경험으로 알고 있는 여성들에게 유익하다."[27] 5장에서 언급했듯이 페미니스트 신학은 전통적인 사랑 개념, 즉 아가페와 자기희생적인 사랑 개념을 지나치게 강조하는 것을 경계한다. 이러한 형태의 사랑은 종종 상호성과 자기 긍정을 촉진하지 못하여 자기 부정과 무력감을 강화한다. 존슨은 다음과 같이 주장한다.

> 우리는 사랑을 힘의 포기와 동일시하고 힘의 행사를 사랑의 부정으로 동일시하는 이분법적 틀 속에서 힘과 연민적 사랑을 분리하지 않는 이해를 추구한다. 오히려 우리는 이 둘을 통합하고자 하며, 사랑을 신적인 힘이 드러나는 형태로 바라보고자 한다.[28]

포스트식민주의라는 제3의 공간에 존재하는 내 위치에서 읽어낸 나의 그리스도론 이해는 존슨의 견해에 동의하도록 이끈다. 우리에게 필요한 것은 십자가의 힘을 새롭게 이해하는 형식이며, 그 힘이 우리의 연대, 관계성, 해방, 사랑의 방식을 어떻게 급진적인 방식으로 전복할 수 있는지를 탐구하는 것이다.

한국의 정 개념을 살펴본다면 우리는 한을 많이 경험했던 한국인들에게 생명력을 제공해 주던 모든 것을 아우르는 개념과 마주하게 된다. 한이 대대로 한국인의 주된 경험이었다면, 정이 친숙하다는 것은 한의 부식성에 대항하고 저항하는 생명력이 존재한다는 것을 의미하기도 한다. 이를 정의 개념과 연결하면 우리의 그리스도론은 희생적 고통을 통한 구원으로부터 벗어나 정이라는 관계적 힘에 기초한 구원이 될 수 있다. 해방신학, 페미니스트 신학, 포스트식민주의 이론의 영향을 깊이 받은 이러한 정의 그리스도론은 삶의 연결된 관계성 속에서 그리고 그 관계성 사이에서 생겨난다. 정 그리스도론에서 십자가는 한의 공포와 자유와 온전함을 향한 심오한 정의 힘을 모두 의미한다.

찾아보기

ㄱ

공동경비구역 JSA 81, 100-104, 111, 115-117, 147, 149, 150, 256
교활한 공손함(sly civility) 167
그로스(Grosz, E.) 244
기호계(semiotic) 36, 37, 41, 95, 181, 183, 191, 194, 197, 205, 213-215, 217, 220, 224, 228, 231, 234-236, 238, 239, 241-251, 255, 259, 268
김정하(Kim, J. H.) 14, 37, 38, 199
김지하(Kim, J. H.) 93, 94

ㄴ

나쁜 엄마의 젖가슴(bad mother's breast) 86

ㄷ

단(斷, dan) 257
데리다(Derrida, J.) 37, 48, 53, 163

ㄹ

라다크리슈난(Radhakrishnan, R.) 52, 67
라캉(Lacan, J.) 163, 213, 214
레비나스(Levinas, E.) 269, 270
레이(Ray, D. K.) 189, 219, 252, 256
로드니 킹(King, R.) 119, 123, 127

ㅁ

마르쿠제(Marcuse, H.) 179, 253
마츠오카(Matsuoka, F.) 14, 157, 158
민중(Minjung) 34, 81-83, 86, 89, 91, 93, 99, 114, 117, 180, 199, 256, 257
맥클린톡(McClintock, A.) 145, 146
모한티(Mohanty, C. T.) 71, 72, 164, 165
몰트만(Moltmann, J.) 10, 38, 39, 41, 169, 174, 175, 180-195, 197, 198, 200, 204, 205, 211, 227, 229, 232, 234, 252
미뇰로(Mignolo, W. D.) 30
민족성(ethnicity) 134, 135, 137, 148, 165, 167, 168, 256

ㅂ

바바(Bhabha, H.) 10, 63, 115-117, 140, 144, 145, 149, 150, 169
버틀러(Butler, J.) 72
벤하비브(Benhabib, S.) 69, 70
벨 훅스(bell hooks) 76, 160
보르도(Bordo, S.) 55, 56, 58
보프(Boff, L.) 184, 186, 229, 230
부정적 어머니 콤플렉스(negative mother complex) 84, 86
브록(Brock, R. N.) 13, 64, 198, 218-220, 222-224, 226, 231, 233, 259, 264
비무장지대(DMZ) 40, 81, 96-99, 101-103, 108, 113-115, 117, 147

ㅅ

사이구(Sa-I-Gu) 40, 81, 119, 122, 127-129, 134, 147, 149, 162, 256
사이드(Said, E. W.) 29, 32, 33
삼위일체의 내적 역동(inner dynamic) 185
서광선(Suh, D. K.) 14, 96, 114
서벌턴(Subaltern) 58, 64-66, 199, 225, 241, 266
성부수난설(patripassionism) 175, 187
성육신(incarnation) 185, 193, 216-219, 223, 224, 232, 233, 239, 247, 248
소피아(Sophia) 202, 215, 216, 218, 223, 239
속죄론(atonement) 41, 176, 195, 198, 226, 229
수기르타라자(Sugirtharajah, R. A.) 62, 63
쉬슬러 피오렌자(Schüssler Fiorenza, E.) 198, 199, 215, 216, 264
스피박(Sivak, G. C.) 48, 49, 58, 100, 137, 139, 165, 241
승복(surrender) 187, 188, 192-194, 197
십자가에 달린 사람들(crucified people) 184, 227

ㅇ

아마드(Ahmad, A.) 164, 167
아버지의 법(the Law of the Father) 37, 60, 242, 247-250
아브젝시옹(아브젝트)(abjection/abject) 10, 22, 23, 36, 37, 41, 60, 81, 114, 128, 142, 143, 147, 174, 176-178, 182-185, 190-195, 199-201, 203-207, 211-213, 217, 220, 222, 224, 225, 228-230, 232-235, 236-239, 241-252, 255, 256, 261

안셀무스(Anselm) 175, 176, 217, 218, 247
앤드류 성 박(Park, A. S.) 14, 82-84, 127, 193, 211, 230-233, 235, 255, 264, 269
얀첸(Jantzen, G. M.) 211, 212, 214-216, 223, 224, 243
양가성(ambivalence) 73, 137, 141, 144-146, 152, 155, 161, 199
에로스적 힘(erotic power) 218, 220, 222, 223, 231, 233
올리버(Oliver, K.) 245, 249
우울감(melancholy) 87, 92, 238, 239
우주적 아동 학대(cosmic child abuse) 219
이단/여성윤리(herethics) 82, 143, 187, 215, 231, 245, 247-249
이리가레(Irigaray, L.) 191, 214, 216, 224
이재훈(Lee, Jae Hoon) 10, 40, 81, 82, 84-94, 220, 230, 237, 238, 240, 244, 249, 255, 261
이정용(Lee, J. Y.) 10, 25, 158, 160-162
이중 의식(double consciousness) 30, 42, 50, 148
임계성(liminality) 113, 153

ㅈ

전략적 본질주의(strategic essentialism) 49, 58, 59, 137, 139
정(情, jeong)
    정한(情恨, jeong-han) 84, 86-89, 92, 93, 106, 116, 244, 269
    고운 정(go-eun jeong) 262
    해방적 정(emancipatory jeong) 177, 189, 220
정체성 정치(identity politics) 33, 39, 47, 60, 64, 70, 71, 76, 127, 128, 150, 155
정현경(Chung, H. K.) 84, 95, 224

제3의 공간(Third Space) 63, 116, 129, 149, 151, 156, 166, 200, 252, 266, 272
제국주의(imperialism) 17, 24, 30, 33, 56, 59, 82, 97, 148, 164, 166, 167, 179, 201, 206, 228, 234
제자리를 벗어난/변위(displacement) 29, 51, 52, 65, 150, 153
존슨(Johnson, E. A.) 202, 218, 252, 271, 272
죌레(Soelle, D.) 39, 187, 195, 197, 198, 201, 236
주변부/성(Margin/ality) 25, 27, 33, 40, 128, 134, 140, 152, 153, 159, 160-163, 247, 268

ㅊ

차우(Chow, R.) 128
차이의 정치(politics of difference) 47, 52, 56, 70, 72, 74, 78, 157
촙(Chopp, R. S.) 188

ㅋ

케노시스(kenosis) 264
켈러(Keller, C.) 13, 57, 186, 187, 196, 264
코라(chora) 240
코클리(Coakley, S.) 200
크리스타(Christa) 222, 223, 228, 246, 264
크리스테바(Kristeva, J.) 10, 22, 23, 30, 36, 37, 41, 42, 51, 60, 61, 69, 81, 87, 142, 143, 147, 154, 184, 201, 206, 207, 211-214, 217, 220, 230, 231, 237, 238, 240, 242-251
클라인(Klein, M.) 10, 84, 86, 240
키넌(Keenan, J. P.) 263, 265, 267
키아스무스(chiasmus) 248

ㅌ

테일러(Taylor, M. L.) 174-179, 191, 211, 252
트린(Trinh T. Minh-ha) 63, 75, 76, 100, 151, 154, 160, 184
틈새 공간(interstitial space) 24, 30, 32, 38, 62, 129, 133, 139, 146, 149, 156, 157, 159-161, 165, 166, 169, 180, 182, 185, 203, 204, 235, 245, 249, 250, 260, 261, 270

ㅍ

포스트식민주의 이론(postcolonial theory): 24, 33, 37-40, 42, 52, 53, 60, 61, 64-68, 70, 77, 78, 82, 114, 129, 133, 137, 138, 141, 146, 156, 159, 161, 163-169, 178, 224, 248, 249, 272
푸코(Foucault, M.) 163
프로이트(Freud, S.) 179, 237
프리드먼(Friedman, S. S.) 74, 75, 77, 160
피학증(masochism) 175, 196, 199, 236

ㅎ

한(恨, han)
    원초적인 한(original han) 84, 85, 240
    원한(怨恨, won-han) 84, 86-91, 93, 104, 106, 112, 113, 116, 117, 147, 244, 269
    후한(後恨, huhan) 86, 87, 90, 91, 93, 104, 124, 129
함석헌(Ham Sok Hon) 48, 81, 95, 99, 199, 200
항복(submission) 173, 192, 265

혼종성(hybridity) 21, 38, 40, 50, 61, 65, 66, 73, 74, 77, 129, 133, 138-143, 146, 148-151, 153, 155, 156, 159, 161, 163-166, 168, 169, 178, 182, 204, 225, 226, 249, 252, 256

흉내내기(mimicry) 10, 37, 38, 40, 43, 115, 129, 133, 139, 142-151, 156, 166, 167, 169, 178, 181, 182, 204, 229, 242, 248, 250, 255

기타

C. S. 송(Song, C. S.) 183, 184, 223, 227, 228

주 Note

서론

1 본문에서 "Postcolonialism"을 포스트식민주의라고 옮긴다. 그 이유는 탈식민주의(decolonialism)와 차별화하기 위해서이고, post라는 접두어에 있는 '탈(脫)'과 '이후'라는 뜻을 함께 담아내기 위함이다. 실제로 포스트식민주의가 겨냥하는 현실은 직접 통치에 의한 지배를 말하는 식민주의가 아니라, 제국이 장악하고 있는 전 지구적 식민주의이기 때문이다. 저자는 한국계 미국인, 아시아계 미국인의 관점에서 제국에 대항하는 글을 쓴 것이기 때문에 포스트식민주의라는 번역이 적합하다고 판단하였다. (역자주)

2 나는 1991년 프린스턴신학대학원(Princeton Theological Seminary)에서 페미니스트 신학 수업을 위한 과제를 작성하면서 처음으로 정(情)을 신학적 성찰의 방법으로 탐구하기 시작했다. 그 뒤 이 개념은 내 박사 논문 제안서로 발전했다. 당시에는 정을 영어로 표기할 마땅한 방법이 없었다. 여러 표기법을 시도한 끝에 한국어 발음을 가장 잘 살린 현재의 철자('jeong')로 정리하였다. 이 개념에 대한 최초의 신학적 논의는 1996년 미국종교학회(AAR)에서 발표되었고, 2002년 같은 학회에서 더욱 발전된 형태로 다시 발표되었다. 이후 미국과 한국에서 수차례 강연이 이어졌으며, 정에 관한 소논문들도 발표되었다. 정에 관한 가장 최근 논문은 Catherine Keller, Michael Nausner, and Mayra Rivera, eds., *Postcolonial Theologies: Divinity and Empire* (St. Louis: Chalice Press, 2004) 참조.

3 아브젝트(abject): 불어 'abject'는 '비천한', '혐오스러운'이란 뜻의 형용사이며, 명사형은 아브젝시옹(abjection, 비천한 것, 혐오스러운 것)이다. 그러나 크리스테바는 'abject'에 정관사(the abject)를 붙여 명사로 만든다. 이것은 주객도식(subject-object)에 포획될 수 없는 존재, 비체(非體)가 있다는 것을 보여주기 위함이다. 우리는 혐오스럽고, 역겹고, 비천한 것을 추방하고, 배제함으로써 우리의 자아 정체성을 형성한다는 것이다. 또한 'abjection'은 '아브젝트에게 거리를 두는 주체의 반응'으로 새롭게 정의한다. '비체화', '비천하게 만드는 과정'이라고 볼 수 있다. 이런 맥락에서 'the abject'는 주체(subject)도 아니고 대상(object)도 아닌 것을 의미하는 비체(非體)라는 뜻도 있고, 불어의 '비천한'의 뜻을 살린 비체(卑體, 천할 비)의 뜻도 있다. 역자는 이 복잡한 뜻을 다 담아 내기 위해 '아브젝트'와 '아브젝시옹'으로 음역하기로 했다. 이미 국내 독자에게 '아브젝트'와 '아브젝시옹'이 소개되었기 때문이기도 하다. 본문에서 정관사 없이 사용된 'abject'는 '비천한'으로 옮겼다. '아브젝트'와 '아브젝시옹'에 관해서 더 자세히 알고 싶은 분들은 줄리아 크리스테바/서민원 옮김 『공포의 권력』(서울: 동문선, 2001)과 우혜란, "아브젝트를 아브젝시옹화 하기: '성스러운 체액'과 아브젝트(Abject) (6)," 「에큐메니안」 2022. 7. 7, https://www.ecumenian.com/news/articleView.html?idxno= 22807 (2025. 7. 23. 접속)를 참고하라. (역자주)

4 Julia Kristeva, *Powers of Horror: An Essay on Abjection* (New York: Columbia University Press, 1982), 4. (한국어판: 줄리아 크리스테바/서민원 옮김,『공포의 권력』, 서울: 동문선, 2001).

5 Noelle McAfee, "Abject Strangers: Toward an Ethics of Respect," and Norma Claire Moruzzi, "National Abjects: Julia Kristeva on the Process of Political Self- Identification"을 참고하라. 이 두 편의 논문은 다음의 단행본에 실려 있다. Kelly Oliver ed. *Ethics, Politics and Difference in Julia Kristeva's Writing* (New York: Routledge, 1993), 116-149.

6 Elizabeth Grosz, *Sexual Subversions: Three French Feminists* (Boston: Allen & Unwin, 1989), 71.

7 하버마스는 이론과 실천 사이에는 이중적 관계가 존재한다고 주장했다. 따라서 신학적 타당성에 대한 주장은 실천의 과정을 통해 검증되고 확증되어야 한다. Jürgen Habermas, *Theory and Practice*, trans. John Viertel (Boston: Beacon Press, 1973), 2를 보라.

8 Anselm Min, "From Autobiography to Fellowship of Other: Reflections on Doing Ethnic Theology Today," in Peter C. Phan and Jung Young Lee ed. *Journeys at the Margin: Toward an Autobiographical Theology in American-Asian Perspective* (Collegeville, MN: Liturgical Press, 1999).

9 신학적 성찰에서 자서전의 중요성에 대해서는 Min, *Journeys at the Margin*을 참조하라.

10 저자는 이 책에서 종종 워드플래이(wordplay)를 사용한다. 예를 들어 발음이 같은 roots(뿌리)와 routes(경로)를 사용하여 뿌리와 경로(과정, 정착하지 않고 돌아다님)는 포스트식민주의의 관점에서 보면 서로 연동되어 있다는 것을 암시하고 있다. (역자주)

11 더 자세한 신(神)정치학적 분석은 Mark Lewis Taylor, *Religion, Politics and the Christian Right: Post 9/11 Powers and American Empire* (Minneapolis: Fortress Press, 2005)를 참조하라.

12 Edward Said, *Out of Place: A Memoir* (New York: Alfred Knopf, 1999), 6.

13 나는 이 정체성 갈등은 한국계 미국인들만의 경험이 아니라고 생각한다. 실제로 한국에도 혼혈 인구가 상당수 존재하며, 이들은 가부장적 동질성에 대한 강한 사회적 인식 아래에서 억압을 받아왔다. 그들의 한은 한국 사회의 인종차별뿐 아니라 일본 식민주의, 제국주의, 서구 경제적 신식민주의 그리고 주한 미군 주둔의 여파와 복합적으로 얽혀있다. 이 문제를 깊이 탐구한 한국의 대표적인 최근 영화 가운데 하나가 바로〈수취인불명〉(Address Unknown)이다.

14 Julia Kristeva, *Strangers to Ourselves*, trans. Leon S. Roudiez (New York: Columbia University Press, 1991), 15.

15 Mikhail Bakhtin, "Discourse in the Novel," in *The Dialogic Imagination*, ed. Michael Holquist, trans. Caryl Emerson and Michael Holquist (Austin: University of Texas Press, 1981), 360.

16 Walter D. Mignolo, *Local Histories/Global Designs: Coloniality, Subaltern*

Knowledges, and Border Thinking (Princeton, NJ: Princeton University Press, 2000), 252-253. (한국어판: 월터 D. 미뇰로/이성훈 역, 『로컬 히스토리 글로벌 디자인: 식민주의성 서발턴 지식 그리고 경계사유』, 서울: 에코리브르, 2013).

17 성서에서 '외국인'(foreigner)과 '낯선 이'(stranger) 개념을 훌륭하게 다룬 논의로는 크리스테바의 *Strangers to Ourselves*, 42-93을 보라. 크리스테바는 히브리 성경에 나타난 '외국인/낯선 이' 개념을 바울 서신과 아우구스티누스의 저작으로까지 추적해 간다.

18 Kristeva, *Strangers To Ourselves*, 28.

19 위의 책, 14.

20 Jacques Derrida, *Negotiations: Interventions and Interviews 1971-2001* (Stanford, CA: Stanford University Press, 2002), 13-14.

21 Moustafa Bayoumi and Andrew Rubin, eds., *The Edward Said Reader* (New York: Vintage Books, 2000), 371.

22 Gauri Viswanathan, ed., *Power, Politics and Culture: Interviews with Edward W. Said* (New York: Pantheon, 2001), 236.

23 시민권과 정체성에 대한 비판적 분석은 Kwame Anthony Appiah, *Ethics of Identity* (Princeton, NJ: Princeton University Press, 2005)를 참조하라.

24 한국과 같은 곳에서 오리엔탈리즘이 어떻게 작동해 왔는지, 한국인의 정체성이 한국계 미국인의 정체성과 어떻게 다른 지에 대한 훌륭한 비평적 성찰은 Nam Soon Kang, "Who/What is Asian? A Postcolonial Reading of Orientalism and Neo-Orientalism," in *Postcolonial Theologies*, ed. Keller, Nausner, and Rivera, 100-117을 보라.

25 xviii 쪽에서 인용된 단락.

26 Rita Nakashima Brock, "Interstitial Integrity: Reflections Toward an Asian American Woman's Theology," in *Christian Theology Today: Contemporary North American Perspectives* (Louisville, KY: Westminster John Knox Press, 1998), 183-195. Jung Young Lee, *Marginality: The Key to Multicultural Theology* (Minneapolis: Fortress Press, 1995)도 보라. (한국어판: 이정용/신재식 역, 『마지널리티: 다문화시대의 신학』, 파주: 포이에마, 2014).

27 포스트식민주의 이론이 하나의 유력한 대안으로 부상함과 동시에, 그 이론 자체에 대한 여러 비판과 논쟁도 등장했다. 포스트식민주의 내부에서 벌어진 가장 격렬한 논쟁은 프랑스의 '고급' 이론(high theory), 특히 자크 데리다, 자크 라캉, 미셸 푸코 등과 연관된 사조가 '침투'해 들어온 문제와 깊이 관련되어 있다.

28 Aamir Mufti and Ella Shohat, "Introduction," in *Dangerous Liaisons: Gender, Nation, and Postcolonial Perspectives*, ed. Anne McClintock, Aamir Mufti, and Ella Shohat (Minneapolis: University of Minnesota Press, 1997), 2.

29 대리보충(supplement)은 '결핍을 메워주는 것'이라는 의미와 '자리를 대신하는 것'이라는 의미를 동시에 지니고 있다. 원본이 불완전하여 결핍을 메워주는 동시에 이 보충물이 원본의 자리를 대체하여 원본의 불충분함과 불완전성을 드러낸다는 뜻이다. (역자주)

30 Catherine Keller, *God and Power: Counter-Apocalyptic Journeys* (Minneapolis: Fortress Press, 2005), 99.

31 Andrew Sung Park, *The Wounded Heart of God: The Asian Concept of Han and the Christian Doctrine of Sin* (Nashville: Abingdon Press, 1993), 120. 앤드류 성 박은 주로 여성들의 관계적 경험 속에서 두텁고 풍부한 이 부분을 설명하기 위해 정(情)의 다양한 요소들을 부각하는 짧은 이야기들과 일화들을 제시한다.

32 Rita Nakashima Brock, *Journeys by Heart: A Christology of Erotic Power* (New York: Crossroad, 1988). 그녀가 '크리스타/공동체'(Christa/Community)라 부르는 개념과 연관된 '에로틱한 힘'(erotic power)은 정을 거의 그대로 반영하고 있다.

33 정을 한자로 살펴보면 마음, 맑음, 취약성 세 요소로 구성되어 있음을 알 수 있다. 이 가운데 나는 '취약성'이 양면성을 가장 잘 드러내는 단어라는 점에 주목한다.

34 Catherine Keller, *From a Broken Web: Separation, Sexism, and Self* (Boston: Beacon Press, 1986), 17-28, 156-163. 켈러는 알프레드 화이트헤드(Alfred Whitehead)의 말을 빌려 에로스를 '우주 속에 내재한 신적 요소' 혹은 '모든 분리의 고정된 경계를 넘어 나아가게 하는 무한한 욕망의 이름'으로 묘사한다.

35 Gayatri Chakravorty Spivak, "The Politics of Translation," in *Destabilizing Theory: Contemporary Feminist Debates*, ed. Michele Barrett and Anne Phillips (Stanford, CA: Stanford University Press, 1992), 177-200을 참조하라.

36 Diana Fuss, *Essentially Speaking: Feminism, Nature and Difference* (New York: Routledge, 1989)를 참조하라.

37 William D. Hart, *Edward Said and the Religious Effects of Culture* (Cambridge: Cambridge University Press, 2000)를 참조하라.

38 이중 제스처(double gestures): 자크 데리다의 개념으로 담론 안에 서로 모순된 두 가지 의미가 동시에 있음을 의미한다. (역자주)

39 기호계(the semiotic): "크리스테바는 아브젝트를 어머니의 몸으로 간주하고, 아버지의 법을 의미하는 상징계(symbolic, 쌩볼릭)와 구분해서, 기호계(semiotic, 세미오틱)로 부른다. 프로이드를 따르는 전통적인 정신분석학에서는 유아와 어머니 관계 속에 존재하는 초기의 나르시시즘의 중요성을 인정하지 않음으로써, 자아 형성에서의 어머니(여성) 역할을 효과적으로 생략한다. 유아는 어머니와의 관계적인 감정적 유대를 인정함으로써가 아니라 그 유대를 고통스럽게 단절함으로써 상징계로 진입함으로써 자아를 형성하게 된다. 한 사람의 자아로의 성숙은 기호계, 즉 어머니의 몸을 비체화하는 대가로 얻어진다. 이러한 폭력적이고 고통스러운 자아 형성 과정은 인간이 건강하고 관계적인 내면의 자아를 갖기 어렵게 만든다. 이것이 앞서 설명한 이재훈이 지적했던 인간이라면 누구나 갖고 있는 본원적인 한의 원인이다. 이에 반해 페미니스트 정신분석학자들은 프로이드의 정신분석학에서 오이디푸스 이전 단계인 어머니와 아이가 맺는 초기 유아기의 중요성이 과소평가 되었다고 비판한다. 특히 줄리아 크리스테바는 상징계로 진입하기 위해서 분리해 버린 어머니의 몸은 억압되어 우리의 무의식의 저변에 늘 존재하고, 다시 돌아온다고 주장한다. 우리는 이렇게 비체화된 것을 풀어내어 삶의 에너지로 사용해야 한다. 이런 삶의 에너지는 예수

그리스도의 십자가에서 계시되었다." 앤 조가 이해한 기호계와 상징계에 대한 더 깊은 이해를 위해서는 역자의 졸고, "앤 조(Anne Joh)의 정 기독론과 삼위일체론적 고찰," 「한국조직신학논총」 32 (2012): 209-210을 보라. (역자주)

40 Grosz, *Sexual Subversions*, 43.

41 Jung Ha Kim, *Bridge-Makers and Cross-Bearers: Korean American Women and the Church* (Atlanta: Scholars Press, 1997), 77-85. 한국계 미국인의 신앙 경험에 대한 더 많은 성찰은 Su Yon Pak, Unzu Lee, Jung Ha Kim, and Myung Ji Cho, *Singing the Lord's Song in a New Land: Korean American Practices of Faith* (Louisville, KY: Westminster John Knox Press, 2005)를 보라.

42 여기에서는 바바의 '심문의 여백'(margin of interrogation) 개념을 포함시키는데, 이는 정체성과 권위가 '전복적으로 미끄러질' 수 있는 공간을 열어 준다.

43 R. Radhakrishnan, *Diasporic Mediations: Between Home and Location* (Minneapolis: University of Minnesota Press, 1996).

44 Kim, *Bridge-Makers and Cross-Bearers*, 82.

45 Dorothee Soelle, *Suffering* (Philadelphia: Fortress Press, 1975), 32. (한국어판: 도로테 죌레/채수일 역, 『고난』, 서울: 한국신학연구소, 2002). 그녀는 또한 "고난의 설명이 피해자를 외면한 채, 그 고난 뒤에 있다고 여겨지는 의로움과 동일시될 때, 그것은 이미 신학적 가학증—곧 하나님을 고문하는 자로 이해하려는 태도—을 향한 한 걸음을 내디딘 셈이다"라고 덧붙인다.

1장_ 제자리에서 벗어난 정체성(Identity Out of Place)

1 Gayatri Chakravorty Spivak, "Postmarked Calcutta, India," in *The Post-Colonial Critic: Interviews, Strategies, Dialogues*, ed. Sarah Harasym (New York: Routledge, 1990), 93.

2 서구의 정신분석학적 입장은 주체가 출현할 때 타자/객체(other/object)도 동시에 출현한다고 전제한다. 다음 장에서 더 자세히 설명하겠지만, 이것의 중요한 함의는 주체의 형성은 필연적으로 타자/비체(아브젝트)/객체(other/abject/object)의 형성과 연결된다는 것이다. 따라서 아브젝트/타자/객체가 없으면 자아/주체(self/subject)도 존재할 수 없다는 것이다. 이에 반하여 도교와 불교 전통 전반에 흐르는 동아시아의 무아(no-self) 개념은 이처럼 매우 복잡하고 논쟁적인 영역을 가리킨다. 나아가 무아의 수행은 자아와 타자 이분법을 탈구축하고 비판하려는 포스트모던적 요구에 더 잘 부합할 것이다.

3 Aamir Mufti and Ella Shohat, "Introduction," *Dangerous Liaisons: Gender, Nation, and Postcolonial Perspectives*, ed. Aamir Mufti and Ella Shohat (Minneapolis: University of Minnesota Press, 1997), 8.

4 R. Radhakrishnan, *Diasporic Mediations: Between Home and Location* (Minneapolis:

University of Minnesota Press, 1996), xxiii.

5 Julia Kristeva, *Strangers to Ourselves*, trans. Leon S. Roudiez (New York: Columbia University Press, 1991), 29.

6 다양한 배경을 가진 사람들 사이에서 아이들이 양육되고 태어날 뿐만 아니라 인종이나 성적 지향이 다른 아이들이 출생지나 출신 국가와 근본적으로 다른 가정에 입양되는 경우가 점점 더 많아지고 있다. 또 다른 눈에 띄는 변화는 우리가 먹는 음식에 있다. 요리 레퍼토리는 이제 매우 혼종적이다. 문화의 혼종성은 '퓨전' 요리의 출현에서 찾아볼 수 있다. 민족 정체성의 구축과 '민족' 음식의 상품화와 관련된 '음식 식민주의'와 '요리 제국주의'에 대한 비판적 검토는 Uma Narayan, "Eating Cultures: Incorporation, Identity, and Indian Food," in *Dislocating Cultures: Identities, Traditions, and Third World Feminism* (New York: Routledge, 1997)을 참조하라.

7 정체성의 복잡한 지형에 대한 자세한 내용은 Henry W. Leathern Rietz, "My Father Is Japanese, But I Have My Mother's Last Name," in *Asian Americans and Christian Ministry*, ed. Inn Sook Lee and Timothy D. Son (Seoul: Voice Publishing House, 1999), 49-59를 보라.

8 Radhakrishnan, *Diasporic Mediations*, xxvii.

9 위의 책, 173.

10 세고비아는 상황신학이 다양한 형태의 메타내러티브에 직접적으로 반대되거나 후퇴하는 것이 아니라는 점을 강조하기 위해 특정 디아스포라 경험의 복잡성을 살펴본다. 비록 그가 히스패닉계 미국인 커뮤니티에 대한 분석을 바탕으로 직접 관찰한 것이지만, 나는 이러한 관찰이 다양한 한국계 미국인 이민자 경험에도 충분히 해당된다고 생각한다. Fernando Segovia, "Toward Intercultural Criticism: A Reading Strategy from the Diaspora," in *Reading from This Place: Social Location and Biblical Interpretation in Global Perspective*, ed. Fernando Segovia and Mary Ann Tolbert, vol. 2 (Minneapolis: Fortress Press, 1995), 303-330을 보라.

11 한국계 미국인 이민자 해석학에 대한 훌륭한 논의는 Chan-Hie Kim, "Reading the Cornelius Story from an Asian Immigrant Perspective," in *Reading from This Place: Social Location and Biblical Interpretation in the United States*, ed. Fernando F. Segovia and Mary Ann Tolbert, vol. 1 (Minneapolis: Fortress Press, 1995), 165-174를 보라.

12 Stuart Hall, "Who Needs Identity?" in *Questions of Cultural Identity*, ed. Stuart Hall and Paul du Gay (London: Sage Publications, 1996), 3.

13 Jacques Derrida, *Of Grammatology*, trans. Gayatri Chakravorty Spivak (Baltimore: The Johns Hopkins University Press, 1998), 65-66. (한국어판: 자크 데리다/김성도 역,『그라마톨로지』, 서울: 민음사, 2010).

14 Julia Kristeva's "Woman Can Never Be Defined," in *New French Feminisms*, ed. Elaine Marks and Isabelle de Courtivron (New York: Schocken Books, 1981), 137-141을 참조하라.

15 Uma Narayan, "Essence of Culture and a Sense of History: A Feminist Critique

of Cultural Essentialism," in *Decentering the Center: Philosophy for a Multicultural, Postcolonial, and Feminist World*, ed. Uma Narayan and Sandra Harding (Bloomington: Indiana University Press, 2000), 82.

16 Luce Irigaray, *This Sex Which Is Not One*, trans. Catherine Porter (Ithaca, NY: Cornell University Press, 1985), 78. (한국어판: 뤼스 이리가라이/이은민 역, 『하나이지 않은 성』, 서울: 동문선, 2000)

17 Luce Irigaray, *Speculum of the Other Woman*, trans. Gillian C. Gills (Ithaca, NY: Cornell University Press, 1985). (한국어판: 뤼스 이리가레/심하은·황주영 역, 『반사경: 타자인 여성에 대하여』, 서울: 꿈꾼문고, 2021) 그리고 *Sexes and Genealogies*, trans. Gillian C. Gills (New York: Columbia University Press, 1993)를 참조하라. 이리가레에 대한 비판적 읽기는 Naomi Schor, "This Essentialism Which Is Not One: Coming to Grips with Irigaray," in *Engaging with Irigaray*, ed. Carolyn Burke, Naomi Schor, and Margaret Whitford (New York: Columbia University Press, 1994), 57-78을 참조하라.

18 Lorraine Code, "How To Think Globally: Stretching the Limits of imagination," in Narayan and Harding, *Decentering the Center*, 67-79를 참조하라.

19 Ellen T Armour, *Deconstruction, Feminist Theology and the Problem of Difference: Subverting the Race/Gender Divide* (Chicago: University of Chicago, 1999), 184. 아머는 백인 페미니즘과 페미니즘 신학의 한계에 대한 훌륭한 비판과 도전을 제시하며, 인종 지우기를 중심으로 수행하는 페미니즘 신학의 한계가 계속되고 있다고 주장한다.

20 Susan Bordo, "Feminism, Postmodernism and Gender-Scepticism," in *Feminism/Postmodernism*, ed. Linda J. Nicholson (New York: Routledge, 1990), 136.

21 위의 책, 136.

22 위의 책.

23 페미니즘과 인식론의 접점에 관한 훌륭한 에세이는 *Feminist Epistemologies*, ed. Linda Alcoff and Elizabeth Potter (New York: Routledge, 1993)를 참조하라.

24 Bordo, "Feminism," 140.

25 위의 책, 142.

26 미끄러운 경사: 어떤 선택을 하면 원치 않는 다른 선택이 따라온다는 뜻이다. 여기서는 본질주의를 전략적으로 취하면 성차별, 인종차별, 동성애 혐오, 제국주의적 관념을 받아들이게 된다는 뜻이다. (역자주)

27 글쓰기, 여성성, 페미니즘의 관계에 대한 흥미로운 토론은 Julia Kristeva's interview "Talking about Polylogue," in *French Feminist Thought: A Reader*, ed. Toril Moi (Cambridge: Blackwell Publishers, 1987), 110-117을 참조하라.

28 Naomi Schor, "This Essentialism Which Is Not One: Coming to Grips with Irigaray," in *The Essential Difference*, ed. Naomi Schor and Elizabeth Weed (Bloomington: Indiana University Press, 1994), 40-62를 참조하라.

29 Catherine Keller, "Seeking and Sucking," in *Horizons in Feminist Theology: Identity*,

Tradition and Norms, ed. Rebecca S. Chopp and Sheila Greeve Davaney (Minneapolis: Fortress Press, 1997), 55-70.

30 Diana Fuss, *Essentially Speaking: Feminism, Nature and Difference* (New York: Routledge, 1989), 118.

31 Kristeva, Strangers to Ourselves를 보라. Noelle McAfee, "Abject Strangers: Towards an Ethics of Respect," in *Ethics, Politics and Difference in Julia Kristeva's Writing*, ed. Kelly Oliver (New York: Routledge, 1993), 116-134를 참조하라.

32 Serene Jones, *Feminist Theory and Christian Theology: Cartographies of Grace* (Minneapolis: Fortress Press, 2000), 44.

33 Gayatri Chakravorty Spivak, "Criticism, Feminism, and the Institution," in Harasym, *The Post-Colonial Critic*, 11-12.

34 줄리아 크리스테바에 초점을 맞추긴 했지만 반본질주의 논쟁에 대한 훌륭한 토론은 Tina Chanter의 "Kristeva's Politics of Change: Tracking Essentialism with the Help of a Sex/Gender Map," in Oliver, *Ethics, Politics, and Difference*, 171-195를 참조하라.

35 Pnina Werbner, "Essentialising Essentialism, Essentialising Silence: Ambivalence and Multiplicity in the Constructions of Racism and Ethnicity," in *Debating Cultural Hybridity: Multi-Cultural Identities and the Politics of Anti-Racism*, ed. Pnina Werbner and Tariq Modood (London: Zed Books, 1997), 226.

36 Kristeva, *Strangers to Ourselves*, 38.

37 Kelly Oliver, *Reading Kristeva: Unraveling the Double-Bind* (Indianapolis: Indiana University Press, 1993), 153.

38 위의 책, 149.

39 Julia Kristeva, "Women's Time," in *The Kristeva Reader*, ed. Toril Moi (New York: Columbia University Press, 1989), 187-213.

40 Trinh Minh-ha, *When The Moon Waxes Red: Representation, Gender and Cultural Politics* (New York: Routledge, 1991), 194.

41 Sang Hyun Lee, "How Shall We Sing the Lord's Song in a Strange Land?" *Journal of Asian and Asian American Theology* 1 (Summer, 1996): 77-81.

42 Sang Hyun Lee, "Pilgrimage and Home in the Wilderness of Marginality: Symbols and Context in Asian American Theology," in *Asian Americans and Christian Ministry*, ed. Inn Sook Lee and Timothy D. Son (Seoul: Voice Publishing House, 1999), 75-88.

43 R. A. Saugiartha, *Asian Biblical Hermeneutics and Postcolonialism: Contesting the Interpretations* (Maryknoll, NY: Orbis Books, 1998), 109.

44 위의 책, 92.

45 Trinh Minh-ha, *Woman, Native, Other: Writing Postcoloniality and Feminism* (Bloomington: Indiana University Press, 1989), 6-20.

46 Trinh Minh-ha, *Cinemainterval* (NewYork: Routledge, 1999), 182-185.

47 Rita Nakashima Brock, "Interstitial Integrity: Reflections toward an Asian American Woman's Theology," in *Introduction to Christian Theology Today: Contemporary North American Perspectives*, ed. Roger A. Badham (Louisville, KY: Westminster John Knox Press, 1998), 183-195.

48 Radhakrishnan, *Diasporic Mediations*, xvi.

49 Rey Chow, *Ethics after Idealism: Theory-Culture-Ethnicity-Reading* (Bloomington: Indiana University Press, 1998).

50 Ella Shohat, "Notes On the Postcolonial," *Social Text* 31, no. 32 (1992): 101.

51 위의 책.

52 위의 책, 102.

53 David Tracy, *Plurality and Ambiguity: Hermeneutics, Religion, Hope* (Chicago: University of Chicago Press, 1987), 18. (한국어판: 데이비드 트레이시/윤철호· 박충일 역, 『다원성과 모호성』, 서울: 크리스천헤럴드 · 2007).

54 Radhakrishnan, *Diasporic Mediations*, 32.

55 Lorraine Code, *What Can She Know? Feminist Theory and the Construction of Knowledge* (Ithaca, NY: Cornell University Press, 1991)를 참조하라. 코드는 페미니스트 관점에서 인식론의 정치를 비판적으로 검토하며, 이는 결과적으로 차이와 정체성의 정치로 확장된다.

56 Elaine K. Chang, "Run through the Borders: Feminism, Postmodernism, and Runaway Subjectivity," in *Border Theory: The Limits of Cultural Politics*, ed. Scott Michaelson and David E. Johnson (Minneapolis: University of Minnesota Press, 1997)을 참조하라. Alfred J. Lopez, ed., *Postcolonial Whiteness: A Critical Reader on Race and Empire* (New York: State University Press of New York, 2005)를 참조하라.

57 Kristeva, *Strangers to Ourselves*, 117.

58 Seyla Benhabib, "Feminism and Postmodernism," in *Feminist Contentions: A Philosophical Exchange* (New York: Routledge, 199 5), 19. 또한 Seyla Benhabib, *Situating the Self Gender, Community, and Postmodernism in Contemporary Ethics* (New York: Routledge, 1992)를 보라. Seyla Benhabib, ed., *Democracy and Difference: Contesting the Boundaries of the Political* (Princeton, NJ: Princeton University Press, 1996)을 참조하라.

59 Benhabib, *Democracy and Difference*, 30.

60 위의 책, 20.

61 Gayatri Chakravorty Spivak, in Harasym, *The Post-Colonial Critic*를 참조하라.

62 페미니스트 운동, 특히 북미의 맥락에서 페미니스트 운동에 관한 대화와 비평에 관한 훌륭한 학술적 저작이 많이 있다. 다음 두 학자는 여성 간의 차이로 인한 역학 관계에 대한 광범위한 분석을 제공한다. Paula Giddings, *When and Where I Enter: The Impact of Black Women on Race and Sex in America* (New York: William Morrow, 1984). Patricia Hill Collins, *Black Feminist Thought: Knowledge, Consciousness, and the Politics of*

Empowerment (Boston: Unwin Hyman, 1990).(한국어판: 패트리샤 힐 콜린스/박미선 · 주해연 역, 『흑인페미니즘사상』, 서울: 여이연, 2009)도 보라.

63 Teresa de Lauretis, "Feminist Studies/Critical Studies: Issues, Terms, and Contexts," in *Feminist Studies/Critical Studies*, ed. Teresa de Lauretis (Bloomington: Indiana University Press, 1986), 9.

64 위의 책, 126.

65 Susan Stanford Friedman, *Mappings: Feminism and the Cultural Geographies of Encounter* (Princeton, NJ: Princeton University Press, 1998), 20-35.

66 페미니즘, 포스트식민주의, 포스트모더니즘의 교차점에 대한 훌륭한 논의는 Musa W Dube, "Postcoloniality, Feminist Spaces, and Religion," in *Postcolonialism, Feminism and Religious Discourse*, ed. Laura E. Donaldson and Kwok Pui-lan (New York: Routledge, 2002), 100-120을 보라.

67 스피박은 성별, 인종, 성적 지향을 가릴 것 없이 만연한 토큰주의가 대개 '게토화'와 동시에 작동한다는 사실을 지적하며, 이와 관련된 중요한 복잡성을 제기했다.

68 Nancy Frazer and Linda Nicholson, "Social Criticism without Philosophy: An Encounter Between Feminism and Postmodernism," in *Universal Abandon? The Politics of Postmodernism*, ed. Andrew Ross (Minneapolis: University of Minnesota Press, 1988), 102.

69 Chandra Talpade Mohanty, "Cartographies of Struggle: Third World Women and the Politics of Feminism," in *Third World Women and the Politics of Feminism*, ed. Chandra Talpade Mohanty (Bloomington: Indiana University Press, 1991), 13. Donna Haraway, *Simians, Cyborgs and Women: The Reinvention of Nature* (New York: Routledge, 1991). (한국어판: 도나 J. 해러웨이/황희선 · 임옥희 역, 『영장류, 사이보그 그리고 여자: 자연의 재발명』, 서울: 아르테, 2023). 그리고 Adrienne Rich, "Notes toward a Politics of Location," in *Blood, Bread, and Poetry: Selected Prose, 1979-1985* (New York: Norton, 1986)을 보라.

70 특히 학계에서 자주 드러나는 유색인 여성과 백인 여성 사이의 해로운 관계를 비판적으로 다룬 논의를 찾아보려면, Kwok Pui-lan, "Unbinding Our Feet: Saving Brown Women and Feminist Religious Discourse," in Donaldson and Pui-lan, *Postcolonialism*, 62-81을 참조하라.

71 Iris Marion Young, *Justice and the Politics of Difference* (Princeton, NJ: Princeton University Press, 1990), 156-171. (한국어판: 아이리스 매리언 영/김도균· 조국 역, 『차이의 정치와 정의』, 서울: 모티브북, 2017).

72 Judith Butler, "Contingent Foundations: Feminism and the Question of 'Post modernism,'" in *The Postmodern Turn: New Perspectives on Social Theory*, ed. Steven Seidman (Cambridge: Cambridge University Press, 1994), 166.

73 Judith Butler, *Gender Trouble: Feminism and the Subversion of Identity* (New York: Routledge, 1990), 18. (한국어판: 주디스 버틀러/조현준 역, 『젠더 트러블: 페미니즘과 정체성의 전복』, 파주: 문학동네, 2008).

74 근거 없는 근거(ungrounded ground): 확고한 토대를 거부하고 끊임없는 변화를 강조하는 학문 태도. (역자주)

75 Butler, "Contingent Foundations," 166.

76 관계적인 위치성(relational positionalities): 주체가 다른 사람들과의 관계 속에서 자신을 인식하는 방식을 설명하는 개념. (역자주)

77 차이를 피상적으로 다루면 차이에 대한 문제제기가 정치적으로 영향력이 없다는 것을 말함. (역자주)

78 Audre Lorde, *Sister Outsider: Essays and Speeches* (Berkeley, CA: Crossing Press, 1984). (한국어판: 오드리 로드/주해연·박미선 역, 『시스터 아웃사이더』, 서울: 후마니타스, 2018).

79 Friedman, *Mappings*, 104.

80 위의 책, 103.

81 위의 책, 75.

82 Trinh Minh-ha, "Not You/Like You: Postcolonial Women and the Interlocking Questions of Identity and Difference," in Mufti and Shohat, *Dangerous Liaisons*, 415.

83 Trinh, *Cinema Interval*, 61.

84 위의 책, 62.

85 Trinh Minh-ha, "All-owning Spectatorship," in *Feminism and the Politics of Difference*, ed. Sneja Gunew and Anna Yeatman (Boulder, CO: Westview Books, 1993), 157-176.

86 bell hooks, *Yearning: Race, Gender, and Cultural Politics* (Boston: South End Press, 1990), 21.

87 Trinh Minh-ha, *Woman Native Other: Writing Postcoloniality and Feminism* (Bloomington: Indiana University Press, 1989), 82.

88 백인 중산층 페미니스트와 유색인종 페미니스트 사이의 긴장은 지난 10년 동안 잘 드러났다. 포스트식민주의 연구를 하는 페미니스트들도 비슷한 비판을 지적했다. 무사 두베(Musa Dube)는 *Postcolonial Feminist Interpretation of the Bible* (St. Louis, MO: Chalice Press, 2000), 112에서 "서구 중산층 여성들은 자신들이 담론적으로는 식민화된 가부장제의 대상이면서 동시에 인종적으로는 특권을 누리는 식민화하는 주체임을 거의 인식하지 못했다. 그 결과 여성이라는 범주는 획일적인 실체로 축소되었다. … 초기 페미니스트들은 자신이 점유하고 있던 제국주의적 사회적 위치를 간과했다."

89 Radhakrishnan, *Diasporic Mediations*, 72.

90 위의 책, 148.

91 발칸화(Balkanization): 다양한 민족과 종교 문제로 갈등을 겪고 분쟁하여 다양한 나라로 분립된 발칸반도처럼, 다양한 차이로 지역이나 국가가 분열과 갈등을 겪는 현상. (역자주)

92 Friedman, *Mappings*, 103, 227.

93 이 딜레마에 대한 훌륭한 논의는 Julia Kristeva's "Women's Time," in Moi, *Kristeva Reader*, 187-213을 보라.

2장_ 한(恨)과 정(情)

1 David Kwang-sun Suh, "Liberating Spirituality in the Korean Minjung Tradition: Shamanism and Minjung Liberation," in *Asian Christian Spirituality: Reclaiming Traditions*, ed. Virginia Fabella, Peter K. H. Lee, and David Kwang sun Suh (New York: Orbis Books, 1992), 31-43을 참조하라.

2 Jae Hoon Lee, *The Exploration of the Inner Wounds-Han* (Atlanta: Scholars Press, 1994), 6.

3 위의 책.

4 Andrew Sung Park, *Racial Conflict and Healing: An Asian-American Theological Perspective* (Maryknoll, NY: Orbis Books, 1996), 23-25.

5 Andrew Sung Park, *The Wounded Heart of God: The Asian Concept of Han and the Christian Doctrine of Sin* (Nashville: Abingdon Press, 1993), 10.

6 위의 책, 20.

7 위의 책, 15.

8 위의 책, 50.

9 위의 책, 15.

10 정한: 원문에는 저자가 후한으로 표기했으나 저자의 오타였음을 저자에게 확인함. 이 장에 이와 같은 오타―정한을 후한으로 표기한 오타―가 몇 개 있는데 역자가 바로 잡아 번역함. (역자주)

11 Lee, *The Exploration of Inner Wounds*, 15.

12 Janice Doane and Devon Hodges, *From Klein to Kristeva: Psychoanalytic Feminism and the Search for the "Good Enough" Mother* (Ann Arbor: University of Michigan Press, 1995.)를 참조하라.

13 Lee, *The Exploration of Inner Wounds*, 20.

14 위의 책.

15 위의 책, 24.

16 위의 책, 26.

17 위의 책.

18 위의 책.

19 후한(後恨): 한국어 후한은 '어떤 일 때문에 나중에 생기는 근심'이라는 뜻을 가진

'후환'(後患)의 오기이다. 이재훈은 멜라니 클라인 이론과 대화하면서 한국인의 정신 역동을 설명하기 위해 세 가지 종류의 한, 즉 정한, 원한, 후한을 제시하고 싶었던 것 같다. 그가 후한이 후환의 오기였다는 사실을 알고 있었으면서도 신조어를 만들었는지는 확인하지 못했다. (역자주)

20 Lee, *The Exploration of Inner Wounds*, 48.

21 이론적 차원에서 볼 때 한국인들은 동성애에 저항할 수 있지만, 관계적 차원에서는 정이 지닌 복합성과 유동성이 동성애 혐오(homophobia)마저 극복하게 한다고 나는 생각한다. 더 나아가 정은 친밀한 동성 간 관계를 키워 낸다. 비록 '한국인은 원래 살가운 민족일 뿐'이라는 반론이 제기되더라도 말이다. 깊이 들여다보면, 한국 문화가 체현한 정은 섹슈얼리티를 이분법(헤테로 대 호모)으로 나누기보다 연속선(continuum) 위에서 무의식적으로 수용하고 이해하게 해준다. 이러한 주제는 한국의 전위영화 〈번지점프를 하다〉에서도 드러난다. 이 작품은 명시적으로는 아니지만 성적 지향을 탐구한다. 감독은 한국인에게 사랑이란, 이성애 여부가 아니라 다양한 성적 지향의 연속성에 놓여 있음을 인지하고 있다. 영화에서 한 남녀 커플의 사랑은 여성이 죽음으로 생을 마감하면서 끝난다. 남자는 새롭게 결혼했고, 딸이 있음에도, 죽은 여자에 대한 깊은 사랑을 잊지 못한다. 세월이 흘러 고등학교 교사가 된 그는 한 남학생에게서 기묘한 되풀이(재현) 현상을 경험한다. 감독은 환생이라는 아시아적 개념을 통해 인간의 정과 사랑이란 단순한 동성애를 넘어서는 것임을 심층적으로 탐구한다. 비극적 결말은 가부장적 동성애 혐오 문화에서 이러한 관계가 어떻게 받아들여졌을지를 분명히 보여준다—닫힌 벽장 속 침묵이거나, 격렬한 부인일 뿐이다.

22 Julia Kristeva, *Black Sun: Depression and Melancholia* (New York: Columbia University Press, 1989), 4. (한국어판: 줄리아 크리스테바/김인환 역, 『검은 태양: 우울증과 멜랑콜리』, 서울: 동문선, 2004).

23 Lee, *The Exploration of Inner Wounds*, 36.

24 위의 책, 37.

25 위의 책.

26 한이 본격적인 원한으로 변한 사람은 흔히 소멸감과 극심한 위협감을 동반한 심리적 장애를 겪는다. 더 나아가 나는 억압받는 사람들이 테러에 눈을 돌리는 것은 극단적인 원한을 넘어 다음 단계인 편집증적 후한의 단계로 넘어간 것이라고 주장하고 싶다.

27 Lee, *The Exploration of Inner Wounds*, 36.

28 위의 책, 93.

29 위의 책.

30 위의 책, 94.

31 그라운드 제로(Ground Zero): 폭발이 있었던 지표의 지점을 뜻함. (역자주)

32 위의 책, 144.

33 민중신학자들의 한 연구에서 흥미로운 점은 한이 여성에게 많이 나타난다는 점이다. 여성은 '민중 중의 민중'으로서 한으로 인한 깊은 상처를 경험한다. 또한 '귀신'이 여성이라는 점, 여성이 '신병' 현상을 많이 경험한다는 점, 한을 푸는 전통적인 방법인 샤머니즘이 여성

무당에 의해 행해졌다는 점 등의 사이에 어떤 연관이 있는지 궁금하다.

34 Lee, *The Exploration of Inner Wounds*, 151.

35 위의 책, 152.

36 위의 책, 48.

37 위의 책, 145.

38 페미니스트인 나는 생물학적 본질주의를 옹호할 때 따르는 위험성을 경고하지 않을 수 없다. 더불어 구성주의와 본질주의 사이의 미묘한 경계를 의식하는 만큼, 내 입장은 분명 두 지점 사이의 틈새 공간 어딘가에 놓여 있다. 위의 책, 152-153.

39 최근 한국 영화 산업은 큰 변화를 겪어 왔다. 특히 새롭게 등장한 전위적 한국 영화들을 보면, 정부 검열이 한층 완화되었다는 사실을 체감할 수 있다. 놀랍게도 이러한 작품들은 해외와 국내 관객 모두로부터 호평을 받으며 기대 이상의 환영을 받고 있다. 뛰어난 재능을 지닌 젊은 한국 감독, 영화인들이 대거 등장하면서, 국제무대에서 비평가들의 찬사를 받은 한국 영화의 폭발적 성장은 1990년대 후반으로 거슬러 올라갈 수 있다.

40 Chung Hyun Kyung, "Han-Pu-Ri: Doing Theology from Korean Women's Perspective," in *Frontiers in Asian Christian Theology: Emerging Trends*, ed. R. S. Sugirtharajah (New York: Orbis Books, 1994), 52-62.

41 Choi Man Ja, "Feminine Images of God in Korean Traditional Religion," in Sugirtharajah, *Frontiers in Asian Christian Theology*, 80-89도 참조하라.

42 David Suh, "Theology of Reunification," in Sugirtharajah, *Frontiers in Asian Christian Theology*, 198.

43 위의 책.

44 신청 절차. 최근에는 개인 자격으로는 불가능하나 단체로 예약하면 가능하다. (역자 주)

45 오두막(hut)은 정확히는 '군사정전회의실'을 뜻한다. (역자주)

46 "Minjoek Tong-il eh Gil"(민족통일의 길), *Voice of the People* (1971)에서 발췌. 저자의 번역.

47 Gayatri Chakravorty Spivak, "The Politics of Translation," in *Destabilizing Theory: Contemporary Feminist Debates*, ed. Michele Barrett and Anne Phillips (Stanford, CA: Stanford University Press, 1992), 177-200.

48 Trinh T. Minh-ha, *Cinema Interval* (New York: Routledge, 1999), 61-62.

49 박찬욱, <공동경비구역> (이병헌, 이영애, 김태우, 신하균, 출연), 한국, 2000.

50 Spivak, "The Politics of Translation," 177-200.

51 Suh, "Theology of Reunification," 197.

52 위의 책, 198.

53 위의 책, 199.

54 Homi Bhabha, *The Location of Culture* (New York: Routledge, 1994), 86. (한국어판:

호미 바바/나병철 역, 『문화의 위치: 탈식민주의 문화이론』, 서울: 소명출판, 2012).

55 여기에는 정체성과 권위의 '전복적 미끄러짐'을 위한 공간을 열어 주는 바바의 '심문의 여백'(margin of interrogation)에 대한 개념이 포함되어 있다.

56 Bhabha, *The Location of Culture*, 4.

57 Regina Freer, "Black-Korean Conflict," in *The Lost Angeles Riots: Lessons for the Urban Future*, ed. Mark Baldassare (Boulder, CO: Westview Press, 1994), 180.

58 위의 책, 192.

59 David Leiwei Li, *Imagining The Nation: Asian American Literature and Cultural Consent* (Stanford, CA: Stanford University Press, 1998), 10.

60 Nancy Abelmann and John Lie, *Blue Dreams: Korean Americans and the Los Angeles Riots* (Cambridge, MA: Harvard University Press, 1995), 153-154.

61 인종/계급/민족의 측면에서 폭동의 양면성을 진지하게 설명하는 훌륭한 비평적 성찰을 보려면 일인극 공연을 참고하고, 책으로는 Anna Deavere Smith, *Twilight: Los Angeles*, 1992 (New York: Doubleday, 1994)를 참조하라.

62 모범적 소수자(model minority): 모델로 삼을 만큼 성공적인 소수 인종이라는 뜻. (역자주)

63 Howard Winant, *The New Politics of Race: Globalism, Difference, Justice* (Minneapolis: University of Minnesota Press, 2004), 205-207. 이 책은 인종이 어떻게 그리고 왜 여전히 남아 있는지에 대한 훌륭한 분석이다. 위난트는 인종 정치의 기원과 성격의 복잡성 그리고 관념, 사회 구조, 정치 과정에 여전히 널리 퍼져 있는 인종 정치의 본질을 살펴본다.

64 Park, *Racial Conflict*, 26.

65 Rey Chow, *The Protestant Ethnic and The Spirit of Capitalism* (New York: Columbia University Press, 2002), 148.

3장_ 포스트식민주의 이론과 한국계 미국 신학

1 문화비평가 헨리 지루는 정체성 정치가 과거에 침묵과 주변화에 놓였던 많은 집단에게 권력과 지배 문화의 변두리에서 벗어나 억압된 정체성과 경험을 재주장하고, 회복할 수 있는 기회를 제공했다는 것을 지적한다. 그러나 그 과정에서 이들은 자주 하나의 거대 서사(master narrative)를 또 다른 거대 서사로 대체했을 뿐만 아니라 나아가 자신들의 '해방적' 서사 안에서도 내부의 차이를 억압하곤 했다. 지루는 저서에서, 저항에 참여하는 이들이 본질화된 주체 개념을 흔드는 경계적 정체성(border identity)을 구축할 것을 촉구한다. 동시에 그는 자아란 "역사적·문화적 형성체로서, 수많은 다양한 공동체와의 상호작용을 통해 복합적으로 그리고 다층적으로 형성된다"는 사실을 보여주어야 한다고 강조한다. Henry A. Giroux, "Living Dangerously: Identity Politics and the New Cultural Racism," in *Between Borders: Pedagogy and the Politics of Cultural Studies*, ed. Henry A. Giroux

and Peter McLaren (New York: Routledge, 1994), 38.

2 Michael Omi and Howard Winant, *Racial Formation in the United States: From the 1960s to the 1990s* (New York: Routledge, 1994), 12.

3 위의 책, 56.

4 위의 책, 65-66.

5 위의 책, 70.

6 Charles W Mills, *The Racial Contract* (Ithaca, NY: Cornell University Press, 1997), 126. (한국어판: 찰스 W 밀스/정범진 역, 『인종계약: 근대를 바라보는 또 하나의 시선』, 서울: 아침이슬, 2006).

7 Giroux, "Living Dangerously," 40.

8 위의 책, 50.

9 Gayatri Spivak, *In Other Worlds: Essays in Cultural Politics* (New York: Routledge, 1988), 202. (한국어판: 가야트리 스피박/태혜숙 역, 『다른 세상에서』, 서울: 여이연, 2004).

10 R. Radhakrishnan, *Diasporic Mediations: Between Home and Location* (Minneapolis: University of Minnesota Press, 1996), 166.

11 Lisa Lowe, *Immigrant Acts: On Asian American Cultural Politics* (Durham, NC: Duke University Press, 1996), 64.

12 '경계/한계'에 대한 흥미로운 수학적 해석은 *Border Theory: The Limits of Cultural Politics*, ed. Scott Michaelsen and David E. Johnson (Minneapolis: University of Minnesota Press, 1997)을 보라. 여기서 패트리샤 시드(Patricia Seed)는 다음과 같이 설명한다. "경계값(boundary values)은 미분방정식 형태의 수학적 해로서, 두 가지 뚜렷한 요건을 만족해야 한다. 첫째, 방정식은 특정 영역 내에서 어떤 양이 어떻게 변화하는지를 서술해야 하며… 둘째, 조건이 그 복잡성을 규정한다. 또한 경계값은 함수의 미래 변화를 설명하거나, 외부 영역으로부터의 영향을 특징짓거나, 혹은 둘 다를 수행해야 한다… 요컨대 수학적 경계값은 내부를 기술하는 동시에 외부로부터의 영향을 규정한다."

13 Lowe, *Immigrant Acts*, 66-67.

14 Gayatri Spivak, "Subaltern Studies: Deconstructing Historiography," in *In Other Worlds*, 211.

15 스피박의 포스트식민주의 이론은 서구의 영향이 모두 부정적으로만 간주되어서는 안 된다는 그녀의 인식 때문에 다른 이론들보다 훨씬 더 복합적이고 다층적으로 보인다. 그녀는 식민의 역사를 억압과 착취가 끊임없이 이어진 단선적인 서사로만 보지 않는다. 따라서 스피박은 '폭력을 가능케 하는'(enabling violence), 혹은 '침해를 가능케 하는'(enabling violation)이라는 역설을 강조한다. Spivak, "Bonding in Difference: Interview with Alfred Arteaga," in *The Spivak Reader*, ed. Donna Landry and Gerald MacLean (New York: Routledge, 1996), 19를 보라.

16 Lowe, *Immigrant Acts*, 82. Stuart Hall, "Cultural Identity and Diaspora," in *Identity: Community, Culture, Difference*, ed. Jonathan Rutherford (London: Lawrence and

Wishart, 1990), 226을 참조하라.

17 Lowe, *Immigrant Acts*, 82.

18 Susan Stanford Friedman, *Mappings: Feminism and the Cultural Geographies of Encounter* (Princeton, NJ: Princeton University Press, 1998), 63-66.

19 위의 책, 89-91.

20 Homi Bhabha, *The Location of Culture* (New York: Routledge, 1994), 7.

21 위의 책, 114.

22 위의 책.

23 이단/여성윤리(herethics): 주객의 도식을 구분한 남성 윤리와는 다른 여성 윤리, 곧 이단. (역자주)

24 트윙키: 노란 스펀지 케이크 안에 하얀 크림이 채워져 있는 스낵. (역자주)

25 오레오: 검은색 비스킷 안에 하얀 크림이 채워져 있는 스낵. (역자주)

26 위의 책, 86.

27 위의 책.

28 Anne McClintock, *Imperial Leather: Race, Gender and Sexuality in the Colonial Contest* (New York: Routledge, 1995), 63.

29 위의 책, 64.

30 위의 책, 63.

31 위의 책, 64. 맥클린톡은 또한 바바가 '흉내내기'를 젠더적 특수성을 인정하지 않은 채 사실상 "남성적 전략으로 다시 새겨 넣고 있다"고 지적한다. 그 결과, '흉내내기와 인간'(Of Mimicry and Man)에 등장하는 '인간'(Man)은 젠더 권력의 암묵적 대상화를 숨기면서도 동시에 드러내어, 남성성이 포스트식민 담론의 보이지 않는 규범이 되도록 만든다는 것이다.

32 Bhabha, *The Location of Culture*, 90.

33 흉내내기(mimicry)는 영화/미술, 특히 전위적인 퍼포먼스에서 가장 예리한 형태로 드러나는 듯하다. 한국의 전통 탈춤 공연은 부자와 가난한 이들 사이의 균열과 틈을 모방·조롱·전복·풍자하며 강조하는 데 자주 활용된다. 전위 문학과 영화에서도 우리는 현 상태(성별·계급·인종·섹슈얼리티)를 비판적으로 위협하듯 가로지르고 모방하는 모습을 목격한다. 내가 관심을 갖는 공연/미술 영역 가운데 하나는 광대/코미디언 전통이다. 뉴욕의 유명 코미디 클럽 중 한 곳을 방문했을 때, 공연 속에 등장하는 흉내내기의 힘을 직접 체험했다. 코미디언이 촉매제로 무대에 서면, 관객도 반응을 통해 함께 공연을 만들어 낸다. 코미디언은 흉내내기의 힘을 사용해 풍자하고, 경계를 넘나들며, 잔혹할 만큼 사실을 드러내고, 날카로운 불편함을 일으키고, 분노를 불러일으키고, 기막히게 불쾌감을 주어 관객을 웃음과 눈물 사이 어딘가에 머물게 만든다. 우리는 그렇게 흉내내기의 힘을 통해 인식의 전율과 부정의 고통에 동시에 끌려 들어간다.

34 Bhabha, *The Location of Culture*, 88.

35 위의 책, 121.

36 Homi Bhabha, "Signs Taken for Wonders: Questions of Ambivalence and Authority under a Tree Outside Delhi, May 1817," in *"Race," Writing, and Difference*, ed. Henry Louis Gates Jr. (Chicago: University of Chicago Press, 1985), 163-184를 보라.

37 Bhabha, *The Location of Culture*, 120.

38 위의 책, 185.

39 위의 책, 2.

40 위의 책, 207.

41 위의 책, 1.

42 Martin Heidegger, *Poetry, Language, Thought* (New York: Perennial, 2001), 141-160 in Bhabha, *The Location of Culture*, 207.

43 Bhabha, *The Location of Culture*, 37.

44 Amritjit Singh and Peter Schmidt, "On the Borders Between U.S. Studies and Postcolonial Theory," in *Postcolonial Theory and the United States: Race, Ethnicity, and Literature*, ed. Amritjit Singh and Peter Schmidt (Jackson: University Press of Mississippi, 2000), 23.

45 Bhabha, *The Location of Culture*, 185.

46 위의 책, 114.

47 Trinh Minh-ha, *When the Moon Waxes Red: Representation, Gender and Cultural Politics* (New York: Routledge, 1991).

48 위의 책, 159.

49 Trinh Minh-ha, *Woman, Native, Other: Writing Postcoloniality and Feminism* (Bloomington: Indiana University Press, 1989), 89.

50 위의 책.

51 Trinh, *When the Moon Waxes Red*, 17.

52 위의 책, 108.

53 Trinh Minh-ha, *Cinema Interval* (New York: Routledge, 1999), 27.

54 Trinh Minh-ha, *Framer Framed* (New York: Routledge, 1992), 141.

55 Trinh, *Cinema Interval*, 10-49.

56 Trinh, *Woman, Native, Other*, 28.

57 이 글은 딕티에 대한 답변이지만, 일레인 김은 한국계 미국인의 관점에서 정체성 정치의 문제를 명료하게 설명한다. Elaine Kim, "Poised on the In-between: A Korean American's Reflections on Theresa Rak-Kyung Cha's Dictee," in *Writing Self/Writing Nation: Essays on Theresa Hak-Kyung Cha's Dictee*, ed. Elaine H. Kim and Norma Alarcon (Berkeley, CA: Third Women Press, 1994), 1-30.

58 Radhakrishnan, *Diasporic Mediations*, 161.

59 Homi Bhabha, "The World in the Home," in McClintock et al., *Dangerous Liaisons: Gender, Nation, and Postcolonial Perspectives* (Minneapolis: University of Minnesota Press, 1997), 445-454.

60 Homi Bhabha, "Culture's In-Between," in *The Question of Cultural Identity*, ed. Stuart Hall and Paul du Gay (London: Sage Publications, 1996), 58.

61 Bhabha, *The Location of Culture*, 120.

62 Fumitaka Matsuoka, *Out of Silence: Emerging Themes in Asian American Churches* (Cleveland: United Church Press, 1995), 59.

63 위의 책, 62.

64 Jung Young Lee, *Marginality: The Key to Multicultural Theology* (Minneapolis: Fortress Press, 1995), 31. (한국어판: 이정용/신재식 역, 『마지널리티: 다문화시대의 신학』, 서울: 포이에마, 2014).

65 위의 책, 46.

66 Peter C. Phan, *Christianity with an Asian Face: Asian American Theology in the Making* (New York: Orbis Books, 2003)를 참조하라.

67 Lee, *Marginality*, 50.

68 위의 책, 53.

69 위의 책, 60.

70 위의 책, 61.

71 위의 책, 67.

72 위의 책, 70.

73 Anselm Kyongsuk Min, "The Political Economy of Marginality: Comments on Jung Young Lee," *Journal of Asian and Asian American Theology* I, no.I (Summer, 1998): 84. 신학적 성찰에서 특수성과 차이를 '초월'해야 할 필요성에 대한 더 자세한 비판은 그가 가장 최근에 쓴 훌륭한 저서인 *The Solidarity of Others in a Divided World: A Postmodern Theology After Postmodernism* (London: T. & T. Clark, 2004)을 보라.

74 위의 책, 86.

75 Min, "Political Economy," 91.

76 '포스트식민'(the postcolonial)에 관해서는 Stuart Hall, "When Was 'The Postcolonial'? Thinking at the Limit," *The Post-colonial Question: Common Skies/Divided Horizons*, ed. Iain Chambers and Lidia Curtis (New York: Routledge, 1996), 242-260.

77 Peter van der Veer, "'The Enigma of Arrival': Hybridity and Authenticity in the Global Space," *Debating Cultural Hybridity: Multi-Cultural Identities and the Politics of Anti-racism*, ed. Pnina Werbner and Tariq Modood (London: Zed Books, 1997), 105.

78 Aijaz Ahmad, *In Theory* (New York: Verso, 1992). *Debating Cultural Hybridity*, ed. Werbner and Modood도 보라.

79 Bart Moore-Gilbert, *The Postcolonial Theory: Contexts, Practices, Politics* (New York: Verso, 1997), 12-20.

80 Pnina Werbner, "The Dialectics of Cultural Hybridity," in Werbner and Modood, *Debating Cultural Hybridity*, 19. Chandra Talpade Mohanty, "Feminist Encounters: Locating the Politics of Experience," in *Destabilizing Theory: Contemporary Feminist Debates*, ed. Michele Barrett and Anne Phillips (Stanford, CA: Stanford University Press, 1992), 74-92를 참조하라.

81 사이드는 같은 맥락에서 이론에 대한 은유적 표현으로 이렇게 덧붙인다. "형이상학적 의미에서 지식인에게 망명이란 끊임없는 불안과 이동, 스스로가 늘 자리 잡지 못한 채 타인까지 뒤흔들어 놓는 상태다. 당신은 예전의, 어쩌면 더 안정적이었을지도 모르는 집으로 돌아갈 수 없으며, 애석하게도 새로운 보금자리나 상황과도 결코 완전히 하나 되어 도착할 수 없다." Edward Said, "Intellectual Exile: Expatriates and Marginals," in *The Edward Said Reader*, ed. Moustafa Bayoumi and Andrew Rubin (New York: Vintage Books, 2000), 368-381을 보라.

82 Robert. Young, *Postcolonialism: An Historical Introduction* (Oxford: Blackwell, 2001).

83 Moore-Gilbert, *The Postcolonial Theory*, 168.

84 다시 쓰기와 지우기의 정치에 대한 자세한 내용은 Jacques Derrida, *Dissemination*, trans. Barbara Johnson (Chicago: University of Chicago Press, 1981)을 참조하라.

85 Pnina Werbner, "Essentialising Essentialism, Essentialising Silence: Ambivalence and Multiplicity in the Constructions of Racism and Ethnicity," in *Debating Cultural Hybridity*, ed. Werbner and Modood, 249.

86 Bhabha, *The Location of Culture*, 19.

87 위의 책, 22.

88 위의 책, 25.

89 위의 책.

4장_ 십자가에 달리신 하나님: 정(情)의 길

1 Anthony W Bartlett, *Cross-Purposes: The Violent Grammar of Christian Atonement* (Philadelphia: Trinity Press International, 2001), 2.

2 위의 책, 258.

3 위의 책, 262.

4 Mark Lewis Taylor, *The Executed God: The Way of the Cross in Lockdown America* (Minneapolis: Fortress Press, 2001), xiii.

5 위의 책, 2.

6 위의 책, 3.
7 위의 책, 2.
8 위의 책, 6.
9 위의 책, 7.
10 위의 책, 14.
11 위의 책, 15.
12 위의 책, 71.
13 위의 책, 85.
14 위의 책, 108.

15 Herbert Marcuse, *Eros and Civilization: A Philosophical Inquiry into Freud* (Boston: Beacon Press, 1966), 70, 71. (한국어판: H. 마르쿠제/김인환 역, 『에로스와 문명: 프로이트 이론의 철학적 연구』, 파주: 나남 출판사, 2004).

16 위의 책, 71.

17 Taylor, *The Executed God*, 118.

18 위의 책, 158.

19 Homi Bhabha, *The Location of Culture* (New York: Routledge, 1994), 86. (한국어판: 호미 바바/나병철 역, 『문화의 위치: 탈식민주의 문화이론』, 서울: 소명출판, 2012).

20 Richard Horsley, *Jesus and Empire: The Kingdom of God and the New World Disorder* (Minneapolis: Fortress Press, 2003). (한국어판: 리처드 호슬리/김준우 역, 『예수와 제국』, 서울: 한국그리스도교 연구소, 2004)를 보라.

21 Jürgen Moltmann, *The Crucified God: The Cross of Christ as the Foundation and Criticism of Christian Theology* (Minneapolis: Fortress Press, 1993), 203. (한국어판: 위르겐 몰트만/김균진 역, 『십자가에 달리신 하나님: 그리스도교적 신학의 근거와 비판으로서의 예수의 십자가』, 서울: 대한그리스도교서회, 2017).

22 위의 책, 243.

23 몰트만은 십자가 신학에서 그 사건이 삼위일체적이라는 점을 강조하면서도 성령의 능력에 대해서는 별로 언급하지 않는다. 나는 성령이 예수 안에 현존하는 기호계적 능력으로 작용한다고 보기 때문에 이러한 침묵은 다소 의외다. 다만 몰트만은 이후 성령론에 관한 저작에서 성령의 역할과 능력을 보다 자세히 탐구한다.

24 위의 책, 246.

25 위의 책, 204.

26 위의 책, 205.

27 C. S. Song, *Jesus: The Crucified People* (New York: Crossroad, 1990), 98.

28 Song, *Jesus*, 98-99.

29 Geiko Muller-Fahrenholz, *The Kingdom and The Power: The Theology of Jürgen Moltmann* (Minneapolis: Fortress Press, 2001), 72.

30 Jürgen Moltmann, *The Way of Jesus Christ: Christology in Messianic Dimensions* (San Francisco: Harper, 1990), 166. (한국어판: 위르겐 몰트만/김균진 · 김명용 역, 『예수 그리스도의 길: 메시아적 차원의 그리스도론』, 서울: 대한그리스도교서회, 2017).

31 위의 책, 167.

32 Catherine Keller, *Face of the Deep: A Theology of Becoming* (London: Routledge, 2003), 226.

33 Darby Kathleen Ray, *Deceiving the Devil: Atonement, Abuse, and Ransom* (Cleveland: Pilgrim Press, 1998), 93.

34 Moltmann, *The Crucified God*, 207.

35 Keller, *Face of the Deep*, 226.

36 Moltmann, *The Crucified God*, 227.

37 위의 책, 252.

38 Rebecca S. Chopp, *The Praxis of Suffering: An Interpretation of Liberation and Political Theologies* (New York: Orbis Books, 1986), 107.

39 위의 책, 108.

40 위의 책.

41 Moltmann, *The Way of Jesus Christ*, 153-155.

42 Ray, *Deceiving the Devil*, 88.

43 Moltmann, *The Way of Jesus Christ*, 152.

44 위의 책, 173.

45 위의 책.

46 위의 책, 173-176.

47 이를 해체주의적 관점에서 탁월하고도 영감 있게 읽으려면 "A Passion for God," in *John Caputo's The Prayers and Tears of Jacques Derrida: Religion without Religion* (Bloomington: Indiana University Press, 1997), 331-339의 결론 장을 보라.

48 위의 책, 116.

49 Ray, *Deceiving the Devil*, 88.

50 Muller-Fahrenholz, *The Kingdom*, 78.

51 Dorothee Soelle, *Suffering* (Philadelphia: Fortress Press, 1975), 32. 그녀는 이어서 이렇게 지적한다. "고난의 설명이 피해자를 외면한 채, 그 고난 뒤에 있다고 여겨지는 의로움과 동일시될 때, 그것은 이미 신학적 가학증—곧 하나님을 고문하는 자로 이해하려는 태도—을 향한 한 걸음을 내디딘 셈이다." (한국어판: 도로테 쥘레/채수일 역, 『고난』, 서울: 한국신학연구소, 2002).

52 Keller, *Face of the Deep*, 220.

53 Soelle, *Suffering*, 19.

54 위의 책.

55 보다 자세한 설명을 위해서는 미셸 푸코의 저작들을 보라. 특히 *Discipline and Punish: The Birth of the Prison*, trans. Alan Sheridan (New York: Vintage Books, 1995). (한국어판: 미셸 푸코/오생근 역, 『감시와 처벌: 감옥의 탄생』, 서울: 나남, 2020)을 보라.

56 Soelle, *Suffering*, 28.

57 위의 책, 108.

58 Moltmann, *The Way of Jesus Christ*, 176.

59 Elisabeth Schüssler Fiorenza, *Jesus: Miriam's Child, Sophia's Prophet: Critical Issues in Feminist Christology* (New York: Continuum, 1994), 106.

60 위의 책, 102.

61 Jung Ha Kim, *Bridge-Makers and Cross-Bearers: Korean American Women and the Church* (Atlanta: Scholars Press, 1997), 82.

62 위의 책.

63 Ham Sok Hon, "Kicked by God," trans. Douglas V Steere (Pendleton, PA: The Wilder Quaker Fellowship, 1969). http://www2.gol.com/users/quakers/Kicked_by_god.htm (accessed March 6, 2006).

64 이 책이 내 원고를 탈고한 뒤에 출간된 터라, 나는 그 내용을 충분히 논의하지 못했고, 다만 권력과 복종의 복합성에 관한 그녀의 비판적이고 중요한 작업을 간략히 언급하는 데 그칠 수밖에 없었다. Sarah Coakley, *Powers and Submissions: Spirituality, Philosophy and Gender* (Oxford: Blackwell, 2002).

65 위의 책, 4-5.

66 Julia Kristeva, *Powers of Horror: An Essay on Abjection*, trans. Leon S. Roudiez (New York: Columbia University Press, 1982), 11. (한국어판: 줄리아 크리스테바/서민원 역, 『공포의 권력』, 서울: 동문선, 2001).

67 Soelle, *Suffering*, 164.

68 Catherine Keller, "Pneumatic Nudges: The Theology of Moltmann," in *The Future of Theology: Essays in Houor efftirgen Moltmann*, ed. Miroslav Volf, Carmen Krieg, and Thomas Kucharz (Grand Rapids, MI: Wm. B. Eerdmans, 1996), 149.

69 Elizabeth A. Johnson, *She Who Is: The Mystery of God in Feminist Theological Discourse* (New York: Crossroad, 1994), 253. (한국어판: 엘리사벳 A. 존슨/함세웅 역, 『하느님의 백한 번째 이름』, 서울: 성바오로딸수도회, 2001).

70 위의 책, 263.

71 위의 책, 265.

72 Wendy Farley, *Tragic Vision and Divine Compassion: A Contemporary Theodicy* (Louisville, KY: Westminster/John Knox Press, 1990), 81.

73 Johnson, *She Who Is*, 269.

74 '신학적 체계뿐 아니라 사회적 체계까지도 끊임없이 배회하는 다중적 타자들의 형상

으로' 소피아를 포스트식민주의 비판 관점에서 읽고자 한다면, Mayra Rivera, "God at the Crossroads: A Postcolonial Reading of Sophia," in *Postcolonial Theologies: Divinity and Empire*, ed. Catherine Keller, Michael Nausner, and Mayra Rivera (St. Louis, MO: Chalice Press, 2004), 186-203을 보라.

75 Anne McClintock, *Imperial Leather: Race, Gender and Sexuality in the Colonial Context* (New York: Routledge, 1995), 71.

76 위의 책.

77 Kristeva, *Powers of Horror*, 4.

78 위의 책, 9.

5장_ 정(情) 그리스도론

1 Grace M. Jantzen, *Becoming Divine: Towards a Feminist Philosophy of Religion* (Bloomington: Indiana University Press, 1999), 3.

2 위의 책.

3 Anne McClintock, *Imperial Leather: Race, Gender and Sexuality in the Colonial Context* (New York: Routledge, 1995), 71.

4 위의 책.

5 Julia Kristeva, *Powers of Horror: An Essays on Abjection*, trans. Leon S. Roudiez (New York: Columbia University Press, 1982), 9. (한국어판: 줄리아 크리스테바/서민원 역, 『공포의 권력』, 서울: 동문선, 2001). 오이디푸스 콤플렉스는 말하는 주체의 출현을 설명하려고 시도한다. 이 심리적 과정은 전통적으로 다음과 같은 두 단계로 나뉘어 이해되었다. 첫째는 전(前)주체성 단계이고, 둘째는 그 이후 단계로, 기호계를 아브젝시옹하거나 억압하는 대가로 상징계로 진입하게 되는 시기다.

6 이 상징계는 곧 자기 인식의 영역이며, 모든 것이 분화·구별된 세계이자 완전한 의식적 주체성이 자리하는 차원이다.

7 크리스테바의 상징계/아버지의 법 개념 상당 부분은 자크 라캉에게서 비롯된다. 그녀가 라캉의 논지를 수용한 점은 많은 페미니스트에게 문제로 지적된다. 가장 큰 쟁점은 라캉이 팔루스의 지배를 궁극적이고 주어진 기호로 받아들여 여성이 반드시 그 질서 안으로 들어가야 한다고 본다는 점이다. 역설적으로, 여성이 그 질서에 진입하려면 남성처럼 되어야 한다. 그러므로 라캉에 따르면 여성은 여성으로서 말하지 못하며, 말할 수도 없다. 크리스테바가 이러한 주장을 받아들인 것은 문제가 있다. 그녀 또한 *The Revolution of Poetic Language*(한국어판: 줄리아 크리스테바/김인환 역, 『시적 언어의 혁명』, 서울: 동문선, 2000)에서 여성이 여성으로서 제대로 말할 수 없다고 주장하기 때문이다. 라캉 사상을 개괄하고, 크리스테바가 라캉과 어떤 점에서 일치하고 갈라서는지를 잘 정리한 자료로는 얀첸의 *Becoming Divine*을 참조하라.

8 이것은 흔히 상징계의 역(逆) 영역으로 간주되는데, 혼돈, 비이성, 감정성에 의해 특징지어진다. 이러한 속성들은 전통적으로 주변부로 밀려나 무의식 속에 억압되어 왔다.

9 A. K. M. Adam, ed., *Handbook of Postmodern Biblical Interpretation* (St. Louis: Chalice Press, 2000), 144-150.

10 내가 정을 강조하는 것이 본질주의적이라는 비판을 받을 수 있듯이, 크리스테바 또한 기호계를 모성적 몸과 동일시한다는 이유로 여성을 본질화한다는 비판을 자주 받아왔다.

11 Jantzen, *Becoming Divine*, 4.

12 Jantzen, *Becoming Divine*, 15.

13 Re-imagining Revival, St. Paul, MN, April 16-19, 1998.

14 Elisabeth Schüssler Fiorenza, *Jesus: Miriam s Child, Sophias Prophet: Critical Issues in Feminist Christology* (New York: Continuum, 1994), 133.

15 위의 책, 139.

16 Jantzen, *Becoming Divine*, 107.

17 위의 책.

18 위의 책, 16.

19 위의 책.

20 위의 책.

21 위의 책, 17.

22 성육신을 '하나님의 경제'(divine economy)로 간주하는 비판적인 포스트식민주의적 읽기에 대해서는 Marion Grau, "Divine Commerce: A Postcolonial Christology for Times of Neocolonial Empire," in *Postcolonial Theologies: Divinity and Empire*, ed. Catherine Keller, Michael Nausner, and Mayra Rivera (St. Louis, MO: Chalice Press, 2004), 164-184를 보라.

23 Joy Morny, Kathleen O'Grady, and Judith L. Poxon, eds., *Religion in French Feminist Thought: Critical Perspectives* (New York: Routledge, 2003)를 참조하라.

24 우머니스트 관점에서 나의 그리스도론을 비슷하지만 똑같지 않은 방식으로 재구성한 논의는 JoAnne Marie Terrell, *Power in the Blood? The Cross in the African American Experience* (New York: Or bis Books, 1998)를 보라.

25 Darby Kathleen Ray, *Deceiving the Devil: Atonement, Abuse, and Ransom* (Cleveland: Pilgrim Press, 1998), 56.

26 새라 코클리의 힘과 복종에 대한 미묘한 해석에 대해 좀 더 살펴보기 위해서는 *Powers and Submissions: Spirituality, Philosophy, and Gender* (Oxford: Blackwell, 2002)에 있는 그녀의 케노시스 분석을 보라.

27 Delores S. Williams, *Sisters in the Wilderness: The Challenge of Womanist God-Talk* (New York: Orbis Books, 1993), 143-170.

28 Ray, *Deceiving the Devil*, 105.

29 위의 책.

30 Joanne Carlson Brown and Rebecca Parker, "For God So Loved the World?" in *Christianity, Patriarchy and Abuse: A Feminist Critique*, ed. Joanne Carlson Brown and Carole Bohn (New York: Pilgrim Press, 1989), 1-30.

31 J. Denny Weaver, *The Nonviolent Atonement* (Grand Rapids: Wm. B. Eerdmans Publishing Co., 2001), 138-143.

32 Rita Nakashima Brock, *Journeys by Heart: A Christology of Erotic Power* (New York: Crossroad, 1988), 55-56.

33 위의 책, xiv.

34 위의 책, xv.

35 위의 책, 60.

36 위의 책, 105.

37 위의 책, 67.

38 위의 책, 103.

39 Jantzen, *Becoming Divine*, 160.

40 위의 책, 161.

41 위의 책, 161.

42 위의 책, 182. 또한 얀첸의 '키아스무스'(chiasmus) 개념은 앞서 그리스도교에서 십자가에 대해 논의한 것에 비추어 볼 때 흥미롭다. 키아스무스는 '교차점'을 나타내는 그리스 글자 X(카이)에서 유래한 도형이다. 얀첸은 데리다의 말을 인용하여 키아즘이 '이중 제스처, 교차의 형상'이라고 말한다. 그것은 언제나 그리고 이미 존재하는 지배적인 기호이다. 그러나 역설적이게도 그것은 스스로를 해체(undoing)하는 교차에 의해 또다시 가로질러진다. 그 결과 사고가 달리 진행될 틈이 열린다. 이러한 이유로 키아스무스 개념은 십자가를 전복적인 투사와 상상력의 장으로 이해하는 데 있어 포스트식민주의적 흉내내기(mimicry)와 함께 작동할 수 있다.

43 Kwok Pui-lan and Laura E. Donaldson, eds., *Postcolonialism, Feminism, and Religious Discourse* (New York: Routledge, 2002)도 보라.

44 Kwok Pui-lan, *Postcolonial Imagination and Feminist Theology* (Louisville, KY: Westminster John Knox Press, 2005).

45 위의 책, 168.

46 나사렛 예수라는 역사적 인물에서 정통 그리스도교 신앙의 신적 그리스도로 이르는 역사적 전개를 전혀 다른 관점에서 탁월하게 논의한 글을 보려면 John Hick, *The Metaphor of God Incarnate: Christology in a Pluralistic Age* (Louisville, KY: Westminster/John Knox Press, 1993). (한국어판: 존 힉/변선환 역, 『성육신의 새로운 이해』, 서울: 이화여자대학교출판부, 1997)을 보라.

47 Kwok, *Postcolonial Imagination*, 168-185.

48 Kwok Pui-lan, *Introducing Asian Feminist Theology* (Cleveland: Pilgrim Press, 2000), 80.

49 위의 책, 93.

50 C. S. Song, *Jesus: The Crucified People* (New York: Crossroad, 1990), 215.

51 위의 책, 52-53.

52 옥수수 어머니(Corn Mother): 아메리카 대륙의 토착민들에게는 옥수수를 제공하는 신으로 알려져 있다. 땅의 여신이자 창조, 생명, 양육의 여신. (역자주)

53 Leonardo Boff, *Passion of Christ, Passion of the World* (New York: Orbis Books, 1987), 72.

54 Leonardo Boff, *Jesus Christ Liberator* (New York: Orbis Books, 1978), 25-26. (한국어판: 레오나르도 보프/황종렬 역, 『해방자 예수그리스도』, 왜관: 분도출판사, 1993).

55 Andrew Sung Park, *The Wounded Heart of God: The Asian Concept of Han and the Christian Doctrine of Sin* (Nashville: Abingdon Press, 1993), 69.

56 위의 책, 72.

57 위의 책, 74.

58 위의 책, 77.

59 위의 책, 101.

60 Kelly Oliver, *Reading Kristeva: Unraveling the Double-Bind* (Bloomington: Indiana University Press, 1993), 67-68.

61 Park, *The Wounded Heart of God*, 112.

62 위의 책, 118.

63 위의 책, 121.

64 위의 책.

65 Edward F. Edinger, *The New God-Image: A Study of Jung's Key Letters Concerning the Evolution of the Western God-Image* (Wilmette, IL: Chiron Publications, 1996). 특히 5장과 6장을 참조하라.

66 Gianni Vattimo, "The Trace of the Trace," in *Religion: Cultural Memory in the Present*, ed. Jacques Derrida and Gianni Vattimo (Stanford, CA: Stanford University Press, 1998), 79.

67 Dorothee Soelle, *Suffering* (Philadelphia: Fortress Press, 1975), 164. (한국어판: 도로테 죌레/채수일 역, 『고난』, 서울: 한국신학연구소, 2002).

68 Catherine Keller, *From A Broken Web: Separation, Sexism, and Self* (Boston: Beacon Press, 1986), 94.

69 대상관계이론에 따르면, 이드가 형성되는 과정에서 지워진 어머니는 건강한 자아가 상징계/아버지의 법의 필수적 일부가 되려 할 때 그 순조로운 형성에 근원적 위협이 된다.

이는 아브젝트/기호계가 여전히 정신의 가장자리에서 끊임없이 떠돌기 때문이다.

70 Virginia Burrus, *"Begotten, Not Made": Conceiving Manhood in Late Antiquity* (Stanford, CA: Stanford University Press, 2000), 158, 189.

71 Jan Campbell, *Arguing with the Phallus: Feminist, Queer and Postcolonial Theory* (London: Zed Books, 2000), 30.

72 위의 책.

73 Kristeva, *Powers of Horror*, 209.

74 위의 책, 9.

75 이 이중성은 얀첸이 언급한 키아스무스가 경의와 위협을 동시에 표현하는 이중 제스처를 취하는 것과 같다.

76 억압할 수 없는 기호학적 '쥬이상스'(jouissance)는 상징적 질서를 교란하고 위반하는 힘이다.

77 Martha J. Reineke, *Sacrificed Lives: Kristeva on Women and Violence* (Bloomington: Indiana University Press, 1997), 24.

78 Jantzen, *Becoming Divine*, 198.

79 Marcella Althaus-Reid, *Indecent Theology: Theological Perversions in Sex, Gender and Politics* (London: Routledge, 2000), 119. 마르셀라 알투아스-레이드가 제시하는 '외설적인 예수'(Indecent Jesus) 개념은 아브젝트 되고 외설적이며 '일탈적'이라 여겨지는 요소들을 그리스도론 틀 안으로 끌어들이고 인정할 필요성을 강조한다. 그녀는 양성애적/그리스도(Bi/Christ) 범주를 제안하면서 '모호한 그리스도론'(imprecise Christology)을 모색한다. 전통적 그리스도론이 채택해 온 이분법적 상징체계(either/or symbolism)와 정치 경제에 대한 집착이 그 정확성을 문제 삼기 때문이다. 반면, 모호성(imprecision)은 억압되어 외설적이고 중심에서 밀려난 것들을 되살려낸다. 알투아스-레이드는 양성애적/그리스도(Bi/Christ) 범주가 "안정되지 않은(unsettled) 상태이기 때문에, 양성애적/그리스도론은 정해진 정체성이나 대립의 땅에서 유목민처럼 떠돈다"고 주장한다. 그녀에게 있어 이분법(either/or)에 의존하는 태도는 그리스도론에서 섹슈얼리티와 외설성뿐 아니라 사랑마저도 지워 버렸다. 그녀가 외설성을 강조하는 것은 아브젝시옹 및 정 개념과 깊이 연결된다. 결국 "왜 굳이 이분법인가? 희생적 사랑(agapian love)과 에로틱 사랑(erotic love) 중 왜 하나를 택해야 하는가?"라는 물음을 던지는 것이다.

80 Julia Kristeva, "Stabat Mater," *in The Kristeva Reader*, ed. Toril Moi (New York: Columbia University Press, 1986), 160-186. 다시 말해, 크리스테바의 저작에서 의문이 제기되는 부분은 임신에 대한 강조이다. 오히려 여성의 생물학적 임신이 아니라 다양한 방식으로 창조성을 탄생시키는 것(birthing creativity)에 주목한다면 보다 폭넓고 유망한 접근이 될 것이다. 우리는 단지 생물학적 생성능력(biological generativity)에만 환원되는 존재가 아니라 창조성으로 환원된다.

81 Kristeva, *Powers of Horror*, 1.

82 위의 책, 15.

83 위의 책, 5.

84 앤 맥클린톡은 크리스테바의 아브젝시옹 개념이 다양한 형태와 과정 속에서 어떻게 드러나는지 매우 흥미롭게 분석한다. 그는 아브젝트 대상, 상태, 영역 같은 구분뿐 아니라 수행하는 행위자, 심리적 과정, 정치적 과정 등을 예로 들며 설명한다. McClintock's *Imperial Leather*를 참조하라.

85 위의 책, 71.

86 Kristeva, *Powers of Horror*, 9.

87 맥클린톡은 크리스테바의 아브젝트 개념을 읽어내며, 혐오가 "몸과 몸 정치의 경계, 즉 정신분석과 역사의 경계면을 맴도는 그 경계적 상태(liminal state)"임을 보여준다. 결코 떠나지 않는 자아의 일부로서 아브젝트는 언제나 내면의 가장자리에서 존재하다가, 예기치 못한 순간에 불쑥 돌아온다.

88 Martha Reineke, *Sacrificed Lives: Kristeva on Women and Violence* (Bloomington: Indiana University Press, 1997), 22.

89 Elizabeth Grosz, *Sexual Subversions: Three French Feminists* (London: Allen and Unwin, 1989), 71-76.

90 Kristeva, *Powers of Horror*, 140.

91 위의 책.

92 Oliver, *Reading Kristeva*, 56.

93 Kristeva, *Powers of Horror*, 119.

94 위의 책, 125.

95 Chung Hyun Kyung, *The Struggle to Be the Sun Again: Introducing Asian Women' Theology* (New York: Orbis Books, 1990), 63; Chung Hyun Kyung, "Who Is Jesus Christ for Asian Women?" *Asian Faces of Jesus*, ed. R. S. Sugirtharajah (New York: Orbis Books, 1999), 223-246도 보라. 해방신학자 보프 같은 이들은 십자가가 제국 권력의 상징인 동시에 깊은 연대의 표징이라고 주장하며 그 전복적 성격을 강조해 왔다. 마찬가지로 한국인 페미니스트 신학자 정현경은 "많은 아시아 여성은 예수를 어머니의 모습으로 그린다. 그들은 예수가 인류의 고통을 깊이 느끼고 그들과 함께 고통받으며 눈물 흘리는 자비로운 분이라고 본다… 예수는 자비로운 어머니처럼 온 인류의 아픔을 느끼셨다… 우리는 예수를 '여성 메시아'라고 부를 수도 있다"고 쓴다(*The Struggle to Be the Sun Again*, 63).

96 Song, *Jesus: The Crucified People*, 226. 또한 C. S. 송은 크리스타(Christa) 형상에서 그리스도 상징이 여성화된다고 지적한다. 그의 주장은 십자가에 달린 예수를 고난받는 '십자가에 달린 사람들'로 이해하는 다른 '아래로부터의 그리스도론'(from-below Christology)들과 유사하다.

97 Julia Kristeva, *Tales of Love*, trans. Leon S. Roudiez (New York: Columbia University Press, 1987), 368. (한국어판: 줄리아 크리스테바/김인환 역, 『사랑의 역사』, 서울: 민음사, 2008).

98 위의 책, 4.

99 Oliver, *Reading Kristeva*, 122.

100 Kristeva, *Tales of Love*, 15.

101 Julia Kristeva, *In the Beginning Was Love: Psychoanalysis and Faith*, trans. Arthur Goldhammer (New York: Columbia University Press, 1987), 39-41.

102 Oliver, *Reading Kristeva*, 126.

103 위의 책, 65.

104 Kristeva, Tales of Love, 262.

105 Oliver, *Reading Kristeva*, 66. 그렇다면 예수의 탄생 역동성 속에서 이 임신과 출산을 기호계/영/소피아가 성육신한 것으로 상상하는 것이 지나친 비약일까? 우리 가운데 거하신 말씀이 육신이 된 사건을 말이다.

106 내가 앞에서 지적했듯이 크리스테바는 생물학적 본질주의와 위험스러울 정도로 가까워 보인다.

107 이웃을 내 몸과 같이 사랑하라는 동일한 명령에 대해 다르지만 비슷한 견해를 보려면, Emmanuel Levinas, *Totality and Affinity: An Essay on Exteriority* (Pittsburgh: Duquesne University Press, 1969). (한국어판: 에마뉘엘 레비나스/김도형·문성원·송영창 역, 『전체성과 무한: 외재성에 대한 에세이』, 서울: 그린비, 2018)와 *Otherwise than Being or Beyond Essence*, trans. Alphonso Lingis (The Hague: Nijhoff, 1981)를 보라.

108 Oliver, *Reading Kristeva*, 67.

109 위의 책, 68.

110 Kristeva, *In the Beginning Was Love*, 25.

111 위의 책, 40.

112 소피아 그리스도론을 주장하는 많은 페미니스트 신학자들은 여성 신에 내재된 '융합'을 인식하는 이 작업을 정확하게 시도하고 있다고 생각한다. 엘리자베스 A. 존슨과 같은 신학자들은 예수 소피아를 '존재하는 그녀'(She Who Is)라고 명명하기도 한다. 신성에 여성적 차원을 받아들이는 데 극도의 어려움을 겪는 비페미니스트 보수 신앙 그룹은 소피아 그리스도론의 출현을 히스테리 하게 받아들였다.

113 Kristeva, *In the Beginning Was Love*, 41.

114 위의 책, 40.

115 위의 책, 41.

결론_ 십자가의 심장

1 John D. Caputo, *The Prayers and Tears of Jacques Derrida: Religion without Religions* (Bloomington: Indiana University Press, 1997), 336.

2 히브리어 헤세드 개념은 관계적 정의 복합성과 공명하며, 이는 어느 정도 파토스와도

연결된다.

3 한은 훨씬 더 복합적이고 층위가 깊은 개념으로, 여기서 자세히 다루지는 않겠지만 원한·정한·후한 등 여러 유형을 포함한다. 또한 한을 일정한 깊이로 체험할 때, 그 속에서 창조적 에너지가 분출될 수 있다. 나는 바로 그 지점에서 한과 정이 동시에 자리한다고 본다. 한과 정을 예술적으로 뛰어나게 형상화한 작품으로는 최근 영화〈집으로〉,〈공동경비구역 JSA〉,〈서편제〉,〈301·302〉를 추천한다.

4 Rey Chow, *The Protestant Ethnic and the Spirit of Capitalism* (New York: Columbia University Press, 2002), 28.

5 결과적으로 한풀이를 하기 위해 전통 무속 의례에 의지해 온 여성들은 의심과 멸시의 시선을 받았을 뿐 아니라 가부장적 규율의 날카로운 감시망 아래 놓이게 되었다. 또한 기호계적 차원을 체현해 온 이러한 무속 관습이 악마화된 것에는 서구 그리스도교 제국주의의 영향이 크게 작용했음을 염두에 둘 필요가 있다.

6 Jae Hoon Lee, *The Exploration of Inner Wounds-Han* (Atlanta: Scholars Press, 1994), 153.

7 마음, 맑음, 취약성을 나타내는 세 한자를 해독하는 일은 그리 어렵지 않았다. 그러나 삶과 '무엇이 솟아오름'(something arising)에 대한 이 해체적 통찰을 일깨워준 불교학자이자 스승 그리고 동료인 최현(Hyun Choi) 박사에게 깊이 감사한다. 최 박사는 파생되지 않은 각 단어의 형태를 가능한 한 멀리까지 추적해 집요하게 그 기원을 밝혀낸다. 이것은 내 연구에 결정적인 요소를 더했다.

8 한국인에게 정이라는 개념은 다층적인 윤곽을 지닌다. 그러나 『민중 에센스 한영사전』에서는 정의 파생어로 단 세 가지만을 수록하고 있다. 1) 애정(愛情): 배우자·파트너, 부모와 자녀, 혹은 성적인 관계가 아니더라도 친밀한 사람들 사이에서 생겨나는 애착에 가까운 의미. 2) 인정(人情): 연민·동정, 또는 내가 보기에 타자를 마주할 때 드러나는 인간성의 인식을 뜻한다. 3) 감정(感情): 관계 속에서 느끼는 정서나 직관을 가리킨다.

9 Anne Carson, *Eros the Bittersweet* (Princeton, NJ: Princeton University Press, 1998), 3-16.

10 Jean-Paul Sartre, *Being and Nothingness* (New York: H. E. Barnes, 1956), 606-607. (한국어판: 장 폴 사르트르/변광배 역, 『존재와 무: 현상학적 존재론 시론』, 서울: 민음사, 2024).

11 Carson, *Eros*, 45.

12 Peter Hodgson, *Winds of the Spirit: A Constructive Christian Theology* (Louisville, KY: Westminster John Knox Press, 1994), 97.

13 Lee, *The Exploration of Inner Wounds*, 71-75.

14 John P. Keenan, *The Gospel of Mark: A Mahayana Reading* (New York: Orbis Books, 1995), 187.

15 Catherine Keller, *Face of the Deep: A Theology of Becoming* (London: Routledge, 2003), 227.

16 Andrew Sung Park, *The Wounded Heart of God: The Asian Concept of Han and the Christian Doctrine of Sin* (Nashville: Abingdon Press, 1993), 139.

17 위의 책, 140.

18 케노시스에 대한 페미니즘적 재구성에 대한 좀 더 깊은 연구를 위해서는 Sarah Coakley, *Powers and Submissions: Spirituality, Philosophy and Gender* (Oxford: Blackwell Publishers, 2002)를 참조하라.

19 John P. Keenan, *The Meaning of Christ: A Mahayana Theology* (New York: Orbis Books, 1993), 353.

20 Richard A. Horsley, *Jesus and Empire: The Kingdom of God and the New World Disorder* (Minneapolis, MN: Fortress, 2003), 15-54. (한국어판: 리처드 호슬리/김준우 역, 『예수와 제국』, 서울: 한국그리스도교 연구소, 2004).

21 마가복음과 마태복음은 일반적으로 이런 서술을 하지 않지만, 마태복음 27장은 유다 자신의 삶에 한이 생겨난 원인이 무엇인지 보여주는 대목으로 이해될 수 있다.

22 마가복음 14장 3-10절에 나오는 이 설명의 중요성은 Elisabeth Schüssler Fiorenza's *In Memory of Her: A Feminist Theological Reconstruction of Christian Origins* (New York: Crossroad, 1983). (한국어판: 엘리자베스 쉬슬러 피오렌자/조선영 역, 『그녀를 기억하며: 기독교의 기원들에 대한 페미니스트 신학적 재구성』, 서울: 감은사, 2024)의 기초다.

23 Angela Y. Davis, *Blues Legacies and Black Feminism: Gertrude "Ma" Rainey, Bessie Smith and Billie Holiday* (New York: Pantheon Books, 1998).

24 임권택, <서편제>, 한국, 1992.

25 페미니스트 아이리스 매리언 영(Iris Marion Young)은 집단 정체성—여기서는 피억압자와 억압자—을 둘러싼 논쟁과 이러한 집단 정체성이 어떻게, 왜, 언제 권력을 획득하는지를 더 깊이 탐구한다. 그녀는 '차이'가 개인적 요구와 집단적 요구를 위해 활용되는 다양한 방식을 서로 비교하면서, 화이트헤드가 말한 관계적 실체(related entity)와 공명하는 '동화되지 않은 타자성'(unassimilated Otherness)을 요청한다. Iris Marion Young, *Justice and the Politics of Difference* (Princeton, NJ: Princeton University Press, 1990). (한국어판: 아이리스 매리언 영/김도균·조국 역, 『차이의 정치와 정의』, 서울: 모티브북, 2017)을 보라.

26 정에 대한 향후 연구의 한 방향은 에마뉘엘 레비나스의 자아와 타자 이해, 특히 "네 이웃을 네 자신과 같이 사랑하라"는 명령과 깊이 대화함으로써, 신학적 인간론에 대한 또 다른 패러다임적 접근을 모색하는 것일 수 있다.

27 Elizabeth A. Johnson, *She Who Is: The Mystery of God in Feminist Theological Discourse* (New York: Crossroad, 1994), 254. (한국어판: 엘리사벳 A. 존슨/함세웅, 『하느님의 백한번째 이름』, 서울: 성바오로딸수도회, 2001).

28 위의 책, 269.